高等学校交通运输类专业新工科教材

Theory and Application of Traffic Signal Control
交通信号控制理论与应用

李 岩 郑 巽 编著

田忠宗 主审

人民交通出版社

北京

内 容 提 要

本书共9章，主要内容包括：交通信号控制基础、交通信号控制设备、交通信号控制参数及评价指标、交通信号控制条件及相序、单点定时信号控制、单点感应信号控制、交通信号协调控制、交通信号配时优化实践和交通信号控制的仿真与应用。本书拟在交通信号控制基本概念及配时算法原理的基础上，介绍国内外主流国家交通信号控制的实践经验，并将基本概念、算法原理与实际经验相结合，全面系统地介绍交通信号控制。

本书既可作为高等学校交通工程专业本科生的教学用书，也可作为相关专业研究生、科研人员和交通管理部门人员等的学习参考书。

（本书配有彩色电子书和其他拓展学习资源，可扫描封面二维码获取）

图书在版编目(CIP)数据

交通信号控制理论与应用 / 李岩，郑巽编著.
北京：人民交通出版社股份有限公司，2025.3.
ISBN 978-7-114-20217-9

Ⅰ. U491.5

中国国家版本馆 CIP 数据核字第 20256ME504 号

Jiaotong Xinhao Kongzhi Lilun yu Yingyong

书　　名：	交通信号控制理论与应用
著 作 者：	李　岩　郑　巽
责任编辑：	李　晴　李　良
责任校对：	赵媛媛
责任印制：	张　凯
出版发行：	人民交通出版社
地　　址：	(100011)北京市朝阳区安定门外外馆斜街3号
网　　址：	http://www.ccpcl.com.cn
销售电话：	(010)85285911
总 经 销：	人民交通出版社发行部
经　　销：	各地新华书店
印　　刷：	北京虎彩文化传播有限公司
开　　本：	787×1092　1/16
印　　张：	14.25
字　　数：	490 千
版　　次：	2025年3月　第1版
印　　次：	2025年3月　第1次印刷
书　　号：	ISBN 978-7-114-20217-9
定　　价：	55.00 元

（有印刷、装订质量问题的图书，由本社负责调换）

前言

交通信号控制指运用灯光、声音、手势等信号实现对交通流的限制、调节、诱导、分流,以不断提高道路交通运行的效率和质量,实现道路交通系统安全、畅通与可持续发展。交通信号控制对于组织、指挥和控制交通流的流向、流量、流速,维护交通秩序等均有重要的作用,可从时间上将相互冲突的交通流予以分离,使其在不同时间通过。交通信号控制是加强道路交通管理、减少交通事故发生、改善交通秩序、提升交叉口运行效率的一种重要手段,是道路交通管理的重要组成部分,是交通运行优化的核心手段之一。良好规范的交通信号配时方案应与道路交通流的固有规律相适应,应能结合现代化的设备和技术,更应具有规范、标准、高效的配时优化程序。因此,良好规范的交通信号配时、标准的交通信号控制设备及相应设备的设置与安装是保证交通信号控制稳定发挥其效用的基础。

世界上很多国家均在信号控制交叉口的设计及其信号配时方案的制定与优化等方面积累了全面的经验和知识,出版了与交通信号控制相关的各类规范及手册。虽然交通信号控制的基础理论是相同的,但各国在具体实践层面均存在着各自的特色,如北美地区采用的"环-栅"式相位结构、欧美地区采用的感应协调控制等。因此,本书在归纳交通信号控制基本理论的基础上,分别介绍了我国与世界上其他国家采用的主流交通信号控制技术,并给出了部分各国实践的案例和交通信号配时优化过程中的注意事项。

全书共9章,第1章介绍了交通信号控制基础,第2章介绍了交通信号控制设备,第3章介绍了交通信号控制参数及评价指标,第4章介绍了交通信号控制条件及相序,第5章介绍了单点定时信号控制,第6章介绍了单点感应信号控制,第

7章介绍了交通信号协调控制,第8章介绍了交通信号配时优化实践,第9章介绍了交通信号控制的仿真与应用。

本书主要特色如下:①系统地介绍了交通信号协调控制技术,特别是感应协调控制技术;②系统地对比了各国交通信号控制技术的异同;③从理论到实践的各方面介绍了交通信号控制的理论和技术,给出了实践应用注意事项;④系统地介绍了交通信号控制优化技术的发展及相关原理;⑤结合交通仿真技术,介绍了基于电脑的交通信号配时优化方法。

交通信号控制具有较强的社会性、系统性、实践性、综合性,本书在写作过程中融入了交通信号控制方向国内外的前沿成果,融合、加深和拓展了交通信号控制领域的知识体系,既可用于交通工程、交通运输等专业的本科生教学,也可满足研究生阶段交通信号控制领域的教学要求,还可供交通运输行业的从业者参考使用。

本书由李岩、郑巽编著,田忠宗主审,全书由李岩统稿。在本书撰写过程中,陈桂珍、郑巽、周也方、刘林建、曾明哲、南彦洲、付泽坤、胡煦生、史旋、曹悦、辛苡琳、薛玉冰等学生协助进行了资料收集和校对工作。郑巽和周也方负责对日本『改訂 交通信号の手引』(《交通信号控制手册(修订版)》)等日文资料进行了初步翻译。本书在编写过程中,主要参考了美国、德国、日本等发达国家的相关技术规范。书中各国的案例及技术标准主要来源于美国的 *Signal Timing Manual* (2nd edition)(《交通信号配时手册(第2版)》)、*Manual on Uniform Traffic Control Device*(《统一的交通控制设备手册》)、*Highway Capacity Manual*(《道路通行能力手册》),德国的 *Richtlinien für Lichtsignalanlagen*(《交通信号控制系统指南》),日本的『改訂 交通信号の手引』。本书的写作受到了美国内华达大学雷诺分校的田忠宗教授在世界交通研究大会(World Conference on Transport Research Society,WCTRS)的交通信号控制研究兴趣组(Special Interest Group,SIG)组织的全球各国专家介绍各自国家交通信号控制技术的启发和影响。与此同时,本书参考了大量国内外关于交通信号控制的优秀书籍、研究成果,也凝结了编者们的辛勤劳动和教学经验。在此,向文献作者、编者们表示由衷的感谢和敬意。

由于时间与作者水平所限,书中难免有疏漏之处,恳请各位读者批评指正。作者邮箱:lyan@chd.edu.cn。

作　者

2024年12月

目录

第1章 交通信号控制基础 ... 1
1.1 交通信号控制概述 ... 1
1.2 交通信号控制的分类 ... 2
1.3 交通信号控制的发展 ... 6
习题与思考题 ... 8

第2章 交通信号控制设备 ... 9
2.1 交通信号控制设备的工作原理 ... 9
2.2 交通信号控制机及机柜 ... 10
2.3 信号灯 ... 14
2.4 交通检测设备 ... 29
习题与思考题 ... 37

第3章 交通信号控制参数及评价指标 ... 38
3.1 交通信号控制相关概念 ... 38
3.2 交通信号控制评价指标 ... 50
习题与思考题 ... 60

第4章 交通信号控制条件及相序 ... 61
4.1 设置交通信号控制的条件 ... 61
4.2 相位及相序设计基础 ... 70
4.3 相位及相序的设计方法 ... 73
习题与思考题 ... 83

第5章 单点定时信号控制 ... 84
5.1 单点定时信号控制概述 ... 84
5.2 单点定时信号配时设计流程 ... 85

  5.3 单点定时信号配时计算 ··· 87
  习题与思考题 ··· 116

第6章 单点感应信号控制 ··· 118
  6.1 单点感应信号控制方式和原理 ··· 118
  6.2 单点感应信号控制的基本参数 ··· 120
  6.3 日本的单点感应信号控制实践 ··· 129
  6.4 美国的交通感应信号控制 ··· 131
  习题与思考题 ··· 131

第7章 交通信号协调控制 ··· 132
  7.1 交通信号协调控制基本理论 ·· 132
  7.2 干道协调控制的类型 ·· 135
  7.3 干道信号协调控制的配时设计 ··· 140
  7.4 区域信号协同控制 ·· 159
  7.5 车路协同环境下的协同控制 ·· 162
  7.6 各国的交通信号协调控制系统 ··· 164
  习题与思考题 ··· 164

第8章 交通信号配时优化实践 ·· 166
  8.1 交通信号控制的运用及管理 ·· 166
  8.2 交通控制性能的监控及改善 ·· 173
  8.3 需改善交叉口的确定 ·· 174
  8.4 信号控制的优化措施 ·· 176
  8.5 改善结果的验证与管理 ··· 189
  习题与思考题 ··· 191

第9章 交通信号控制的仿真与应用 ·· 192
  9.1 面向交通信号配时的仿真软件 ··· 192
  9.2 典型交通信号配时优化软件 ·· 194
  9.3 大同市迎宾街信号优化案例 ·· 206
  9.4 干道信号配时案例 ·· 212
  习题与思考题 ··· 214

附件 数字资源列表 ·· 215

参考文献 ·· 217

第1章
交通信号控制基础

1.1 交通信号控制概述

道路交通信号控制简介

交通是城市经济活动的命脉,对城市发展、人民生活水平的提高具有关键作用。由于城市道路建设难以跟上车辆的发展速度,城市道路增长的有限性和车辆增长的近似无限性的矛盾不断加剧,导致城市交通问题日益严重,交通事故频发,交通拥堵频率日渐增长,空气污染严重,运输效率下降。为缓和道路交通拥挤的问题,许多城市采取了拓宽路面、新建高架路等措施。上述措施最初收效较为明显,但在一段时间后,交通拥堵问题又重新出现,表明基础设施的建设并不是解决城市交通问题的根本途径。只有在不断扩建交通基础设施的同时,利用更高效的交通管理与控制手段加强对道路交通流的管理和优化控制,才能更好地满足人们的出行需求。

交通管理是根据有关交通法规和政策措施,采用交通工程科学与技术,对交通系统中的人、车、路和环境进行管理,特别是对交通流进行合理的引导、限制和组织,以保障交通安全、有序、畅通、舒适、高效。

交通信号控制也可称为交通控制,它针对在空间上无法实现分离的区域,主要指平面交叉口,是在时间上为交通流分配通行权的一种交通指挥措施。交通信号控制综合运用各种控制软硬件设备,通过交通警察手势、交通信号灯、电子计算机、可变标志等手段实现对交通流的指挥和控制。交通信号包括信号灯光、手势、可变信息标志等,本书介绍的交通信号控制主要指应用交通信号灯实现交通控制的方式。

从宏观上讲,交通信号控制实际上属于交通管理的范畴,是交通管理的特定表现方式。在现代交通管理中,交通管理与交通信号控制是一个有机结合的整体,均是交通工程学的主要研究对象之一。

现代道路交通信号控制源于城市交通信号控制,后来逐渐扩展到高速公路等领域。交通信号控制系统一般通过检测设备来反馈交通运行情况,采用控制理论和各种优化算法对数据进行处理,给出控制量,使控制对象按照预定的轨迹运动,达到控制的目的。交通信号控制的对象是交通流,反馈量一般是指速度、密度、占有率、流量、排队长度,控制量一般是指红灯/绿灯信号、主线限速标志、可变信息板以及车载通信系统等。在确定控制量和反馈量后,交通信号控制问题就转化为如何通过调整控制量的取值使反馈量更加优化。常用的优化目标包括总行程时间最小、总服务流量最大、总延误最小、流量与速度乘积最大、平均等待时间最短等。

交通信号控制的本质为按照一定的准则分配交叉口车辆通行所需的空间及时间资源,使车流能安全、有序、高效地通过交叉口。需要注意的是,虽然良好的交通信号控制方案能在一定范围内优化交叉口的通行效率,但并非适用于所有情况,即交通控制的优化也存在"瓶颈"。当交叉口各进口道内车辆均以饱和交通流率通行时,调整信号配时方案对通行效率的提升贡献较小,此为交通信号控制优化交通流运行效率的极限。评价交通信号配时方案的准则有很多,但基本原则为交叉口的时间和空间资源是否被充分利用。

交通信号控制自诞生之日起,交通工程师就不断地探索如何优化设计交通信号配时方案的方法,并形成了TRRL法(由Transport Road Lab Oratory开发)、HCM法(基于 *Highway Capacity Manual*)、停车线法等一系列的理论方法,而全球各个国家也在信号交叉口设计、交通信号控制设备开发、交通信号配时算法优化、交通信号控制运行绩效评价等方面逐步积累起经验和知识。基于此,各国也发布了交通信号控制方面的标准和规范,如我国的《城市道路交通信号控制设计手册》,美国的《交通信号配时手册》(*Signal Timing Manual*,STM)、《交通控制系统手册》(*Traffic Control System Handbook*)、《统一的交通控制设备手册》(*Manual on Uniform Traffic Control Devices*)、《道路通行能力手册》(*Highway Capacity Manual*,HCM),英国的《交通信号控制导则》(*Traffic Advisory Leaflet*:*General Principles of Traffic Control by Light Signals*),德国的《交通信号控制系统指南》(*Richtlinien für Lichtsignalanlagen*,RiLSA),日本的《交通信号控制手册(修订版)》(『改訂 交通信号の手引』),以及澳大利亚的《交通工程实践导则——交通控制》(*Guide to Traffic Engineering Practice Series*:*Traffic Signals*)等。

上述规范及标准在交通信号控制基本原理的基础上较好地指导了各国的交通信号控制实践,也在交通信号配时基本原理上发展出若干行之有效的方法和技术。

交通信号控制基础

1.2 交通信号控制的分类

交通信号控制的发展是一个通过不断实践而逐渐优化的过程,根据对交通信号控制关注的侧重点,交通信号控制可以按照控制范围、控制方法等进行分类。

1.2.1 按照控制范围分类

1)单点信号控制

每个交叉口的交通控制信号只按照该交叉口的交通情况独立运行,不与其邻近交叉口的控制信号有任何联系的控制方法,称为单个交叉口交通控制,也称为单点信号控制,俗称"点控制"或"点控"。单点信号控制方式是交叉口交通信号控制的最基本形式,适用于相邻交叉口间距较远、协调控制效果不佳,或者因各相位交通需求变动显著导致交叉口的周期长度和绿信比的独立控制比线控更有效的情况。

2)协调控制

单点信号控制的配时方案若无相互协同,可能会导致车辆在各交叉口不必要的停车,从而增加车辆的延误。为提升交通信号控制的效率,可考虑通过不同交叉口之间的交通信号配时方案相互"配合",使得车辆在到达下游交叉口时正好处于绿灯时间,以减少不必要的停车延误。最早也是最常见的交通信号协调控制是应用在一条干线道路上,因此也将此类交通信号协调控制称为干线协调控制,又称"线控制"或"线控"。当协调控制的交叉口不局限于一条干线道路时,此类交通信号协调控制可称为区域协调控制。

干线协调控制的基本思路是:车辆通过第一个交叉口后,按一定的车速行驶,到达之后各交叉口时就不再遇上红灯。但实际上,由于各车的行驶速度具有一定的离散性,且在交叉口也会受到左、右转弯车辆等因素的干扰,同时考虑到相交道路和反向车流的通行,所以车辆在整条干线行驶均以绿灯通过交叉口的情况较难实现。总体来讲,干线协调控制可减少沿路车辆遇到红灯的次数,从而实现减少其行程时间和延误的效果。

区域交通信号控制系统是以某个区域中所有信号控制交叉口作为协调控制对象的交通协调控制方法,俗称"面控制"或"面控"。区域交通信号控制系统由中心控制室集中控制区内各受控交通信号机。对范围较小的区域,可以整区集中控制;对范围较大的区域,可以分区分级控制。分区往往使面控制成为一个由几条线控制组成的分级集中控制系统,这时可认为各个干线协调控制是面控制中的一个单元,有时也分区成为一个点、线、面控制的综合性分级控制系统。交通信号控制范围示意图如图1-1所示。

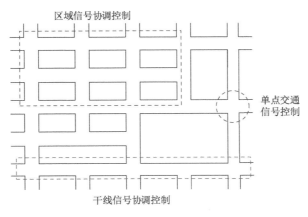

图1-1 交通信号控制范围示意图

根据相邻交叉口间信号灯通信连接方式，交通信号协调控制还可分为两种：由主控制机或计算机通过传输线路操纵各信号灯间的协调运行的有电缆线控，以及通过电源频率及控制机内的计时装置来操纵各信号灯按时协调运行的无电缆线控。

1.2.2 按照控制方法分类

随着交通信号控制系统架构的不断发展，交通信号控制方法也不断地更新。在经过最早的手动控制、电机控制后，从 20 世纪 70 年代开始，交通信号控制逐渐转为电子晶体管控制，到现在已转为单片机及高性能含嵌入式系统等智能式交通控制机，实现了多种自定义功能。在此背景下，交通信号控制形式也从定时控制方式发展到了感应控制方式，并逐渐向自适应控制方式发展。

1) 定时控制

定时控制指交叉口信号控制机均按事先设定的配时方案运行，也称定周期控制。一天只用一个配时方案称为单段式定时控制，一天按不同时段交通量采用几个配时方案称为多段式定时控制。最基本的控制方式是单个交叉口的定时控制。线控制、面控制也都可用定时控制的方式，称为静态线控系统、静态面控系统。

定时控制具有发展时间长、工作稳定可靠、便于协调相邻交叉口的交通信号、设施成本较低、安装维护方便等优点，适用于车流量较大（甚至接近饱和状态）、规律变化小、流量可预测的情况，但也存在灵活性差、不适应交通流迅速变化的缺点。

2) 感应控制

感应控制是在交叉口进口道上设置车辆检测器，由感应式交通信号控制机计算信号灯的配时方案，且配时方案可随检测器检测到的车流信息随时改变的一种控制方式。此控制方式通过埋设或悬挂在交叉路口的车辆检测器获得车辆信息，然后根据采集到的车辆数据判断是否延长特定相位的绿灯时间长度，部分情况下也可略过没有交通请求的相位。感应式控制有三个基本参数：最小绿灯时间、单位延长绿灯时间和最大绿灯时间。感应控制的基本方式是单个交叉口的感应控制，简称单点感应控制。单点感应控制随检测器设置方式的不同，可分为半感应控制和全感应控制两类。

(1) 半感应控制是指只在交叉口部分进口道（一般为次路进口道）上设置检测器的感应控制。半感应控制既适用于协调控制的主干路中的某个交叉口，也适用于单点控制交叉口，如主要道路车速较低而次要道路交通流量较小的交叉口。

半感应控制的优势是可以用于协调信号控制系统，以有效降低主要道路交通流的延误，且不需要在主要道路上设置检测器。半感应控制的缺陷一是一旦最大绿灯时间和单位绿灯延长时间参数设置不当，则次要道路上的一股或多股交通流的连续交通需求将导致主要道路交通流的额外延误；二是相对于定时控制，在次要道路上需要安装检测器并进行维护，这要求对运营维护人员进行更多的培训。

(2) 全感应控制是指在交叉口全部进口道上都设置检测器的感应控制。

全感应控制是一种所有相位都通过车辆或行人检测器感应进行控制的方式。如果没有车辆或行人被检测到，该相位可以被跳过，将时间分配给后续相位，实现跃相控制（Phase

Omit)❶。如果检测到只有车辆而没有行人,则该相位的车辆可以运行。根据检测到的交通需求,每个相位的绿灯时间可在最小绿灯时间和最大绿灯时间之间变化,行人绿灯时间和其他的显示时间通常是固定的(如黄灯、全红时间等)。

与定时控制相比,全感应控制高度适应交通需求及交通模式的变化,其能够明显降低延误,有效地分配时间。

全感应控制与半感应控制的特点对比见表1-1。

全感应控制与半感应控制的特点对比　　　　　　　　　　表1-1

类型	特点
全感应控制	①所有相位都是感应的(如使用车辆和行人检测器); ②如果检测到只有车辆而没有行人,则该相位只有车辆可以通过; ③步行时间通常是固定的,但是如果采用协调控制,则允许延长; ④其他时间间隔(如黄灯、全红等)是固定的
半感应控制	①至少有一个相位采用非感应控制; ②采用非感应控制的相位确保有一个固定的最小绿灯时间; ③如果感应相位没有通行需求,则非感应相位的绿灯时间可以延长; ④如果采用协调控制,固定相位通常是主干道相位。如果感应相位提前结束,剩余的时间可以分配给固定相位,使得它可以获得更多的绿灯时间

感应控制应用于单点控制时,周期时长不一定相等。感应控制方式按照一定的规则还可应用于协调控制,此时将采用特定的规则使协调控制相位总在规定的时间点结束,从而维持协调控制的需求,这在一定程度上要求周期时长是固定的。使用感应控制方式的线控制、面控制也称为动态线控系统和动态面控系统。

总而言之,感应控制对车辆随机到达的适应性较强,可使车辆在停车线前尽可能少地停车,从而使交通畅通。感应控制实时性较好、适应性较强,适用于车流量变化大且不规则、主次相位车流量相差较大、需要降低主干道干扰的情况,其缺点是协调性差,不易实现联机控制。

3)自适应控制

自适应控制是把交通系统视为一个不确定系统,能够连续测量其状态,如车流量、停车次数、延误时间、排队长度等,逐渐了解和掌握对象,并利用与预期动态特性的差值来改变系统的可调参数或产生一个控制,从而保证在不同环境条件下均可使控制效果达到最优或次最优的一种控制方式。

自适应控制一般分为方案选择式和方案生成式。方案选择式方法是根据交通流特征预先创建若干控制策略和方案,并在控制系统的数据库中保存。当出现相应的交通流状态时,选择相应的配时策略和方案。方案生成式方法是根据实时采集的交通流数据,实时计算出最优的交通信号控制参数,形成信号控制配时方案,并立即按照该方案操纵信号控制机运行交通信号灯。

自适应控制是一种具有学习、抽象、推理、决策等功能,并能根据环境变化做出恰当适应性

---

❶需要通过特殊设置才能实现,否则必须显示最小绿灯时间。

反应的控制技术。其中,基于某些控制规则的模糊控制具有较强的实时性、鲁棒性和独立性,设计简单实用,便于结合人的思维与经验,为交通信号控制提供了一条切实可行的途径。其缺点是智能控制的控制策略较为复杂,需要配套相应的检测装置。

目前,较为成熟的自适应控制系统有英国的 SCOOT(Split Cycle and Offset Optimization Technique)系统、澳大利亚的 SCATS(Sydney Co-ordinated Adaptive Traffic System)等。美国开发了 RHODES(Real-time Hierarchical Optimizing Distributed Effective System)和 OPAC(Optimization Policies for Adaptive Control)系统等,但未能得到广泛的应用。SCOOT 系统的优点包括实用性强、稳定性好、对交通状况的变化反应迅速、受错误信息影响小等,同时具有相序固定、无法自动划分控制子区、安装调试困难等缺陷。SCATS 无论是在控制技术还是在智能交通应用方面都处于交通科技的最前沿,具有高效性和对道路环境的广泛适应性,不过 SCATS 没有使用交通流模型,因而限制了配时方案的优化能力。

1.2.3 特殊的信号控制模式

为适应特殊交通管控需求,在实际运行中还存在一些特殊的信号控制模式,主要包括以下几种。

(1) 强制优先(Preemption):为紧急救援车辆、火车等提供信号强制优先;

(2) 公交信号优先(Bus Priority Control):为公交车辆提供优先控制策略,在现代信号机中多仅提供了绿灯时间在一定范围内延长的控制方式;

(3) 方向控制:为不均衡车道交通流和可变车道控制所设计的特殊控制。

交通信号控制技术评价

现代交通控制系统的局限性

1.3 交通信号控制的发展

交通信号控制最早是交通警察根据道路交通的运行情况手动调整交通控制方案;当电机在交通控制系统中应用后,交通信号控制逐步转为机械自动控制,使得信号灯可以周期性地按一定方案显示,但交通工程师仍需到现场去观测交通流运行情况,并调整信号机的配时方案;随着电子技术、交通信息采集技术的发展和配时算法的出现,交通工程师无须去现场输入信号机配时参数;对于多个关联性较强的交叉口,交通工程师也可在交通控制中心应用相应算法优化交通信号配时,并应用交通仿真模型验证后再下载至各交叉口信号机,以优化交通信号控制的效果。可以预见,在不久的将来,随着车辆运行和交通管控的高度自动化与智能化,道路交通信号控制也会呈现出高度自动化的态势,交通工程师只需完成监管及故障排除等工作。交通信号控制系统架构的发展如图 1-2 所示。

各国交通信号控制技术的发展基本都经历了上述历程。不过由于部分新兴国家具备后发的技术优势,可直接应用较为先进的技术,但也需具备相关的技术人才储备。因为当前世界各个国家的国情及科技水平等存在差异,各国采用的主流交通信号控制方式不尽相同。总体来讲,发达国家的交通信号控制以感应控制为主,以定时和自适应控制为辅;许多发展中国家的交通信号控制以定时控制为主,感应控制和自适应控制也有少量应用。部分国家的交通信号控制情况见表 1-2。

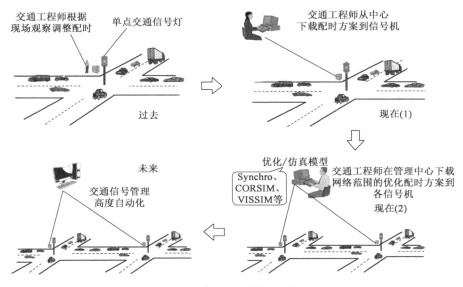

图 1-2 交通信号控制系统架构的发展

部分国家的交通信号控制情况　　　　　　　　　表 1-2

国家	定时控制	感应控制或自适应控制
中国	大部分	少部分,约5%(单点感应控制或采用SCATS、SCOOT等系统的集中式自适应控制)
日本	48%	52%(集中式自适应控制:43%;单点感应控制:9%)
韩国	99%	1%(单点感应控制)
印度	大部分	少部分
卡塔尔、阿联酋	大部分	不同的酋长国有差异(部分酋长国采用SCATS和SCOOT系统的集中式自适应控制,也有酋长国多为单点控制。虽然有自适应控制系统,但多为定时控制)
土耳其	62%	38%(半感应:26%;全感应:8%;集中式自适应:4%)
美国、加拿大	少部分	大部分(全感应控制或划分TOD时段的感应式协调控制)
德国、奥地利	少部分	大部分(多为基于规则的感应控制)
英国	少部分	大部分(多为单点感应控制或采用SCOOT系统的集中式自适应控制)
法国	少部分	大部分(与德国相似)
瑞士	少部分	大部分(与德国相似)
澳大利亚、新西兰	少部分	大部分(多为单点感应控制或采用SCATS和STREAMS的集中式自适应控制)

　　本书将拓展介绍世界各国的交通信号控制发展情况,其中详细介绍我国和英国、美国、日本、德国等有代表性国家的交通信号控制系统的发展历史及现状,并简要介绍法国、瑞士、澳大利亚、印度、土耳其、卡塔尔和阿联酋等国家的交通信号控制发展状况,相关详细内容可扫描二维码阅读。

交通信号控制技术的发展

世界各国交通信号控制系统的发展

【习题与思考题】

1. 如何理解交通信号控制?
2. 简述我国信号控制的发展历程及特点。
3. 信号控制相对于停车控制路口有什么优点?
4. 对交叉口进行信号控制的目的有哪些?
5. 定时信号控制配时的基本原理是什么?
6. 感应信号控制的原理是什么?其主要的配时参数有哪些?
7. 全感应控制与半感应控制的区别是什么?

第 2 章
交通信号控制设备

2.1 交通信号控制设备的工作原理

交通信号控制
装置简介

在交通信号控制交叉口处,多种设备共同工作,完成交通信号控制。一个信号控制交叉口中应具备以下三类设备:信号机柜设备(含交通信号控制机)、交通信号灯和交通检测设备(针对感应控制和自适应控制)。交通检测系统或交通信息采集系统中大量应用了电磁传感技术、超声传感技术、雷达探测技术、视频检测技术、计算机技术、通信技术等高新科学技术。主要的交通信息检测器有:电感环检测器(环型感应线圈)、超声波检测器、红外检测器、雷达检测器、视频检测器等。检测器的主要任务是感知车辆及行人,并将其在交叉口的方位信息传输到信号机柜中的设备中。信号机柜中的设备(主要是交通信号机)通过识别检测器的信息,根据检测器信息计算最优的信号配时方案,并根据信号配时方案控制各个信号灯的亮灭。信号灯是加强道路交通管理、减少交通事故、提高道路使用效率、改善交通秩序的一种重要设施,由道路交通信号控制机控制,指导车辆和行人安全有序地通行(详见 2.3)。

图 2-1 给出了单点信号控制交叉口中各种交通信号控制设备之间的数据的输入/输出(I/O)流程。车辆检测器检测信息的样本,接收采集与信号机的状态同步的交通量、占有率等信息,再据此计算等待排队长度、饱和度等交通信息。信号机柜附属设备的主要功能是收集

检测器的信号,将其更变电压输送至交通信号机。交通信号机根据内置算法优化出信号配时方案,机柜将信号机输出的配时方案提升电压至信号灯应用级别,并控制信号灯的显示。

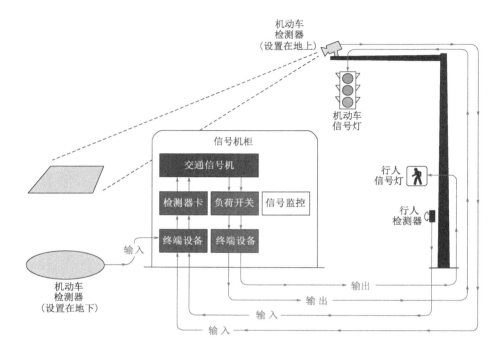

图 2-1　单点交通信号交叉口数据流程

交通信号控制机

2.2　交通信号控制机及机柜

2.2.1　机柜内部设备

道路交通信号控制机能够根据检测器收集的信息改变道路交通信号顺序和显示时长,调节配时并能控制道路交通信号灯运行的装置,是信号机柜内最主要的设备。交通信号机包括六个组成部分,分别为:控制单元、灯相输出模块、闪烁模块、输出/输入接口、电源配置和机柜。典型的交通信号机结构如图 2-2 所示。

控制单元是交通信号机的核心,由微处理器模块、监视模块、显示控制面板模块以及电源模块四部分组成。控制单元可以根据不同交通需求时段选择配时方案;接收行人及车辆优先控制信号;接收中心计算机下传的优化配时方案;执行灯色变换并监视灯色冲突,监视电源电压,监视灯泡以及灯相输出模块等。灯相输出模块可以控制灯泡亮灭,包括若干组红、黄、绿可控组件。每个灯相输出模块都可以提供机动车红、黄、绿可控组件,行人与非机动车红、绿可控组件,以控制灯泡亮灭。闪烁模块可以提供故障(包括微处理器模块故障或冲突故障)警示。输入/输出接口提供信号交通控制信息的内外传输以及控制电源的连接,包括倒计时器及外围设备接口、车辆检测器接口、各进口电力输出连接器接口等。电源配置为信号控制机提供电力。机柜能够保护信号机内部结构。机柜内部空间应足够大,应有利于信号机的散热和安装、使用、维修,应能够防雨并且尽可能降低灰尘及有害物质的侵入,机柜和安装机箱的设计还要防止顶面积水等。机柜是存放信号控制交叉口所有控制设备的场所,不同型号的机柜布局、内部操作和信息传输方式可能存在差异,但其基本功能是一致的,且很多部件可以互换,新出的交通信号控制设备一般能兼容旧的附属设备(但可能不能应用一些新的特性),这就最大可能地节省了更新交通控制设备的开支。

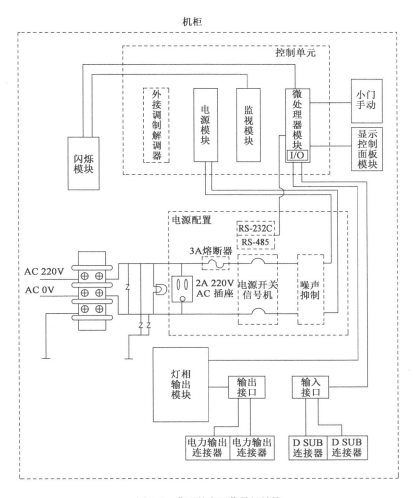

图 2-2 典型的交通信号机结构

2.2.2 交通信号控制机及其发展历程

最初,交通信号机是用电机驱动的。如图 2-3 所示,信号机上的圆盘在一个信号周期过程转动一周,并利用安装在圆盘上的拨片来控制信号灯电流的通断,从而实现对信号灯的控制。随着电子技术的发展,具备微处理器的交通信号机逐渐成为主流,其内置程序大大丰富了交通信号机可实现的功能。

图 2-3　电机型交通信号机

根据规范交通信号控制设备的需求,我国已经制定了《道路交通信号控制机》(GB 25280—2016)和《交通信号控制机与上位机间的数据通信协议》(GB/T 20999—2017)等标准,但还需进一步规范和完善相关标准。考虑到国内不同城市间,甚至同一城市内交通信号控制设备发展的差异较大,如部分用国产的单片机控制,而另外一些则采用可联网的智能信号机,统一所设置机柜的标准具有较大的难度。

欧美国家对交通信号机柜内部的设备及布局均形成了成体系的规定,规定了信号机柜布局、信息通信等各类要求。欧美国家的规范标准对我国完善对应标准有一定的借鉴意义。随着交通信号控制技术的发展,欧美国家也在进一步完善现有标准和制定新的标准。图 2-4 和图 2-5 分别给出了美国 332 型和美国电子制造商协会(National Electrical Manufacturers Association,NEMA)TS2 型的信号机柜内部的典型布局及所安装的交通控制设备。

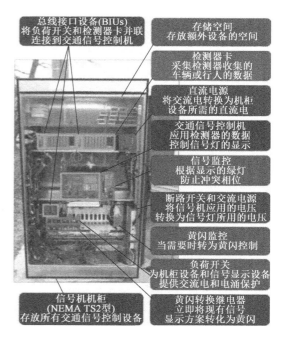

图 2-4　332 型机柜及附属设备　　　　　图 2-5　NEMA-TS2 型机柜及附属设备

为实现信号机和信号机柜信息的可互换性，交通工程师开发了一系列硬件标准，其中有代表性的有美国的 NEMA 标准、TEES 标准（Transportation Electrical Equipment Specifications，包括 170 标准和其升级版的 2070 标准）、ATC 标准（Advanced Traffic Control，合并了 NEMA 标准和 2070 标准）以及欧洲的标准等。

其他国家的交通信号控制机也有其相应规定。例如，由于长期的振动、冲击、温度湿度、电源电压等各种环境条件会造成信号机性能降低乃至停止工作，日本规定控制信号灯的交通信号机需具备防雨、防尘的构造。从安全性方面考虑，为防止交叉口各方向同时显示绿灯或信号灯停止显示等情况，需考虑监控信号机的运行。在日本，在新设置信号机及更新信号机时，多采用在 1998 年后开发的 U 型交通信号控制机、UC 型交通信号控制机及 UC 型按钮式交通信号控制机。表 2-1 给出了日本各种交通信号机的详细分类及其对应的各种功能。

日本交通信号控制机的种类　　表 2-1

交通信号控制机类型	开发时间	有无CPU	有无控制中心	多时段控制	多时段系统控制	间隙感应[a]	剩余率最大感应	困境感应	高速感应	公交感应	简易半感应[b]	步行分离型半感应[b]	行人感应	行动不便人群感应	控制子机联动	相位切换
定周期式协同式	1976年														○	
公交感应式	1977年									○						
终端感应式	1978年			○		△					△					
A型中央控制式	1986年	○	○	○	○	○	○	○	○	○	○	○	○	○	○	○
A型多时段、多方案式	1986年	○		○		○		○			○			○	○		
A型多时段、多方案式且协同	1986年	○		○	○	○		○			○			○	○	○	
A型按钮式	1989年	○						○		○		△					
单灯闪烁式	1991年																
U型中央控制式	1996年	○	○	○	○	○	○	○	○	○	○	○	○	○	○	○
UC型中央控制式	1996年	○	○	○	○						○	○			○	○	
LED型单灯闪烁式	1997年																
U型	1999年	○		○	○	○		○		○	○	○	○	○	○	○	
UC型	1999年	○		○	○	○					○	○	○	○	○	○	
UC型按钮式	1999年	○								○	△			○			

注：○ 表示具备该功能，△ 表示不完全具备该功能，有类似功能。
a. 曾称为右转感应，现在更名为间隙感应；
b. 简易半感应和步行分离半感应中（相位）召回（Recall）功能名称有差异，但功能相同。

2.2.3 信号机机柜的安装

信号机机柜正确安装对于保证信号机安全运行具有重要意义,主要安装要求如下:

(1)在安装信号机机柜时,机箱基础位置应选取在路口范围内视野宽阔、不妨碍行人及车辆通行、能观察到路口的交通状况、路口范围内较宽的人行道,并能容易地驳接电源的地点。

(2)信号机机柜内、外表面及控制面板应光洁、平整,不应有凹痕、划伤裂痕、变形等缺陷。机柜表面应有牢固的防锈、防腐蚀镀层和漆层。各滑动或转动部件活动应灵活,紧固部件不松动,机柜表面不应用可能造成伤害的尖锐的突起或拐角。

(3)信号机机柜应采用防锈、防腐蚀材料或做过防锈、防腐蚀处理的材料。信号机机柜内部的印刷电路板材料及部件应进行防潮、防腐、防盐雾处理。使用期不得低于10年。

(4)机柜门应设有牢固的门销,门销上应有保护装置,以防止被非法使用者打开。机柜门接缝外应设置耐久并且有弹性的、连续的密封垫,不得有间断缺口。

(5)为避免车辆碰撞,机箱基础位置与人行道路缘石的距离在50cm以上、100cm以下,并与路缘平行。机箱基础高度离地面至少20cm,平面尺寸应和控制机箱底座尺寸一致,地面以下的水泥钢筋基础至少3cm。

信号灯

2.3 信 号 灯

2.3.1 信号灯的基本设计

道路交通信号灯是最常见的交通控制设备,也是直接对交通参与者发布信息的设备,其通过应用不同颜色及形状的灯光指示车流通过交叉口。道路交通信号灯的设置与安装应确保信号灯能被机动车驾驶人、非机动车驾驶人和行人清晰地观察到。1968年,联合国颁布的《道路交通和道路标志、信号协定》(又称《维也纳路标和信号公约》,*Vienna Convention on Road Signs and Signals*)对交通信号灯的意义进行了规定。交通信号灯主要有机动车信号灯、方向指示信号灯、非机动车信号灯、人行横道信号灯等类型。

1)信号灯的概念

根据联合国在全球统一的标准,机动车信号灯中的红、黄、绿圆形色灯或箭头信号的类型和含义在世界上大部分国家都是相似的。普遍的原则是,绿灯表示允许通行,红灯表示禁止通行,黄灯表示警示,箭头灯的表示必须严格按照放行指示行驶;圆形灯红灯时,右转车流可以通行,但是道路优先级最低,要让行左转、直行和过路行人。信号灯的基本形式如图2-6所示。

在信号控制交叉口,其每一种控制状态(一种通行权),即对各种进口道不同方向所显示的不同灯色的组合,称为一个信号灯相位。通过设置左转、右转的相位方案可减少交叉口内车辆流向冲突。信号灯的组合形式是与信号相位密切相关的,不同相位下要求的信号灯组合形式不同,基本的信号灯组合形式见表2-2。

图 2-6 信号灯的基本形式

信号灯的组合形式(以竖向安装为例) 表 2-2

相位设置情况	信号灯组合形式	相位设置情况	信号灯组合形式
未设置保护性左转相位		设置右转和左转专用相位	
设置保护性左转相位		左转、直行、右转分别控制	
设置右转专用相位			

信号灯通过灯色的切换来指导车辆和行人安全有序地通行。在灯色切换时,有直接切换、闪烁灯色切换和设置倒计时等方式。有的国家在绿灯相位即将结束时会设置绿色闪烁灯(简称"绿闪"),用于警告驾驶人绿灯即将结束。绿闪的持续时间通常为 3~6s。在黄灯时间不足或大型车辆较多的交叉口,闪烁绿灯对进口道的驾驶人有可能起到帮助作用。然而,它同时增加了困境区域(Dilemma Zone)的长度。因此,除了特殊类型的交叉口,一般不推荐使用这种方法。

2)倒计时设置

信号灯倒计时全球各国设置不同。在我国和土耳其、卡塔尔、阿联酋等国,绿灯和红灯的倒计时非常流行,图2-7给出了我国常用的倒计时装置设置方式。然而,因为信号灯倒计时可能会使得驾驶人急于通过交叉口,从而产生危险驾驶行为,且很难与感应控制或自适应控制一起实施,所以其在国际上并没有被广泛应用。在欧洲大多数国家,如德国、英国、奥地利、瑞士等,都是在绿灯开始前用红黄信号灯提醒驾驶人开车。红黄信号灯的持续时间通常是1~2s。与红色倒计时信号相比,这在减少启动损失时间方面似乎是有效的,而且与感应信号控制或自适应信号控制更兼容。近年来,国内在使用感应配时和自适应配时时也会设置倒计时,一般采用倒计时仅显示最后12s或9s的方式,以适应每个周期不同绿灯时间的显示要求。

图2-7 国内部分城市设置的信号灯倒计时显示

3)人行横道信号灯设置

各个国家人行横道信号灯的基本标志是相似的,我国的人行横道信号灯分为步行的行人(绿色)和站立等待的行人(红色)(图2-8)。北美采用了手的标志(橙色)和步行行人的标志(白色)的组合,以控制行人通行(图2-9)。同时,许多国家在红灯开始前采用闪烁绿色信号清空行人,如我国和奥地利、瑞士、日本、韩国、卡塔尔和阿联酋等。在瑞士,除了绿色闪烁信号外,在红灯出现之前也会使用黄色闪烁信号。美国、澳大利亚和新西兰等国家也常使用红色闪烁信号,如美国采用红色闪烁的手形符号来表示清空行人信号,被称为FDW(Flashing Don't Walk)。

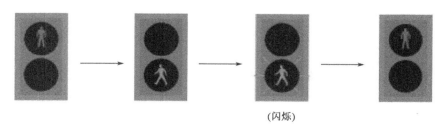

图2-8 我国的人行横道信号灯灯色转换示意图

a) 有倒计时显示　　　　　　　　　b) 无倒计时显示

图 2-9　美国的行人信号灯

如图 2-10、图 2-11 所示，对于非机动车在交叉口的通行，我国和德国、奥地利、瑞士、韩国等国家均设置了专门的非机动车信号灯，这些信号灯中有为自行车骑行者设置的专用自行车信号。在部分欧洲国家，自行车基本上与机动车等同，因此其信号指示顺序与机动车相同。在韩国等国家，自行车信号往往与行人信号组合在一起，因此其信号指示顺序更像行人信号灯。

a) 行人信号灯　　　　b) 行人和自行车混合信号灯　　　　c) 非机动车信号灯

图 2-10　德国和奥地利行人/非机动车信号灯

图 2-11　瑞士非机动车信号灯

2.3.2　各国的信号灯显示设计

1）信号灯指示顺序

不同国家基本遵循机动车信号灯红→绿→黄→红、行人信号灯红→绿→红的指示顺序，但也有一定差异，其主要区别在各个相位的过渡阶段。比如，德国、英国机动车信号灯在红灯与绿灯之间加了红黄，奥地利还在绿灯结束时加入 4s 闪烁时间；在行人信号灯的红绿切换中，通过红灯闪烁、绿灯闪烁、黄灯倒计时的方式来提醒行人快速通行,达到清空交叉口内行人的目的。各国信号指示顺序的对比见表2-3。

各国信号指示顺序的对比　　　　　　　　　　　　　　表2-3

国家	机动车	行人
中国	红→绿→黄→红	红→绿→绿灯闪烁→红
美国、加拿大	红→绿→黄→红	红→绿→红灯闪烁→红
德国	红→红黄(1s)→绿→黄→红	红→绿→红
奥地利	红→红黄(1s)→绿→绿灯闪烁(4s)→黄→红	红→绿→绿灯闪烁(4s)→红
英国	红→红黄(2s)→绿→黄→红	红→绿→红灯闪烁→红
法国	红→绿→黄→红	红→绿→红
澳大利亚	红→绿→黄→红	红→绿→红灯闪烁→红,红→绿→黄灯倒计时→红
日本	红→绿→黄→红	红→绿→绿灯闪烁→红
印度	红→绿→黄→红	红→绿→红
韩国	红→绿→黄→红	红→绿→绿灯闪烁→红

2) 我国的信号灯显示设计

信号灯可分为横向设置和纵向设置,机动车和机动车信号灯一般采用红、黄、绿三色灯设计。考虑到色盲人士阅读信号灯显示信息的需求,信号灯在横向设置时应符合左红中黄右绿的次序(靠左侧行驶的国家相反),在纵向设置时应符合上红、中黄、下绿的次序,单一信号灯不应显示复数颜色信号,否则其显示的内容必须不同。我国机动车及非机动车信号灯的灯色转换应按照红→绿→黄→红的次序,人行横道信号灯的灯色转换应按照红→绿→绿闪→红的次序,针对车辆的信号灯不设置绿闪或红闪等信号。我国信号控制标准规定的信号灯颜色和指示顺序见表2-4。

我国信号控制标准规定的信号灯颜色和指示顺序　　　　　　　表2-4

信号灯	灯颜色	指示顺序
机动车圆形色灯		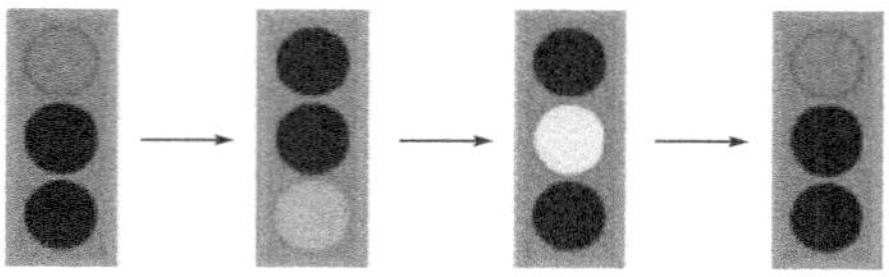
左转机动车箭头信号		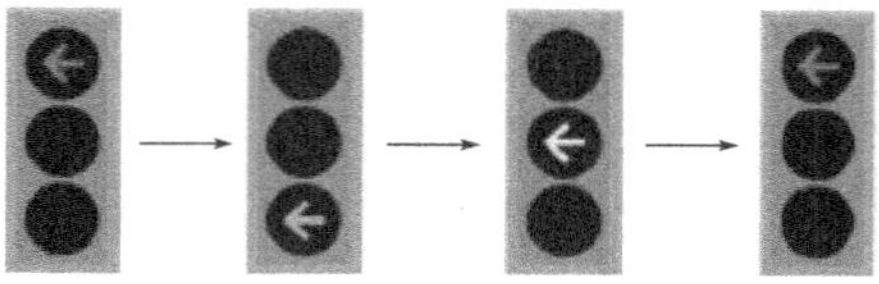
右转机动车箭头信号		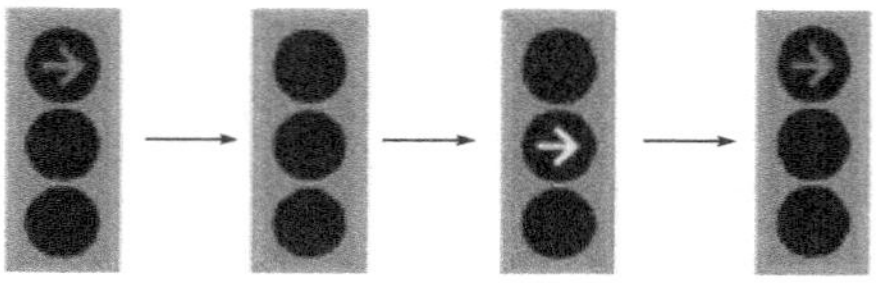

续上表

信号灯	灯颜色	指示顺序
掉头机动车信号		
非机动车信号		
行人信号	红色灯 绿色灯	（闪烁）

3) 美国的信号灯显示设计

美国的信号灯设置与我国基本相同,但在闪烁警示灯设置上与我国有所差异。美国在信号控制交叉口信号灯出现冲突等故障时,会暂停正在执行的控制方案并切换到各向红色闪烁信号,各向车流确认安全后谨慎通行;而我国采用的是黄色闪烁信号。美国联邦范围内交通信号灯的设置由《统一的交通控制设备手册》(MUTCD)规定,但在各州也有独特设置的信号灯,如图2-12a)所示的起源于达拉斯(Dallas)的五灯信号灯(也被称为 Dog House Dallas Phasing,它是 Dog House 的一个特例)。采用五灯信号灯时可能会诱发黄灯陷阱(Yellow Traps),关于黄灯陷阱的详细介绍请扫描二维码获取。

左转许可(对向通过)

相邻的通行灯头

a) 五灯信号灯

b) 加装百叶窗的信号灯

黄灯陷阱

图 2-12 美国信号灯设置

如图2-12b)所示,美国对特定交叉口的信号灯加装了百叶窗,当信号灯亮起时,只有该方向行人或驾驶人可以看到,可有效避免视觉角度造成的信号灯信息误判的问题。

4) 日本的信号灯显示设计

日本的信号灯一般采用图2-13～图2-15所示的形式设置,可由一到三个信号灯头组成,可横向或纵向安装。

图2-13 闪烁型

a)有红(左)、绿(右)两种
颜色的信号灯

b)有红(左)、黄(中)、绿(右)
三种颜色的信号灯

图2-14 横向安装型

a)有红(上)、绿(下)两种
颜色的信号灯

b)有红(上)、黄(中)、绿(下)
三种颜色的信号灯

图2-15 竖向安装型

5) 德国的信号灯显示设计

德国在布设信号灯时,采用车辆信号灯、行人信号灯、自行车信号灯、有轨电车和公交车信号灯、辅助信号灯、车道信号灯、速度信号灯等形式。其中,车辆信号灯根据道路条件及几何设计的不同进行设计。值得注意的是,德国信号灯具有单独的信号灯样式来指示机动车向直右通行或向直左通行。德国和奥地利信号灯的样式如图2-16所示❶。

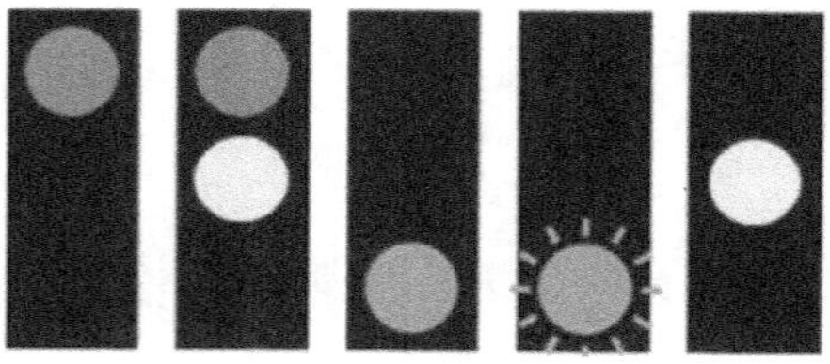

仅奥地利   奥地利许可

a)机动车信号灯顺序   b)箭头信号灯

c)保护许可型右转信号   d)红灯期间允许右转的绿色箭头信号

图2-16 德国和奥地利信号灯的样式

---

❶奥地利基本采用了德国的交通控制方案,但在显示上稍有差异,图中也给予了注明。

6）韩国的信号灯显示设计

韩国信号灯中,红色、黄色和黄色闪烁信号的含义与联合国在《道路标志和信号公约》中所述的含义相同。在韩国,绿灯是允许车辆直行和右转的信号。左转时使用单独的绿色箭头灯;绿色箭头灯是一个专用信号,用于允许车辆按照箭头指示的方向转向。不同的是,左转箭头信号灯未单独设置一个信号灯,而是被集成至一个信号灯中。如果红灯和左转箭头灯同时启亮,表明允许左转车辆受保护地通过交叉口。左转绿色箭头灯被广泛用作专用左转信号灯,具体如图 2-17 所示。另外,在韩国,当没有冲突交通时,红色闪烁灯是一种允许车辆在完全停止后继续行驶的信号,红色闪烁信号结束表示停止。

图 2-17　韩国保护型左转中红灯和绿色箭头灯的结合使用

7）卡塔尔和阿联酋的信号灯显示设计

在卡塔尔和阿联酋,交通信号灯不设置许可型左转相位。在整个卡塔尔的大型信号交叉口,常设置两条或三条左转车道。迪拜和阿布扎比也采用类似的做法,通常有两条或三条专用左转车道。如图 2-18 所示,当信号专用于转弯车道时,通常使用箭头指示。直行和右转信号一般使用实心圆形信号指示通行权,表示可直行或直右。此外,卡塔尔和阿联酋的大多数信号交叉口都有单独的自由右转车道且中间有图 2-19 所示的分离岛,尤其是在新交叉口或以前作为主要环形交叉口的交叉口。在上述情况下,交通信号设计中不考虑右转。

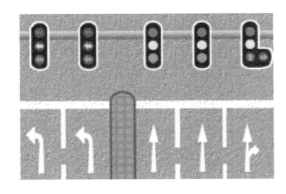

图 2-18　卡塔尔信号灯　　　　　　　图 2-19　卡塔尔的交叉口进口道设计

2.3.3 信号灯的安装

1) 信号灯安装原则

在交叉口安装信号灯时,通常需要确定信号灯的数量、尺寸、安装方式、安装位置等。具体来说,信号灯安装时需要遵循如下基本原则:

(1) 对应于路口某进口,可根据需要安装一个或多个信号灯组;

(2) 信号灯可安装在出口左侧、出口上方、出口右侧、进口左侧、进口上方和进口右侧,若只安装一个信号灯组,应安装在出口处;

(3) 至少有一个信号灯组的安装位置确保在该信号灯组所指示的车道上的驾驶人能清晰观察到信号灯,若不能确保驾驶人在该范围内能清晰观察到信号灯显示状态,应设置相应的警告标志,在信号可能被其他方向误识时,需对信号灯增设遮光罩、遮拦等装置;

(4) 悬臂式机动车灯杆的基础位置(尤其悬臂背后)应尽量远离电力浅沟、窨井等,同时与路灯杆、电杆、行道树等相协调;

(5) 设置的信号灯和灯杆不应侵入道路通行净空限界范围。

2) 信号灯数量

信号灯数量取决于一个进口道上单独控制的车流数以及该断面的车道设计。在交叉口的优先进口道,如果所有车道由一个信号灯组控制,则至少需要两个信号灯;如进口道的车道数多于两条,则有必要设置更多的信号灯。如果一个进口道的所有车道不是同时放行,每个单独控制的转弯方向至少需要一个信号灯(显示方向箭头),同时在直行方向至少设两个灯(通常没有方向箭头)。指示方向的信号灯安装在交通流所转向的车道的一侧,多个转弯车道需要在车道上方设置附加的方向信号灯,如果可能的话,应将其与控制直行交通流的信号灯分隔开。如果两种信号灯必须紧挨着安装在同一根灯杆上,左转方向信号灯必须显示发光箭头。右转方向信号灯需安置在指示主要相位的三色信号灯的右侧。

3) 信号灯尺寸和样式

信号灯尺寸和样式根据实际用途来设计,要考虑到路段的结构净空、周围的光照亮度及显示位置之间的间距。通常,每个信号灯的直径约为200mm(如德国)或300mm(如中国和美国)。在较高的速度下,在城间道路上或其他需要较高感知度的情况下,也会使用较大的直径。

世界上其他国家也有针对特定的交通状况设置不同型号信号灯的规定,如《德国交通信号控制规范》规定和交叉口信号灯相同的直径为200mm和300mm的圆形信号灯可以在隧道中使用,在特定的情况下还可以使用直径为100mm的信号灯。在开阔的城市道路上可以使用直径为300mm的信号灯。在高速公路或者其他快速道路上应使用大型信号灯,根据经验应设置600mm×600mm的点阵型信号灯。日本规定信号灯形状一般为圆形,行人专用信号灯为方形。日本信号灯的安装如图2-20所示。信号灯面为圆形的信号灯用直径测量大小,信号灯面直径从200mm至450mm不等。一般规定,道路上的圆形信号灯直径多为250mm与300mm,高速道路上的信号灯直径为450mm。信号灯面为正方形的信号灯仅作为行人专用信号灯使用,该信号灯面的边长为200mm至250mm。设置背面板时,图样宽度为100mm左右,颜色为绿色和白色,或者黄色与黑色。国外针对不同交通运行状态设置不同样式的信号灯的方案有效地适应了当地的交通条件,起到了较好的作用。我国幅员辽阔,道路交通运行状态多样,也可借鉴世界其他国家的优秀设计,形成对应的国家或区域规范,以更好地展示交通信息,管控交通流的运行。

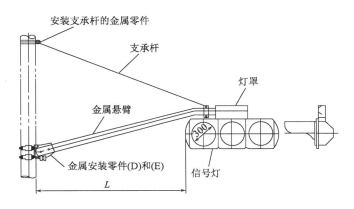

图 2-20　日本信号灯的安装(尺寸单位:mm)

4)信号灯安装方式

信号灯一般设置在灯杆、延长的灯杆或者悬臂上,有时还设置在龙门架或横跨道路的线缆上。根据安装方式的不同,信号灯可分为悬臂式、柱式、门式、附着式和中心安装式,如图 2-21 ~ 图 2-25 所示。

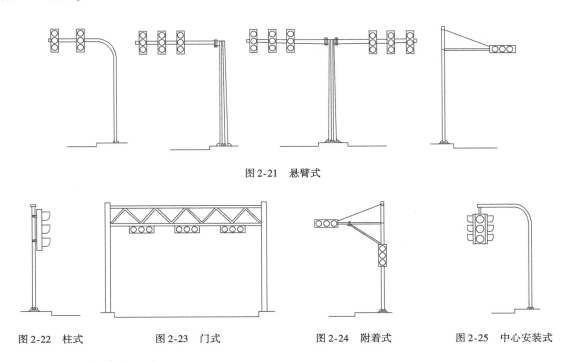

图 2-21　悬臂式

图 2-22　柱式　　图 2-23　门式　　图 2-24　附着式　　图 2-25　中心安装式

5)信号灯安装的位置

信号灯的放置可分为远侧模式(信号灯放置在对侧出口)和近侧模式(信号灯放置在停车

线附近)。一般来说,远侧模式通常与基于进口道的信号设置兼容,而近侧模式更适用于基于车道的信号设置。在一些国家,远侧和近侧信号灯可以同时安装在大型交叉口或视野受限、车速较快的交叉口。截至目前,还没有证据认为这些模式会对交叉口的安全性和效率产生显著的影响。因此,基本上只要能确保驾驶人对交通信号的可见性,任何一种模式都是适用的。但是建议一个国家全国范围内的信号设置模式尽可能统一,因为在不同的地点设置不同的信号模式时,驾驶人可能会感到困惑并做出错误的决定。各个国家信号灯的设置位置见表2-5。

各个国家信号灯的设置位置 表2-5

国家	近侧	远侧	基于进口道	基于车道
中国		√	√	
美国、加拿大		√	√	
德国、奥地利	√			√
英国	√			√
法国	√			√
澳大利亚	√			√
日本		√	√	
印度		√	√	
韩国		√	√	

在我国和美国、加拿大、日本、印度、韩国等国家,机动车信号灯通常被设置在较远的一侧(图2-26、图2-27)。同时,如果停车线与相应信号灯之间的距离过大(如大于40m)或进入时车速过高(如大于50km/h),也可以添加补充的近侧信号灯,如图2-28所示。例如,在美国,如果停线和信号灯之间的距离大于180ft(约54.9m),就必须提供近侧信号灯。此外,在安装信号灯的时候,考虑到道路几何等因素,可将信号灯提前至水平/垂直曲线位置。

图2-26 美国交叉口自行车信号灯的设置

图2-27 韩国交叉口信号灯的安装位置

我国的《道路交通信号灯设置与安装规范》(GB 14886—2016)为各种交叉口情形下信号灯的安装位置提供了建议,如图2-29所示。

图 2-28 将信号灯提前至水平/垂直曲线

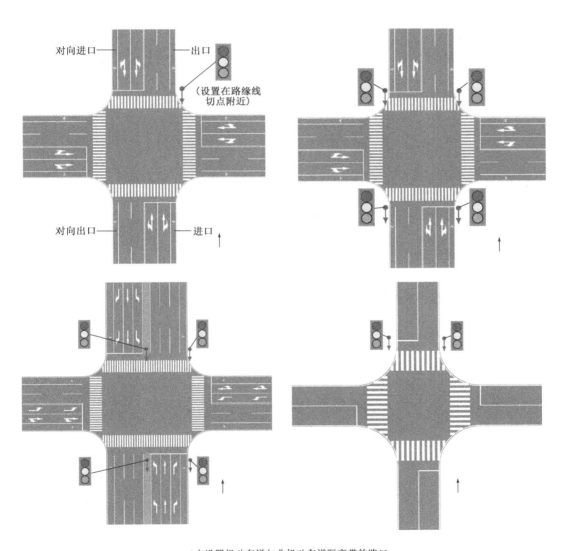

a) 未设置机动车道与非机动车道隔离带的路口

图 2-29

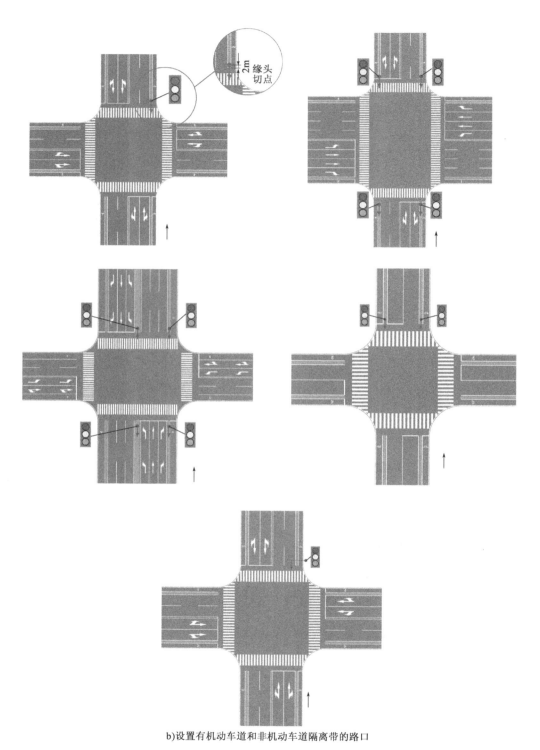

b)设置有机动车道和非机动车道隔离带的路口

图 2-29

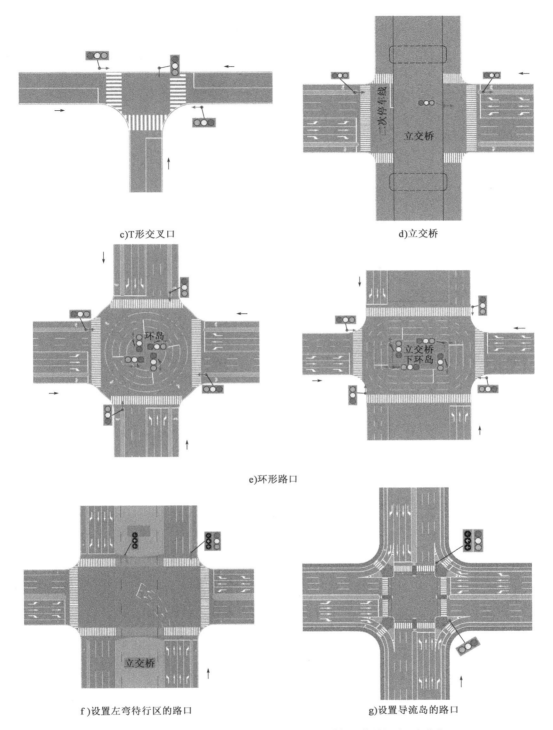

c) T形交叉口
d) 立交桥
e) 环形路口
f) 设置左弯待行区的路口
g) 设置导流岛的路口

图 2-29　中国道路交通信号灯设置与安装规范中建议的信号灯设置安装位置

澳大利亚、德国、奥地利、英国更倾向于近侧模式，如图 2-30、图 2-31 所示。由于近侧模式下驾驶人的视觉区域比较狭窄，因此通常针对某一特定车道或运动单独安装一组信号灯。此外,转弯处还可以设置作为补充的远侧信号灯,特别是在较大的交叉口,这可以改善转弯驾驶人进入交叉口后的视野。例如,德国《交通信号控制系统指南》中规定,信号灯下缘距离人行道的垂直高度应不小于2.10m,距离自行车道的垂直高度不小于2.20m,距离行车道的垂直高度不小于4.50m;行人和自行车请求按钮设置高度为1.05m;信号灯与行车道的水平距离根据实际的限制速度来确定,在限制速度为50km/h且两侧有路缘石的城市道路或者在中央停留带上,信号灯与行车道的水平距离可以减少到0.20m。除此以外的区域,应按两倍的建议距离设计。在有加宽中央隔离带的拓宽交叉口,为便于交通流运行,保护其在交叉口区域中的安全,可在中央隔离带上安装附加信号灯(图2-32);在交叉口区域,左转交通流须在对向直行车辆前停车时,必须这样设置。在这种情况下,应使用三个灯的信号灯,该信号灯必须正对车道中心线,以避免其他信号灯的间接影响。

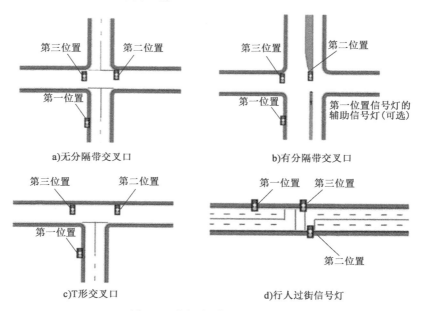

图2-30 澳大利亚信号灯安装位置

图2-31 德国信号灯安装位置

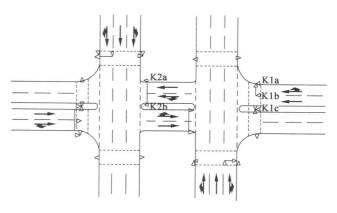

图2-32 德国拓宽交叉口辅助信号灯的布置

2.4 交通检测设备

检测器

2.4.1 检测器类型

检测器是现代交通控制系统中的基础设施,它以路面上的车辆、行人为检测目标,识别其行驶速度、交通量、占有率等信息,是道路控制系统了解和分析路况状态,进而做出调度控制决策的基本依据。在我国,国家和交通行业标准对各种交通检测器的产品检测和工程验收都做出了相关规定。其中,测速精度和交通量计数精度是衡量检测器性能的关键指标。

目前,交通检测器的类型很多,根据设置位置可分为设置在地面上、地面下及路侧,根据检测器的原理可分为基于视频、磁频和波频,根据检测对象可分为检测机动车、非机动车和行人,还可根据检测范围分为检测区域范围及检测固定地点等。近年来,随着卫星定位系统、车联网和手机信令等提供的移动数据的广泛应用,其检测到的信息也可输入,优化交通信号配时,不过受上述数据稳定性、准确性、时效性等限制,一般不将其直接应用于配时方案的优化。如图 2-33 所示,常见的交通检测器有线圈检测器、视频检测器、地磁检测器、雷达检测器、微波检测器及红外检测器等。各类型交通检测器的优缺点及不同检测技术的优缺点比较见表 2-6 和表 2-7。

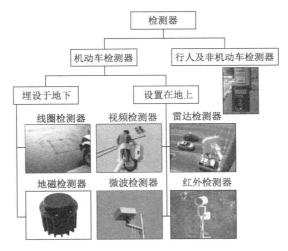

图 2-33 常见的交通检测器

各类型交通检测器的优缺点对比 表 2-6

交通检测器	优点	缺点
线圈检测器	①技术成熟、易于理解; ②灵活多变的设计,可满足多种实施状况的需求; ③与非地埋型检测器相比,价格较低; ④提供基本的交通参数(如车流量、车道占有率、速度、车头时距和车头间距); ⑤采用高频励磁的型号可提供车辆分类数据; ⑥可结合特定算法分析过饱和状态交通参数	①安装和维修需关闭车道,对交通流造成干扰; ②在路面质量不好的道路上安装时容易损坏; ③路面翻修和道路设施维修时可能需要重装; ④检测特定区域的交通流时需要多个检测器; ⑤降低道路寿命; ⑥对路面车辆压力和温度敏感; ⑦当车辆类型变化较大时,精确性会降低; ⑧需要对检测器做定期维护

续上表

交通检测器	优点	缺点
磁力检测器	①某些型号不需要开挖路面即可安装于路面; ②安装所需时间比线圈短; ③可用于线圈不适用的地方; ④对路面车辆压力的敏感度低于线圈; ⑤某些型号可通过无线电传输数据	①安装需要刨开路面,挖掘管道; ②安装和维修需关闭车道,对交通流造成干扰; ③降低道路寿命; ④要想对静止车辆进行检测,需借助特殊传感器设计或使用信号处理软件; ⑤对于检测区域较小的型号,检测全部车道需多个检测器
红外线检测器	①主动式红外线检测器发射多光速的红外线,保证对车辆位置、速度及车辆类型的准确测量; ②可实现多车道检测; ③多检测区域的被动式红外线检测器可测量车速; ④测速精度高,可检测静止车辆,不受环境亮光影响	①当雾天能见度低于6m或遇高吹雪天气时,检测性能会下降; ②在大雨、大雪或浓雾天气下,被动式红外线检测器的灵敏度会下降; ③性能随环境温度和气流影响而降低; ④非车辆物体通过影响系统正常工作
微波雷达检测器	①在较短的波长范围内,微波雷达对恶劣天气不敏感; ②多普勒雷达可实现对速度的直接检测; ③侧向安装,可实现多车道检测; ④安装维护方便、不需破坏路面、检测精度高	①天线的波速宽度和发射波形必须适合具体的应用要求; ②多普勒微波雷达不能检测静止车辆,在交叉口的车辆计数效果不好; ③发射信号易掩盖接收信号,泄漏功率,使接收灵敏度降低
超声波检测器	①可实现多车道检测; ②体积小、易于安装; ③安装维修不需开挖路面,易于实现车型分类,能检测静止车辆	①受温度变化、强烈的气流紊乱等环境因素影响,易受行人影响; ②某些型号设计了温度补偿装置; ③当高速公路上车辆以中速或高速行驶时,检测器采用大的脉冲重复周期会影响占有率的检测
声学检测器	①属于被动式检测器; ②对降水天气不敏感; ③可实现对车道检测	①低温可能会影响检测准确度; ②某些型号不适用检测慢速移动的车辆
视频检测器	①多检测区域,可检测多车道; ②易于增加和改变检测区域; ③可获得大量交通数据; ④当多个摄像机连接到一个视频处理单元时可提供更广泛的检测	①恶劣天气,如雾、雨、雪、阴天,车辆投射到相邻车道的阴影,交通阻塞,光照水平的变化,车辆与道路的对比,摄像机镜头上的水迹、盐渍、冰霜和蜘蛛网等都可能影响检测器性能; ②为取得车辆出现和速度检测的最佳效果(在路边安装摄像机情况下),需将摄像机装于15~18m的高度; ③某些型号对因大风引起的摄像机振动较敏感; ④只有需检测多个监测区域或特殊数据时,检测器才会有较高的性价比

不同检测技术的优缺点比较 表2-7

技术	优点	缺点
基于卫星定位系统的动态交通信息检测技术	①数据检测连续性强； ②全天候条件下工作	①需要足够多的装有卫星定位系统的车辆运行在城市路网中； ②检测数据信号容易受到电磁干扰； ③在城市中的检测精度与全球卫星导航系统（GNSS）定位精度有很大关系
基于电子标签的动态交通信息检测技术	①数据检测连续性强； ②全天候条件下工作； ③可以提供自动收费功能	①车辆必须安装有电子标签； ②必须有足够多的车辆安装了电子标签； ③必须有良好的滤波算法，以消除个别车辆因运行故障引发的数据误差
基于汽车牌照判别的动态交通信息检测技术	①数据检测连续性强； ②全天候条件下工作； ③车辆不需安装其他设备； ④可以检测路网所有车辆信息	①检测精度受天气和光源影响较大； ②检测精度受汽车牌照的清晰度影响
基于手机探测的交通信息检测技术	①可提供城市、高速公路等整个路网的交通信息； ②不需要安装高成本的车载设备； ③可直接获得速度、行驶方向及行程时间等信息； ④克服了固定检测器只能检测固定位置交通信息的缺点	①有时会发生丢包现象； ②实际速率比理论值低； ③存在转接时延

各种检测器均有其优点及缺陷，应根据信号配时优化的需要有针对性地选择交通检测器。线圈检测器作为传统的交通流信息检测设备，因其高可靠性、高性价比，在未来较长时期内还会被广泛使用。微波检测器更适合用于车流量大、车辆行驶速度均匀的城市道路。视频检测器技术的发展已经较好地解决了夜间无照明、车辆遮挡、路面积水反光等环境下的检测精度问题，其安装维护的方便性、检测的实时直观性代表了未来交通流信息检测领域的发展方向。近年来出现了雷视机，融合了由雷达获得的较大范围低精度轨迹数据和由视频获得的断面高精度数据，也适用于各类天气，能有效地弥合两类检测设备的不足，有较为广阔的应用场景。需要注意的是，在应用某种检测方式时必须考虑其可靠性，如果根据检测器输入的错误信息优化交通信号配时，反而会使交通流的运行情况恶化。

行人检测即行人交通流信息的采集。在交叉口进行行人检测，主要是获取交叉口过街行人的相关信息，包括行人流量、行人速度等。交叉口处行人检测主要是粗略地检测行人的流量，通过交通信号控制来保证行人安全过街；或者通过检测到的人行横道上行人的状况来判断是否应该延长行人绿灯或者提前结束行人绿灯，通过交通控制来控制信号灯的显示情况。感

行人检测方法
应控制交叉口的行人检测主要是通过行人按钮来实现。另外,目前也存在使用固定的检测设备获取交叉口行人的流量情况,如图2-34所示的视频或红外摄像机系统,但精度较难保证。行人检测方法主要分为人工观测和仪器自动检测。具体的行人检测方法介绍可扫描二维码获取。

图2-34 交叉口处的行人检测器

2.4.2 检测器布设

在开展面向交叉口的交通信号控制时,检测器可设置为检测车辆通过的小范围检测器和检测车辆存在的大范围检测器,检测器可设置在上游路段处(Setback/Advanced Detector),也可设置在停车线处(Stop Bar Detector),如图2-35所示。根据线圈设置的位置不同,感应控制配时算法中的参数需要进行相应的调整,得出的参数值也有差异。因为不同类型的检测器性能参数有所差异,因此在设置过程中也有其独特的要求。

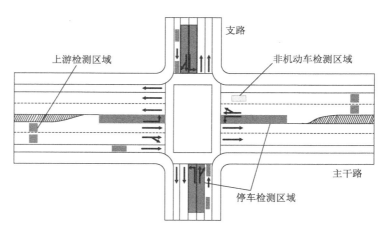

图2-35 线圈检测器基本设置方式

视频车辆检测器在夜间工作时需要有路灯照明,因此使用时需考虑照明设施的布置、供电等问题;同时应考虑各种天气条件,如风、霜、雪、雨等;摄像机必须正向安装,镜头离地面高度至少为7m,而且摄像机所使用的录像带记录时间较短,需要不断地更换。

雷达检测器的原理是当车辆从雷达波覆盖区域穿过时,雷达波束由车辆反射回雷达天线,然后进入接收器,通过接收器完成车辆监测并计算出流量、速度及车身长度等交通数据。微波雷达传感器可安装在单车道道路的正对路中央的半空,以测量驶来或离去车流的交通参数;还可安装在多车道道路的路边,以测量多条车道上车辆的交通参数。由于正向安装需要安装悬挂门架,在道路中间施工需要中断交通,因此从安装成本和便利性上综合考虑,建议采用侧向安装。侧向安装应考虑需要检测的车道数、立柱的位置、中间隔离带和路肩宽度的影响等因素。在典型的中间有隔离带的路况环境下,可以将两台互联网设备安装在道路的两侧,由此可使检测区域很好地覆盖所有车道。但要注意两个检测器不可以水平相对,它们之间的错开垂直距离要大于15m,且传感器的安装高度距离路面最少为5m,安装高于规定的高度并不能增加检测精度或提高检测能力,但是较低的高度可能发生车辆遮挡。

微波车辆检测器主要由微波发射、接收探头及其控制器、调制解调器等组成,一般采用侧向安装模式。每当车辆通过微波投映区时,都会向检测器反射一个微波信号,检测器接收反射的微波信号,并计算接收频率和时间的变化参数,以得出车辆的速度、长度等信息。如图2-36所示,微波检测器可分别架设在路侧及交叉路口的四个方向。当架设在路侧时,微波检测器通过检测截面的车流量、平均速度、车道占有率等交通信息,实现交通信息实时控制及交通诱导等功能。当微波检测器分别架设在交叉路口的四个方向时,其可通过检测四个方向的车流量、平均速度车道占有率等交通信息,实现交通信息实时监控、自适应交通信号灯控制及道路建设与运行决策等功能。

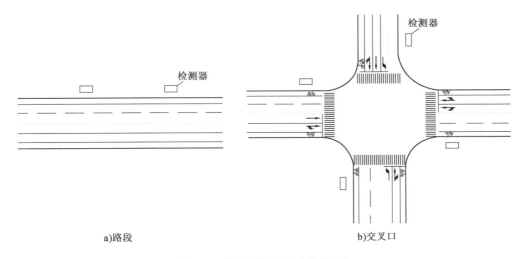

图2-36 微波检测器的基本设置方法

2.4.3 面向不同控制方式的检测器

对于不同的控制方式、不同的控制逻辑,或者在不同的信号控制系统中,检测器的设计方式不同。

1)单点感应信号控制

用于感应控制的检测方式主要有如下两种。

(1)小区域检测

小区域检测也经常被称为短线圈检测、点检测或通过型检测,在停车线上游的某一位置检测车辆的经过。此类型的检测常用地磁检测器和短线圈检测器。

停车线后面的小区域线圈检测器可以作为较高速度进口道的呼叫请求检测器。图 2-37 显示了使用多个短线圈检测器的高速进口道的检测器布设。磁力计检测器也可以覆盖小区域。有些地方还使用 1.8m 长的线圈检测器来覆盖两条或多条车道。单个的点检测器相对而言比较便宜,但是无法提供下游检测器与停车线之间的车辆信息。图 2-38 对比了小区域检测器和大区域检测器的差异。

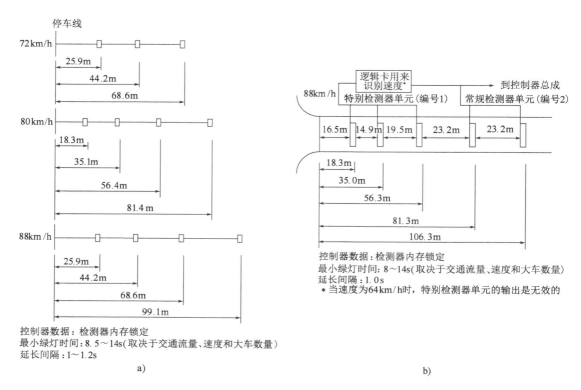

图 2-37 某最高速度为 88km/h 的进口道的多点检测器系统(假设线圈检测器宽 1.8m)

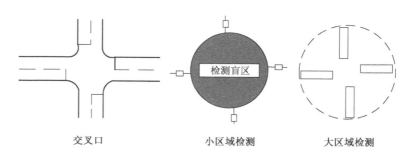

图 2-38 小区域检测与大区域检测的对比

(2)大区域检测器

大区域检测器通常使用长线圈检测器或视频检测器,一旦检测器被占用,就表示检测区域内有车辆存在。大区域检测器在感应控制中应用比较广泛,在这种模式下,信号机将不断延长绿灯时间,直到检测器上不再有车辆或者相位绿灯时间达到最大绿灯时间。此时单位绿灯延长时间可设置得比较短。图 2-39 显示了各种检测器设计,包括小区域检测和大区域检测。

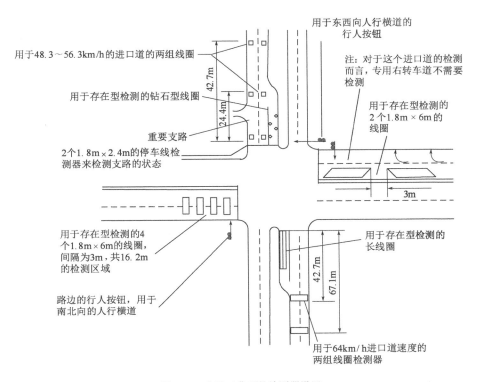

图 2-39 交叉口典型的检测器设置

大区域检测的问题在于:①安装成本高;②长线圈检测器维护较难。为了降低长线圈的问题,可使用一系列 1.8m 宽的线圈与停车线平行布设,间距为 2.7~3.0m。这种设计的优势在于:①线圈敏感性较高,并确保不会漏掉某车道的检测;②当有一个或多个线圈失效时,还能够保持正常运行。

(3)左转车道

左转车道中有效的车辆检测能够通过降低损失的绿灯时间来提高交叉口通行能力。美国伊利诺伊州交通部门为左转车道设计了检测器配置方案,能够提高交叉口的效率及安全水平。其主要考虑如下因素:

①排队车辆中第一辆车的驾驶人启动时间平均是 3~4s,而其后跟随车辆的平均车头时距为 2~3s。线圈长度必须满足超过平均值的反应时间的需求,以便为启动的车辆保持绿灯。

②货车和其他慢速车辆需要较长的启动时间,在它们之前通常有一个 3~4 辆(6~12s)小车长的间隙,因此,当大车比例比较大时,检测器长度必须考虑这些较大的间隙。

③一两辆车只需要很短的绿灯时间。检测区域长度必须能够使得后续的车辆在绿灯期间及时到达停车线或者减速停车。

④1s 长的车辆单位延长时间通常可以使驾驶人在黄灯结束之前完成转弯,因此,任何额外的延长时间都是损失时间。

⑤线圈上游距离停车线最小 24.4m。

⑥当采用许可型左转控制时,左转车辆可以在直行绿灯期间左转,此时左转车辆通常会越

过停车线到交叉口中间等候,伺机寻找对向直行车流中的间隙通过交叉口。如果缺少这样的间隙,左转车辆就会陷入困境,因为检测区域只能到停靠线,而该左转车辆已经位于停车线之前。在这种情况下,如果没有其他车辆在等待左转,则信号机会跳过后面的保护型左转相位。将检测区域延长至超过停车线可以有效解决这个问题。

图 2-40 显示了考虑上述需求的最小的左转车道线圈检测器的设计。

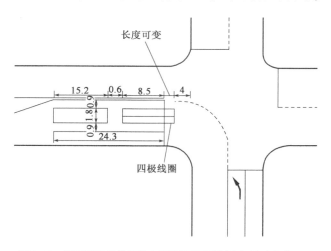

图 2-40 伊利诺伊州使用的左转线圈检测器配置(尺寸单位:m)

在如下情形下,线圈的布局应当包括前置的、本地的检测器:
① 左转交通需求需要等于或大于 45.7m 长的停车空间。
② 进口道车速需要一个安全的停车距离。

使用一种"呼叫-延时"特性的上游前置检测器可以延长有效的检测区域,以适应大型车辆或货车交通流并提供安全的运行状况,如图 2-41 所示。

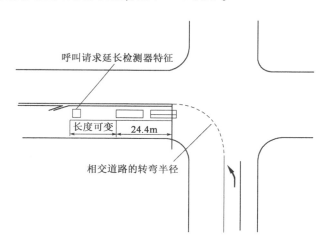

图 2-41 左转车道延长的检测

在很多情况下,一个 9~12m 的存在型线圈能够满足左转检测的需求并且为左转相位提供快速启动。左转线圈检测器的设置将受到进口道车速、大型货车的比例、坡度和交叉口几何尺寸因素的影响。

2）城市干道及路网系统控制

系统检测器通常位于道路网络系统内的战略位置，常需要兼顾计数和存在型检测的能力。交通流量和占有率是交通控制中使用最多的参数，也是影响交通响应方案选择及其他实时交通响应算法的最重要的因素。在各输入参数中，流量是最容易获得和最准确的参数；由于受到车辆形状及其他因素的影响，占有率一般不够准确。因为当交叉口过饱和时，占有率将持续增长，所以衡量和检测占有率是非常重要的（而此时流量会保持在一个恒定值，即与绿灯时间除以平均车头时距的结果成正比）。

系统检测器与本地感应检测器是不同的，交叉口的本地感应检测器直接与感应信号机相连，而系统检测器则与中心计算机相连或者与主控制机相连。

对于区域交通控制系统而言，检测器的安装位置取决于控制类型，用于区域控制算法的检测器的位置通过对连线、纵向位置、横向位置要素的考虑来确定。

连线指两个信号控制交叉口之间的、驶向下游交叉口的单向车流。一条双向通行的路段包括两个方向相反的连线。在检测器的设置中，连线的选择非常重要，因为检测器的安装费用是与检测连线数成正比的。通向两条主要干道相交的交叉口或者一条主要干道、一条中等流量干道相交的交叉口的连线通常被选作安装检测器的连线，因为这些连线往往主导着配时方案的选择。

纵向位置选择时，需注意路旁的车辆发生/吸引点的进出口位置，所谓的车辆发生/吸引点是指有车辆从主路上直接驶入或驶出的地点，如停车场等场所。如果有这种发生/吸引点，则检测器最好安装在发生/吸引点下游15m以外的地方。当然，如果进入或驶出发生/吸引点的流量小于40pcu/h，其对交通流的影响则可以忽略不计。

【习题与思考题】

1. 交通信号控制设备包括什么？
2. 信号机机柜安装有什么要求？
3. 简述信号灯的作用。
4. 如何理解设置交通信号灯的利与弊？
5. 常见的交通检测器有哪些？它们的优缺点分别是什么？

第3章
交通信号控制参数及评价指标

信号控制交叉口处的
交通流特性

3.1 交通信号控制相关概念

3.1.1 单点交通信号控制相关概念

1) 交通信号控制基础参数及概念

(1) 周期时长(Cycle Length)

交通信号控制的周期时长是指信号灯色按设定的相位顺序显示一周所需的时间,即各种灯色显示时间的总和,一般用 C 表示,其单位通常为s。信号周期是决定交通信号控制效果优劣的关键控制参数。信号周期太短,难以保证各方向的车辆顺利通过路口,导致车辆在路口频繁停车、交叉口运行效率下降;信号周期太长,则会增加冲突方向驾驶人在交叉口的等待时间,增加车辆延误时间。

(2) 绿灯时间(Green Time/Green Duration)

绿灯时间用于表示车辆可以通行的时间,一般用 G 表示,单位通常为s。

(3) 黄灯时间(Amber/Yellow Change/ Yellow Duration)

黄灯时间是用于警示驾驶人注意前方即将发生路权变化的黄灯的持续时间,其值包括两部分:驾驶人的感知反应时间和安全停车或通过交叉口的时间。黄灯时间一般用 A 或 Y 表示,单位通常为 s。箭头黄灯表示仅对箭头所指的方向起黄灯的作用。信号黄灯表示即将亮红灯,当黄灯启亮后,车辆应依次停在各进口道停车线后,对于已经进入交叉口(通过或部分通过停车线且无法安全停止在停车线后)的车辆可以继续通行,驶离交叉口。

黄灯信号的含义一般分为许可型(Permissive Law)和约束型(Restrictive Law)两类。许可型黄灯指在整个黄灯期间,车辆均可进入交叉口,只要车辆在黄灯结束前进入交叉口,在后续红灯期间也可在交叉口内部行驶;约束型黄灯法则有两种定义:①车辆除非在红灯启亮前能完全通过交叉口,否则在黄灯期间不允许进入交叉口;②车辆除非在无法安全停车的情况下,在黄灯期间不允许进入交叉口❶。在使用许可型黄灯时,必须设置红灯清空时间,而在使用约束型黄灯时可不设红灯清空时间,但黄灯建议设置略长,并必须经过资深工程师认定。多数国家和地区采用了许可型的黄灯法则。例如,我国主要执行的就是许可型的黄灯法则,但曾在 2013 年短期执行过严格的约束型黄灯法则,后续因各种原因暂缓执行。美国的 50 个州中,37 个州采用了许可型的黄灯法则,4 个州采用更严格的第①类约束型黄灯法则,其他 9 个州采用了相对宽松的第②类约束型黄灯法则。

(4)红灯时间(Red Time/Red Duration)

红灯时间一般用 R 表示,单位通常为 s,表示不许车辆通行,箭头红灯表示仅对箭头所指的方向起红灯的作用。

(5)绿灯间隔时间(Inter-Green Interval)

绿灯间隔时间即相位过渡时间,通常表现为黄灯时间或黄灯时间加上全红时间,是指一个相位绿灯结束到下一个相位绿灯开始的一段时间间隔,用 I 表示。设置绿灯间隔时间主要是为了确保已通过停车线驶入路口的车辆,均能在下一相位的首车到达冲突点之前安全通过冲突点,并驶出交叉口。

(6)全红时间(All-Red)

全红时间的概念针对整个交叉口的冲突相位,指路口所有冲突的相位均显示红色信号灯。全红时间是为了保证相位切换时不同方向行驶车辆不发生冲突、清理交叉口内剩余车辆所用时间。例如,某交叉口向北左转和向南直行是一组冲突相位。全红指这两个相位都是红灯。此时,向南左转或向北直行方向可能仍是绿灯。全红时间是相对于整个交叉口的冲突相位而言的。一个特定的相位则称为红灯清空时间(Red-Clearance Interval)。

(7)流向与相位(Movement and Phase)

流向是指在交叉口内部车辆的行进方向。将一组互不冲突的交通流同时获得通行权所对应的信号显示状态称为信号相位,简称相位。相序是各相位的组合方式。

从信号控制的角度而言,通常信号控制交叉口有四种不同性质的流向,具体如下:

①无冲突交通流的流向:即在交叉口范围内没有与该流向冲突的其他机动车流向,如单行道路的交通流。

②受保护的流向:在交叉口范围内通过信号对其他冲突交通流向进行控制,以保护该流向不再有相冲突的其他交通流向,如保护型左转相位控制的左转交通流。

---

❶ 详见美国的 NCHRP 的报告 731,*Guidelines for Timing Yellow and All-Red Intervals at Signalized Intersections* 和美国的 *Manual on Uniform Traffic Control Devices*(MUTCD)。

③许可的流向:在某相位中,允许该类交通流通过交叉口,但是需要让行比它具有更高优先通行权的交通流。例如,许可的左转流向需要让行对向直行交通流。

④禁止的流向:只有特定的交叉口和特定的流向才考虑采取这种方式,如在高峰期,如果左转流向较少且与通行直行交通流共用车道。在这种情况下,可以考虑将左转流向禁止。

为方便对流向进行定义,美国采用图 3-1 所示的流向编号方式定义:奇数为左转,编号 1 和 5 一般为主路,偶数为直行;编号 2 和 6 一般为主路,右转采用相邻直行加 10 的方式。需要注意的是,一个流向可能会对应一个或多个车道,一个车道也有可能对应多个流向(如直右车道等)。前进方向一致的若干车道可形成一个车道组(Lane Group)。对应的行人流向一般为偶数,在直行机动车流向右侧的行人流向可与其采用同一编号加 P(意味着 Pedestrian)的方式定义。

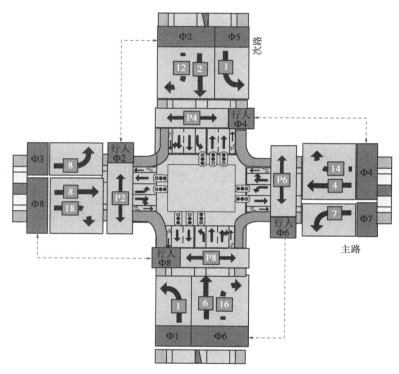

图 3-1 美国采用的流向及相位编号定义方式

注:行人相位通常是与相邻的机动车相位相关联并且是同时的(如虚线所示)。

不同国家与地区对相位的定义不同,比较有代表性的有欧洲的相位阶段型和北美地区的 NEMA 的环栅式相位结构,对各种相位的详细介绍参见第 4.2 节。本部分相位与流向的编号方法对应北美地区采用的 NEMA 的环栅式相位结构。

(8)损失时间(Lost Time)

损失时间是指由于交通安全及车流运行特性等原因,在整个相位时间段内没有交通流运行或未被充分利用的时间,用 L 表示。损失时间等于绿灯显示时间与绿灯间隔时间之和减去有效绿灯时间,即绿灯间隔时间与后补偿时间之差加上前损失时间,也可表示为部分损失时间与全红时间之和。

$$L = t_G + I - t_{EG} = I - t_{BC} + t_{FL} = t_G + I - (t_G + t_Y - t_L) = t_L + t_R \tag{3-1}$$

式中：t_G——绿灯时间，s；
t_{EG}——有效绿灯时间，s；
t_Y——黄灯时间，s；
t_L——部分损失时间，s；
t_{FL}——前损失时间，s；
t_{BC}——后补偿时间，s；
t_R——全红时间，s。

注意：上式为简化形式，可用于无搭接相位时的计算，如果存在搭接相位，则损失时间需考虑的是关键相位的损失时间。

(9) 有效绿灯时间（Effective Green Time）

某相位的有效绿灯时间是指将一个信号周期内该信号相位能够利用的通行时间折算为理想利用时所对应的绿灯时长。有效绿灯时间与最大放行车流率（饱和流量）的乘积应等于通行时间内最多可以通过的车辆数。有效绿灯时间等于绿灯时间与黄灯时间之和减去部分损失时间，也可表示为绿灯时间与前损失时间之差再加上后补偿时间（后补偿时间等于黄灯时间减去后损失时间），如式(3-2)所示。

$$t_{EG} = t_G + t_Y - t_{FL} - t_{BL} = t_G + t_Y - t_L \tag{3-2}$$

式中：t_{BL}——前损失时间，s。

图 3-2 直观地反映了以上各时间参数及其相互关系。

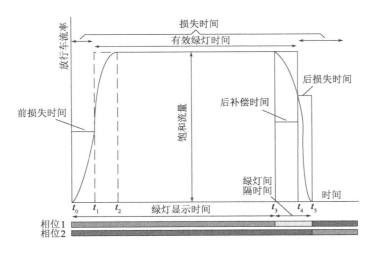

图 3-2 获得通行权的车流在其相位期间通过交叉口的流量图示

在图 3-2 中，t_0 对应绿灯启亮时刻，t_2 对应放行车流率达到饱和流量的时刻，t_3 对应黄灯启亮时刻，t_5 对应红灯启亮时刻。在 t_0 至 t_2 时间段，即放行车流率未达到饱和流量期间，放行车流率曲线与时间轴围成的面积等于该时间段内通过交叉口的车辆数，可以等效于以饱和流量放行时在 t_1 至 t_2 时间段内通过交叉口的车辆数，即等于以 t_1 至 t_2 为底、以饱和流量为高所构成的虚线框的面积，因此图中 t_0 至 t_1 的线段长为前损失时间。类似可以推知，t_3 至 t_4 的线段长为后补偿时间，t_4 至 t_5 的线段长为后损失时间。

(10) 有效红灯时间(Effective Red Time)

对于某相位而言,无法为交通流提供服务的时间段称为有效红灯时间,某相位的有效红灯时间为周期长减去该相位的有效绿灯时间。

(11) 绿信比(Green Time Ratio)

绿信比是指一个信号周期内某相位的有效绿灯时间与信号周期时长之比,一般用 λ 表示,由有效绿灯时间定义可知,各相位绿信比之和应小于1。绿信比是进行信号配时设计最关键的时间参数,它对于疏解交通流、减少车辆在交叉口的等待时间与停车次数都起着举足轻重的作用。

$$\lambda = \frac{t_{EG}}{C} \tag{3-3}$$

式中:t_{EG}——有效绿灯时间,s。

交叉口总的绿信比是指所有关键车流的绿信比之和,即所有关键车流的有效绿灯时间总和与信号周期的比值,可用式(3-4)表示。

$$\sum_{k=1}^{n} \lambda_k = \frac{C - L}{C} \tag{3-4}$$

绿信比是进行信号配时设计最关键的时间参数,它对于疏解交通流、减少车辆在交叉口的等待时间与停车次数都起着举足轻重的作用。计算绿信比时不能采用实际绿灯显示的时间,而应采用能被有效利用的绿灯时间,即"有效绿灯时间"占周期时长的比值。由上面有效绿灯时间的定义可知,各相位有效绿灯时间的总和应与周期时长减去相位切换过程中所产生的损失时间之和的值相等,由此可知,各相位绿信比之和应小于1。另外,在应用各相位绿灯时间占有效绿灯时间总和的比例所计算得到的规范化绿信比(规范化绿信比之和通常为1)时,可简单使用"有效绿灯时间+损失时间"所得的周期时长进行计算。

注意:Split 的含义是每个相位占周期时长的比例,在应用时更多指每个通行权代表流向所在周期时长的比例,与绿信比不可等同。

(12) 通行能力(Capacity)

通行能力是指在现有道路条件和交通管制下,车辆以能够接受的行车速度行驶时,单位时间内一条道路或道路某一截面所能通过的最大车辆数,用 Q 表示。对于信号控制交叉口而言,交叉口的通行能力分别按照交叉口各进口方向上的各条进口车道进行估算。信号交叉口一条进口车道的通行能力是该车道饱和流量与其所属信号相位绿信比的乘积,如式(3-5)所示。

$$Q = S \cdot \lambda = S \cdot \frac{t_{EG}}{C} \tag{3-5}$$

交叉口各方向入口道的实际通行能力是随其绿信比的变化而变化的,是一个可以调节的参量。加大交叉口某信号相位的绿信比也就是加大该信号相位所对应的放行车道的通行能力,可使其在单位时间内能够通过更多数量的车辆。值得注意的是,某一信号相位绿信比的增加势必造成其他信号相位绿信比的下降,从而导致其他信号相位所对应的放行车道的通行能力相应下降。

(13) 流量比(Flow Ratio)

流量比是指道路的实际流量与饱和流率之比,常用 y 表示。流量比是一个几乎不受信号配时影响的交通参量,它在一定程度上反映了道路的拥挤状况,是进行信号配时设计的一个重要依据。

为了比较饱和流率和实际交通流量的差异,定义车道 j 的流量比如下:

$$y_{ij} = \frac{q_{ij}}{s_{ij}} \tag{3-6}$$

式中:q_{ij}——相位 i 第 j 条车道实际到达交通流量,pcu/h;

s_{ij}——相位 i 第 j 条车道饱和流率,pcu/h。

交叉口的总交通流量比与临界车道组交通流量比是影响信号配时设计的两个重要因素,前者将决定信号周期大小的选取,后者则决定各相位绿灯时间的合理分配。临界车道组交通流量比又称为相位交通流量比,是指某信号相位中车道交通流量比的最大值,即关键车流的交通流量比。将信号周期内所有相位所对应的关键车流的交通流量比进行累加,即为交叉口的总交通流量比,用 Y 表示。为比较饱和流率和实际交通流量的差异,定义一个相位 i 的流量比,如下:

$$y_i = \frac{q_i}{s_i} \tag{3-7}$$

式中:q_i——相位 i 关键车道实际到达交通流量,pcu/h;

s_i——相位 i 关键车道饱和流率,pcu/h。

交叉口的总流量比为各相位流量比之和,即

$$Y = \sum_{i=1}^{n} y_i \tag{3-8}$$

通常可以用流量比来表示一个车道组的需求强度。当信号方案中没有搭接相位时,如简单的两相位信号方案,确定关键车道组很简单。在每一个相位中,有最大流量比的车道组就是关键车道组。分析搭接相位要困难一些,这是由于几个车道组的车流在几个相位中放行,并且一些车辆可以在周期内保护型信号相位加许可型信号相位的不同时间内左转。在这种情况下,有必要找到每个周期的关键运行路线,有最大流量比之和的路线就是关键路线。

当相位搭接时,求关键路线须遵循如下原则:

①除掉损失时间,一个周期所有时间内都有一个关键车道组运行;

②在单个周期内,在同一时间不能有超过一个以上的关键车道组在运行;

③关键路线有最大流量比之和。

注意:日本的"流量比"和其他国家的表述存在差异,中文对此参数直译为"流量比",在日本的文献中,将"需求率(Flow Ratio)"表述为"正规化交通量",即流量比。但是在英语中没有类似于日语的表达方法,饱和交通流率(Saturation Flow Rate)所对应的交通需求(流率)之比多采用"Flow Ratio"的表述形式。相应地,在日本术语中,使用"相位需求率"来表示"相位流量比",采用"交叉口需求率"来表示"交叉口流量比"。

(14)饱和度(Saturation Degree)

饱和度是指实际流量与通行能力之比,用 x 表示。由流量比和饱和度的定义可知,进口车道饱和度等于该进口车道流量比与绿信比的比值,或者表述为进口车道流量比等于饱和度与绿信比的乘积。

$$x = \frac{q}{Q} = \frac{q}{s} \cdot \frac{C}{g_e} = \frac{y}{\lambda} \tag{3-9}$$

式中：Q——通行能力❶，pcu/h；

s——饱和流率，pcu/h；

C——周期时长，s；

g_e——有效绿灯时间，s；

λ——绿信比。

从式(3-9)可以得出以下结论：①当道路具有足够的通行能力，即 $Q>q$ 时，其饱和度 $x<1$；当道路不具有足够的通行能力，即 $Q\leqslant q$ 时，其饱和度 $x\geqslant 1$。通常，在交叉口的实际设计工作中需兼顾路口通行效率与绿灯时间利用率，为各条道路设置相应的可以接受的最大饱和度限值，又称为饱和度实用限值，用 x_p 表示。饱和度实用限值一般设置在 0.9 左右。实践表明，当饱和度保持在 0.8~0.9 时，交叉口的配时及设计经过恰当的优化后，可获得较好的运行条件；当交叉口的饱和度接近 1 时，交叉口的实际通行条件将迅速恶化。②加大交叉口某信号相位的绿信比也就是降低该信号相位所对应的放行车道的饱和度。当然，某一信号相位绿信比的增加势必造成其他信号相位绿信比的下降，从而导致其他信号相位所对应的放行车道的饱和度相应上升。

交叉口的总饱和度是指饱和程度最高的相位所达到的饱和度值，而并非各相位饱和度之和，用 X 表示。对于某一确定的信号周期，当调节各个信号相位的绿信比，使得各股关键车流具有相等的饱和度时，交叉口的总饱和度将达到最小值，此时式(3-10)成立。

$$X = x_1 = \frac{y_1}{\lambda_1} = x_2 = \frac{y_2}{\lambda_2} = \cdots = x_n = \frac{y_n}{\lambda_n} = \frac{\sum_{k=1}^{n} y_k}{\sum_{k=1}^{n} \lambda_k} = \frac{Y}{\frac{C-L}{C}} \tag{3-10}$$

其中，$x_1, x_2, \cdots, x_n$ 分别为各关键车流的饱和度。从交叉口总饱和度的定义可以推知，如果交叉口总的绿信比小于交叉口的总交通流量比，则说明该交叉口的总饱和度必将大于 1，不具备足够的通行能力。

对于一个交叉口来说，其饱和度并不是个固定的数值。在道路条件和信号配时一定的情况下，由于交通需求的随机变化，饱和度值也会相应地发生变化；在道路条件和交通需求一定的情况下，不同的信号配时方案同样会导致不同的饱和度值。

(15) 饱和交通流率(Saturation Flow Rate)

饱和交通流率指交叉口进口道交通需求饱和的状态下，在一直显示绿灯的情况下，单位时间内可通过一个车道停车线的最大车辆数，用 S 表示。饱和交通流率取决于道路条件、车流状况以及配时方案，但与配时信号的长短基本无关。具体而言，影响道路饱和交通流率大小的道路条件主要有车道的宽度、车道的坡度，车流状况条件主要有大车比例、转向车流的比率、车道的功能。配时方案因素主要是信号相位的设置情况。

2) 感应信号控制相关概念

除需应用定时交通信号控制的基本参数外，还有若干与感应控制有关的特定参数。

---

❶实际通行能力的单位一般为辆/h，但在交通信号控制的相关计算中一般换算成 pcu。本处采用已经换算过的单位。

(1) 最小绿灯时间(Minimum Green/Initial Time)

最小绿灯时间也被称初始绿灯时间,是给每个感应相位预先设置的最短绿灯时间,在此时间内不管是否有车辆到达,本相位必须显示绿灯。初始绿灯时间的长短取决于检测器的位置及检测器到停车线可停车的数量。

(2) 单位绿灯延长时间(Vehicle Extension/Passage Time/Unit Extension)

单位绿灯延长时间指在初始绿灯时间结束前的一段时间内,测得有后续车辆到达时绿灯延长的单位时间。该时间有三个不同的目的:①表示一个检测器用于保持绿灯时间的两次连续车辆感应之间的最大间隙;②当在单位绿灯延长时间内接收到一个新的车辆感应时需要在绿灯相位延长的时间;③其时间必须足够长,以使车辆能够从检测器行驶至停车线。

"延时"参数用来增加检测器或相位的感应信号的持续时间,要用于安全结束高速进口道相位的情况。延时参数与特定的上游检测器一起作为单位绿灯延长时间参数的补充,以确保这些检测器能够将绿灯时间再延长一个等于单位绿灯延长时间和延时参数之和的时间。延时长短主要取决于单位绿灯延长时间、进口道速度以及当前检测器与下一个下游检测器之间的距离,典型数值为0.1~2.0s。感应信号通道输入一旦变为"非活动"状态,"延时"计时器就会开始。因此,如果"延时"参数被设置为2s,通道输入中一个持续1s的感应可以被延长为3s。该过程如图3-3所示。

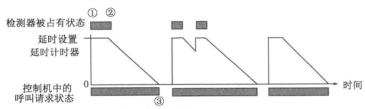

图3-3 "延时"计时器的应用

(3) 最大绿灯时间(Maximum Green)

最大绿灯时间是指为了保持最佳绿信比而对各相位规定的绿灯时间的最长限度。某相位达到最大绿灯时间时,将强制结束本相位绿灯并切换至下一相位。最大绿灯时间是为了保持交叉口信号灯具有较佳的绿信比、考虑到行人等待时间等因素而设置的。感应控制系统执行最大绿灯时间放行时的流程如图3-4所示。

(4) 呼叫请求(Call)

呼叫请求是指交通单元(车辆或行人)通过检测器传送给控制器单元的路权分配请求。

(5) 间隔信号切换(Gap Out)

间隔信号切换指在感应控制模式下,单位绿灯延长时间内没有车辆到达时停止此相位绿灯时间,切换到下一相位的一种操作方式。

(6) 临界信号切换(Max Out)

临界信号切换指在感应控制模式下,绿灯延长时间达到最大绿灯延长时间时,不管是否有车辆到达,停止此相位绿灯时间,切换到下一相位的一种操作方式。

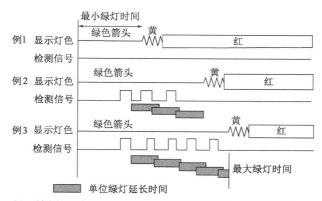

例1：最小绿灯时间内没有检测到车辆时，达到最小绿灯时间时停止；
例2：最小绿灯时间内检测到车辆时，持续延长单位绿灯延长时间；
例3：例2以后连续检测到车辆时，持续延长单位绿灯延长时间（达到最大绿灯时间时停止）

图3-4 感应控制绿灯时间调整示意图

（7）路段人行横道半感应控制

路段人行横道采用的半感应控制包括行人检测半感应信号控制与机动车检测半感应控制两种形式。

行人检测半感应信号控制需要设置按钮信号灯，行人过街时只需按灯杆上的按钮，过街方向的信号灯就会变成绿灯；如果没有行人过街请求，信号灯将把更多的通行时间留给机动车，以提高其通行效率。机动车检测半感应控制是在人行横道前一定距离内设置车辆检测器，机动车相位开始时，预设一个"初始绿灯时间"，到初始绿灯结束时，如果在一个预置的时间内（可用行人过街最小绿灯时间）无后续车辆到达，则可更换行人相位；如果检测器检测到后续车辆到达，则每测得一辆车，绿灯延长一个预置的"单位绿灯延长时间"。如果在单位绿灯延长时间内车流中断，则更换行人相位；如果连续有车，则绿灯继续延长，直至延长到预置的"最大绿灯时间"来中断机动车相位，变更为行人相位。此方法实质上是机动车优先方式，当机动车交通量较大时，机动车绿灯时间经常取"最大延长时间"，从而近似于定时信号配时。

（8）相位召回（Recall）

相位召回是感应控制器的一种运行模式，据此一个机动车相位或行人相位无论是否有实际的需求存在，每个周期都需要显示。每个感应相位都有一系列的召回设定，用于确定在没有需求的情况下如何设定信号显示。通常情况下，相位召回只是针对主要道路的直行流向，从而确保在其他相位没有需求的情况下，绿灯能够驻留在主要道路的直行相位。常用的两种方案为最小召回（Min Recall）和最大召回（Max Recall）。

①最小召回：最小召回特性即为指定的相位设置一个召回，即使该相位没有需求。如果交叉口各个方向都没有需求，该设置将强制信号控制为一个指定的相位实施最小绿灯时间。实践中建议对半感应非协调控制的主要街道的直行交通流实施最小召回特性，这可以使得主要街道的直行交通流尽可能早地在周期中获得绿灯时间并且在冲突交通流较小的情况下保持绿灯。最小召回是使用最为广泛的方式。

②最大召回：最大召回特性是为一个指定的相位设置连续的"呼叫"，即使该相位没有需求。它将强制每个指定的绿灯相位执行其最大绿灯时间。最大召回适用于车辆检测器出现故

障的情况,或者在某些时段实施定时控制。这个特性并不常用,因为在低流量情况下常常导致运行低效。

③行人召回:行人召回的特性是为一个指定的行人相位提供连续的"呼叫"。它强制每个绿灯相位实施最小行人绿灯时间,通常用在行人过街按钮故障的情况下,或者有大量行人过街的时段。

④软召回:当没有竞争相位的呼叫时,为指定的相位设置一个"呼叫"。经常用在低交通流期间的主要道路直行相位来确保信号灯保持在主要道路直行绿灯的状态。软召回适用于无协调控制的情况,并且主要道路直行相位有检测器。

(9)可变最小绿灯时间(Variable Minimum Green)

由于存在型检测器(能检测所检测范围内所有车辆状态的检测器,如长线圈检测器、视频检测器等)能够"记忆"排队车辆数,因此,为反映下一个绿灯时间必须服务的排队车辆数目的不同,可以将最小绿灯时间设置为可变的,即可变最小绿灯时间。

(10)间隙递减(Gap Reduction)

一般感应控制中,单位绿灯延长时间的长度是固定的,但是在"流量-密度"感应控制模式中,每个相位的绿灯时间结束前,单位绿灯延长时间间隔可以逐渐缩小。最初,感应中的间隔为单位绿灯延长时间,然后在一段时间(间隔递减之前的时间)之后,通过间隔逐渐递减的特定时间,间隔减到最小。随着某一相位的时间越来越长,使用这种方式来保持绿灯时间越来越难。如图3-5所示,这个过程主要包括四个参数:初始单位延长时间(最大值)PT_1,最终单位延长时间(最小值)PT_2,单位延长时间开始递减的时刻t_1,从最大单位延长时间变为最小单位延长时间的时间段t_2。

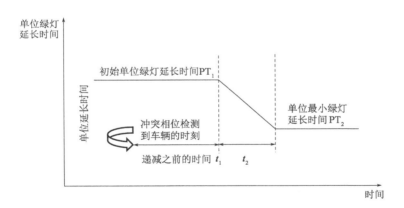

图3-5 可变单位绿灯延长时间示意图

单位绿灯延长时间递减的实现方法有三种:

①定时段递减:在绿灯启亮一定时间段后,每隔一定的时间段,单位绿灯延长时间递减固定长度,如在绿灯显示 xs 后,每延长1.5s绿灯,单位绿灯延长时间减少0.2s;

②每秒递减:在绿灯显示 xs 后,每秒内单位绿灯延长时间递减多少,如每延长1s的绿灯时间,单位绿灯延长时间减少0.1s;

③定时递减:在绿灯显示 xs 后,需要多长时间将单位绿灯延长时间从最大值减少到最小值,如在15s内线性地将单位绿灯延长时间从3.5s减少到1.5s。

(11)检测区域(Detection Zone)

每个检测器都有一个区域,在该区域范围内能够检测到道路用户的到达、存在和离去,称为检测区域。不同类型检测器的区域可以由不同的方法来确定,如电子/电器元件的安装位置、检测器的处理/放大器系统(检测器单元)或者是软件程序的输入等。

3.1.2 协调信号控制参数

(1)周期时长(Cycle Length)

在协调控制中,各交叉口协调相位的周期时长必须相等或成整数倍。通常情况下,从各交叉口的单点控制周期时长中选出最大的周期时长作为协调控制子区的公共周期时长。在较小交叉口使用双周期时长是一个常见的策略,即该交叉口的周期时长是其他交叉口的周期时长的一半,有时也称为"半周期"。

(2)相位差(Offset)

相位差又叫时差或绿时差,分为绝对相位差和相对相位差。绝对相位差指各个交叉口主干道协调方向的信号绿灯(红灯)的起点或终点相对于虚拟的主时钟(Master Clock)的时间之差。在实际使用中,主时钟常采用特定交叉口(一般为关键交叉口)主干道协调方向的信号绿灯(红灯)的起点或终点。例如,图3-6中的O_C(相对于A交叉口,其中A为基准交叉口)。相对相位差指相邻交叉口主干道协调方向信号绿灯(红灯)的起点或终点之间的时间之差。相对相位差等于两个交叉口绝对相位差之差,如图3-6中的O_{CB}(相对于B交叉口)。

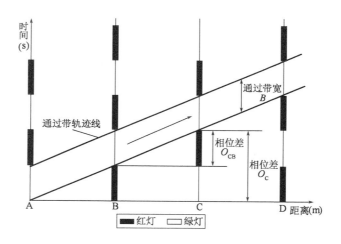

图3-6 协调控制中各参数的关系

相位差基本概念

在确定相位差的过程中,根据所采用的策略或参考点不同,对相位差有不同定义,包括基本相位差、平等相位差模式/优先相位差模式、同步式相位差和交互式相位差等,详细内容可扫描二维码查阅。

(3)绿波带(Green Band/Green Wave)

绿波带是协调控制的结果,即在一条道路上通过实行协调信号灯控制,使车流在纳入控制范围的信号交叉口通行的过程中,可以连续得到绿灯信号,不停车地通过控制范围内的所有交叉口。

(4)绿波带宽度(Bandwidth)

绿波带宽度是指在干线协调控制系统中,车辆可以按指定的速度连续通过干线上某一特定方向多个相邻交叉口时的最大绿灯时间,通常以秒为单位,是一个协调联动(Progression)运行机会的衡量指标,有时也称为通过带宽。带宽由交叉口之间的相位差和各交叉口协调方向上的绿灯时间决定,通常被用来描述通行能力或最大化车辆通过量。

(5)带宽有效比(Bandwidth Efficiency)

带宽有效比即绿波带带宽与公用信号周期的比率。

$$E = \frac{B_A + B_B}{2C} \times 100\% \tag{3-11}$$

式中:E——带宽有效比,%;
C——干线公共周期长,s;
B_A——A方向的绿波带宽度,s;
B_B——B方向的绿波带宽度,s。

(6)带宽利用率(Bandwidth Attainability)

在干线协调控制系统中,带宽利用率用来衡量关键交叉口绿波带宽度对有效绿灯时间的利用程度。

$$AT = \frac{B_A + B_B}{G_A + G_B} \times 100\% \tag{3-12}$$

式中:AT——带宽利用率,%;
B_A——A方向的绿波带宽度,s;
B_B——B方向的绿波带宽度,s;
G_A——A方向的有效绿灯时间,s;
G_B——B方向的有效绿灯时间,s。

(7)带宽通行能力(Bandwidth Capacity)

带宽通行能力是指能够不停车连续通过一组交叉口的车辆数,计算方法如下:

$$c_{BW} = \frac{3600 \times BW \times NL}{C \times h_s} \tag{3-13}$$

式中:c_{BW}——带宽通行能力,辆/h;
BW——带宽,s;
NL——协调控制方向上的车道数;
C——周期时长,s;
h_s——饱和车头时距,s。

(8)带速(Band Speed)

带速为在时间-速度图上的绿波带的斜率,表示沿干道通行的交通流的前进速度。

(9)强制退出点(Force off Point)

强制退出点是指在协调控制模式下配时方案中的非协调控制相位存在某个时间点,即使此时该进口道仍然有交通需求,也会强制切断此绿灯相位,以使配时方案满足协调控制的需要。

3.2 交通信号控制评价指标

3.2.1 延误

1) 延误的概念和类型

延误(Delay)是指驾驶人、乘客或行人花费的额外的行程时间,包括控制延误、交通延误、几何延误、事故延误、集合延误等。总延误(Total Delay)是实际花费的行程时间与参考行程时间之差,参考行程时间是在没有交通控制、没有几何延误、没有任何交通事件以及其他车辆的理想条件下所花费的行程时间。

延误有以下几种类型:

(1) 控制延误(Control Delay)

控制延误是延误的组成部分,是指信号控制引起车辆减速或停车,相对于不设信号控制条件下产生的延误。

(2) 交通延误(Traffic Delay)

交通延误是由于车辆之间的相互影响,使得驾驶人将速度减到自由流速度以下引起的延误。

(3) 几何延误(Geometric Delay)

几何延误是交通设施几何特征导致车辆通过这些设施减速而造成的延误。

(4) 事故延误(Incident Delay)

事故延误是相对于没有事故发生的情况而言,由事故产生的延误。

(5) 集合延误(Aggregate Delay)

集合延误是多条车道组的延误之和,一般是一个引道、一个交叉口或一条干线道路的延误之和。延误时间可分为每辆车的平均延误时间和所有车辆延误时间总和的总延误时间。其中,平均延误时间是评价单辆车服务水平的指标。在评价单点交叉口不同进口道的服务水平时,需比较每个进口道平均延误时间的差异,但从社会角度评价交通系统控制系统的运行状态时,需使用系统的总延误时间。

2) 不同状态下的延误分析

在不同的交通流状态下,延误分析的方法是不同的,下面将对稳定状态、过饱和状态和近饱和状态的延误进行分析。

(1) 稳定状态的延误分析

图 3-7 为交叉口一个进口道的停车线累计到达交通量(交通需求)和累计驶离交通量随时间变化的简单示例。描述红灯时间驶离车辆的交通量累计曲线的交通流率(累计驶离交通量的斜率)为 0。累计到达曲线和累计驶离曲线在纵轴方向的差值为当前时刻的排队长度(单位:辆),累计到达曲线和累计驶离曲线横轴方向的差值为每辆车因等待红灯而产生的延误时间(如果没有超车)。绿灯信号开始后,等待信号的排队车辆开始以饱和交通流率 s(等于累计驶离曲线的斜率)向下游驶离交叉口。当绿灯信号时间内的到达曲线和驶离曲线相交后,两

条曲线相互重叠。此时,到达的交通流率和驶离的交通流率相等,交通需求小于通行能力。如果当绿灯信号结束时,两条曲线仍未相交,即在绿灯信号结束时仍有滞留排队时,交通需求超过通行能力,此状态称为过饱和状态(交通堵塞)。与此相反,交通需求小于通行能力的状态为非饱和状态。两条曲线所围成的面积为每辆车的延误时间之和,可称其为"总延误时间"。

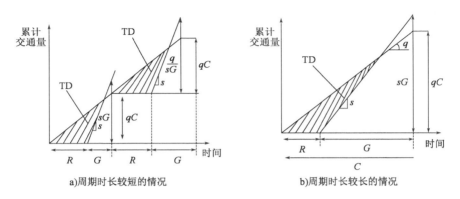

图 3-7 未饱和状态下的总延误

假设某非饱和交叉口进口道的交通需求为 q,饱和交通流率为 s,周期时长为 C,有效绿灯时间为 G,绿信比为 $g=G/C$,红灯相位时长为 $R=C-G$。假设车辆到达的车头时距恒定(均匀到达),即满足如图 3-7 所示的关系。此时,每周期对应的总延误时间 TD 为图 3-7 中画斜线的三角形面积,可用公式(3-14)计算。

$$\mathrm{TD} = \frac{sq\,R^2}{2(s-q)} = \frac{q\,R^2}{2(1-y)} \tag{3-14}$$

式中:y——流量比,$y=q/s$。

因此,每辆驶入车辆的平均延误时间可通过式(3-15)计算。

$$\bar{d} = \frac{\mathrm{TD}}{qC} = \frac{R^2}{2C(1-y)} = \frac{(1-g)^2}{2(1-y)}C \tag{3-15}$$

由图 3-7 可知,在非饱和状态时,$qC \leqslant sG$,且通过对比图 3-7a)和图 3-7b),在绿信比相同(G/C 为定值),但周期 C 扩大时,画斜线的三角形面积也会相应地增大。此时,每周期总延误时间 TD 会同周期 C 扩大相同的比例,每辆驶入车辆的平均延误时间 $\bar{d}$ 也会和 C 扩大相同的比例。

车辆的随机到达也会产生额外的延误,假定车辆到达服从泊松分布时,Webster 计算得出的每辆驶入车辆的平均延误时间可用式(3-16)表示。

$$\bar{d} = \frac{(1-g)^2}{2(1-y)}C + \frac{x^2}{2q(1-x)} \tag{3-16}$$

式中:x——饱和度。

式(3-16)中的第一项与式(3-15)相同,式(3-16)的第二项表述了到达时间间隔受随机到达状态的影响。式(3-15)和式(3-16)的关系如图 3-8 所示。由此可见,当周期时长变为图 3-8 所示的单点交叉口的平均延误时间与周期长度的理论关系 $C_{\min}$ 时,平均延误时间会变为无限大,因此实用的周期时长必须大于 $C_{\min}$。此外,还存在使平均延误最小的周期时长 C_{opt}(详细推导过程参考 5.4 节),且其大于 $C_{\min}$。

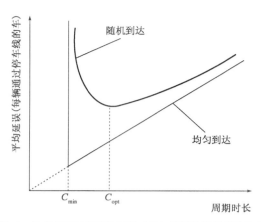

图 3-8 单点交叉口的平均延误时间与周期长度的理论关系

对多数交叉口来讲,均匀到达和泊松到达均不符合实际交通需求状况。交叉口较近时,会存在一定程度的影响因素,使得交通流的到达产生复杂而不规则的变动,无法用固定的公式计算最小平均延误与周期时长的关系,此时可认为延误比泊松到达更短。Webster 等人通过仿真手段,以添加修正项的方式对式(3-16)进行修正,最终得出式(3-17)所示的信号控制交叉口延误估计公式。

$$\bar{d} = \frac{(1-g)^2}{2(1-y)}C + \frac{x^2}{2q(1-x)} - 0.65\left(\frac{C}{q^2}\right)^{\frac{1}{3}} x^{(2+5g)} \tag{3-17}$$

在 Webster 提出随机平均延误计算公式[式(3-17)的第二项]后,Miller 和 Akçelik 也先后推导出类似的计算公式。其中,Akçelik 推导出的随机平均延误计算公式较为简洁,如式(3-18)~式(3-20)所示。从式(3-18)~式(3-20)可以看出,进口道饱和度同样是决定随机平均延误大小的主要因素。随着饱和度的提升,随机平均延误时间将迅速增大。比较 Akçelik 延误公式和 Webster 延误公式的随机平均延误项可发现,二者相差甚微,仅为 1s 左右。

$$d_r = \frac{N_S \cdot x}{q} \tag{3-18}$$

式中:d_r——随机平均延误时间,s;

N_S——进口道平均过剩滞留车辆数,辆。

$$N_S = \begin{cases} \dfrac{1.5(x-x_0)}{1-x} & (x > x_0) \\ 0 & (x \leqslant x_0) \end{cases} \tag{3-19}$$

$$x_0 = 0.67 + \frac{S \cdot t_{EG}}{600} \tag{3-20}$$

(2)过饱和状态下的延误分析

需要注意的是,不管是 Webster 的延误公式中还是 Akçelik 的延误公式中,分母中均存在 $(1-x)$ 项,因此在饱和度接近于 1 时,其计算得到的延误值会迅速增加,这不符合实际观测情况,而饱和度大于或等于 1 的时候,应用上述公式则无法对延误值进行计算,这就需要专门针对饱和或过饱和状态的延误估计方法。20 世纪 60 年代开始提出的定数理论可用于估计过饱和状态的延误。其代表性的研究成果有 Adolf May 的《交通流理论》及他与 Hartmut Keller 的论文《定数排队模式》。此后,Kimber 等也对定数排队理论进行了更为深入细致的研究。

在稳态理论中,虽然也考虑了在车辆到达随机波动的影响下,个别周期绿灯结束后会出现滞留车队的情况,但滞留车辆并非按照一种确定的增长率持续增长下去,而是经过一两个周期后会恢复原先无滞留车辆的平衡状态,所以稳态理论把这种个别信号周期绿灯结束后出现滞留车队的情况作为一种随机情况处理。定数理论把过饱和阻滞作为一种确定情况进行分析,不考虑车辆随机到达对受阻程度的影响。因此,定数理论的研究对象是,当交叉口进口道处于过饱和状态时车道与交叉口延误和停车次数等参数的关系式,其基本假设有:①各进口道的车辆平均到达率在整个时间段内稳定不变;②各进口道断面的通行能力在整个时间段内为常数;③时间段起始点的初始排队长度为零;④在整个时间段内,过饱和排队车辆长度随时间的增长而直线增加。

当交叉口处于过饱和状态且进口道的车辆到达率与通行能力为常数时,在一个信号周期内的到达车辆数(qC)将大于其可放行的车辆数(sG),每次绿灯结束后,进口道的滞留排队车辆均会呈线性增长。假设不计黄灯时间和前损失时间,进口道的车辆到达和驶离情况可简化为图 3-9 所示的情况。

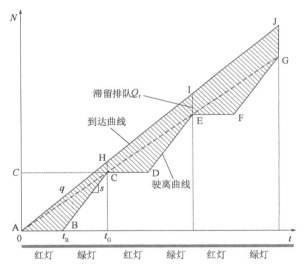

图 3-9 过饱和进口道车辆延误分析

图 3-9 中,A、C、E、G 对应红灯起始时刻,B、D、F 对应绿灯起始时刻,AH 的斜率为车辆到达率 q,BC、DE、FG 的斜率为进口道饱和流率 s,AC 的斜率为进口道通行能力 Q,因 AH 的斜率明显大于 AC 的斜率,表明该进口道处于过饱和状态。车辆到达累计曲线(A→H→I→J)和车辆驶离累计曲线(A→B→C→D→E→F→G)围成的多边形称为延误多边形。该多边形中的水平线段代表相应到达车辆的延误,垂直线段代表对应时刻的停车线车辆排队长度,其中 HC、IE 和 JG 分别代表三个周期绿灯结束时交叉口处的滞留排队长度。交叉口的总延误时间等于延误多边形 ABCDEFGJ 的面积。

$$N_i = i(qC - s t_G) \tag{3-21}$$

$$M_i = n_1(qC - s t_G) - js t_G \tag{3-22}$$

在时间段 $(n_1 + n_2)C$ 内,平均过饱和滞留排队长度可由式(3-23)计算。

$$L_{\mathrm{d}} = \frac{\sum_{i=1}^{n_1} N_i + \sum_{j=1}^{n_2} M_j}{n_1 + n_2} = \frac{(q-Q)n_1 C}{2} \tag{3-23}$$

在第 i 个过饱和周期，全部车辆延误时间之和可由式(3-24)计算。

$$D_i = \frac{1}{2}(N_{i-1} - N_i + s\,t_\mathrm{G}) - \frac{1}{2} t_\mathrm{G} t_\mathrm{G} s = (i-1)(qC - s\,t_\mathrm{G})C + \frac{1}{2}(q\,C^2 - s\,t_\mathrm{G}^2) \tag{3-24}$$

在时间段 $n_1 C$ 内，车辆的总延误可由式(3-25)计算。

$$\sum_{i=1}^{n_1} D_i = \frac{1}{2} n_1 C [n_1 (qC - QC) + Q\,t_\mathrm{R}] \tag{3-25}$$

在第 j 个饱和度为 0 的周期，全部车辆延误时间之和可由式(3-26)计算。

$$D_j = M_{j-1} C - \frac{1}{2} t_\mathrm{G} t_\mathrm{G} s = [n_1 (qC - s\,t_\mathrm{G})C - (j-1)s\,t_\mathrm{G}]C - \frac{1}{2} s\,t_\mathrm{G}^2 \tag{3-26}$$

在时间段 $n_2 C$ 内，车辆的总延误可由式(3-27)计算。

$$\sum_{j=1}^{n_2} D_j = \frac{1}{2} n_2 C [n_1 (qC - QC) + Q\,t_\mathrm{R}] \tag{3-27}$$

由式(3-27)和式(3-28)可得，在整个时间段 $(n_1 + n_2)C$ 内的车辆平均延误时间由式(3-28)计算。

$$d = \frac{\sum_{i=1}^{n_1} D_i + \sum_{j=1}^{n_2} D_j}{(n_1 + n_2) CQ} = \frac{t_\mathrm{R}}{2} + \frac{L_\mathrm{d}}{Q} \tag{3-28}$$

(3) 近饱和状态下的延误分析

从稳态理论和定数理论的基本假设来看，它们各自有其局限性。稳态理论在低饱和的情况下 ($x < x_\mathrm{p}$) 是比较切合实际的，然而随着饱和度的增高，车辆随机到达情况对性能指标的影响显著增大，车辆到达和驶离的稳态平衡很难维持，根据稳态理论计算出来的结果与实际情况的偏差越来越大，尤其是当饱和度接近于 1 时，稳态理论根本无法给出符合实际的计算结果。定数理论虽然对于过饱和状况 ($x > x_\mathrm{Q}$) 能给出较为理想的计算结果，但在饱和度等于或略大 1 的情况下也不能计算出令人满意的结果。这两类分析方法存在局限的原因是车辆随机到达情况对性能指标的影响太大。因此，需要建立新的理论和计算方法分析交叉口进口道在近饱和状态 ($x_\mathrm{p} \leqslant x \leqslant x_\mathrm{Q}$) 的性能指标。

当车辆到达率 q 逐渐增大时，饱和度 x 随之增加，此时进口道所对应的延误、停车次数、排队长度等性能指标也将随之逐渐增加，所以可在低饱和状态和过饱和状态中间的部分 ($x_\mathrm{p} \leqslant x \leqslant x_\mathrm{Q}$) 寻找一条过渡曲线，将低饱和段 ($x < x_\mathrm{p}$) 的曲线和过饱和段 ($x > x_\mathrm{Q}$) 的曲线有机地连接起来，从而描述近饱和状态性能指标随饱和度的变化趋势，该方法称为过渡函数曲线法。过渡函数曲线是以定数函数曲线作为渐近线的。过渡函数的建立不仅解决了近饱和状态车辆受阻滞程度的定量分析问题，也弥补了过饱和状态的定数理论所忽视的随机阻滞。

依照过渡函数计算出的广义性能指标 P（含延误、排队长度、停车次数等）包括三部分："基准阻滞"部分、"随机阻滞"部分与"过饱和阻滞"部分。由此，广义性能指标 P 可由式(3-29)表示。

$$P = P_\mathrm{u} + P_\mathrm{r} + P_\mathrm{d} \tag{3-29}$$

式中：P_u——基准阻滞项，它表现为各指标函数的第一项，当饱和度 $x<1$ 时，该项是关于饱和度的递增函数；当饱和度 $x>1$ 时，该项为常数，并等于饱和度 $x=1$ 时的值；

P_r——随机阻滞项，它表现为各指标未饱和函数中的第二项，而在 $x>1$ 时未能体现，在建立过渡函数关系时应将该项补上；

P_d——过饱和阻滞项，主要为过饱和性能指标函数中的第二项。对过渡函数曲线和广义性能指标的分析如图 3-10 所示。

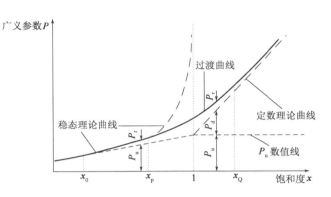

图 3-10　过渡函数曲线与广义性能指标分析

3.2.2　服务水平

对于信号交叉口而言，延误和饱和度都是衡量交叉口设施交通服务水平的重要指标。由于交叉口车辆平均延误与交叉口饱和度之间存在着单调的相关性，因此，交通工程界逐渐习惯于仅采用延误指标作为交叉口服务水平的评价标准。服务水平是描述交通流内部运行状况质量的标准，通常根据速度、行程时间、驾驶自由度、交通间断、舒适与方便等服务指标来描述。每车平均信控延误数值与信号交叉口的服务水平的对应关系见表 3-1。

每车平均信控延误数值与信号交叉口的服务水平的对应关系　表 3-1

服务水平	每车信控延误(s)	服务水平	每车信控延误(s)
A	≤10	D	36~55
B	11~20	E	56~80
C	21~35	F	>80

对于现有交叉口服务水平的评价，延误应采用现场观测数值作为评价依据。对于设计交叉口的服务水平评价，延误可采用模型进行估算。新建、改建交叉口设计服务水平宜取 B 级，治理交叉口宜取 C 级。当服务水平不合格时，应调整进口道渠化设计或信号控制方案，重新进行设计。

3.2.3　停车次数

车辆的停车次数(停车率)是指车辆在通过交叉路口时受信号控制影响而停车的次数，即车辆在受阻情况下的停车程度，用 h 表示。值得注意的是，并非所有受阻车辆受到交叉路口信号阻滞时都会完全停顿下来，部分车辆可能在车速尚未降到 0 之前又加速至原正常行驶车速驶离交叉口。因此,根据车辆在受阻情况下的停车状况可分为完全停车与不完全停车两种。图 3-11 表示了三种不同的车辆受阻行驶情况。对于图 3-11a)的情况,车辆的行驶速度降为 0 后,经过一段时间的停止等待,再加速通过路口;对于图 3-11b)的情况,车辆的行驶速度刚降为 0,又立即加速通过路口;对于图 3-11c)的情况,车辆的行驶速度未降为 0,就又加速通过路口。我们把图 3-11a)、图 3-11b)这两种情况称为一次完全停车,把图 3-11c)的情况称为一次不完全停车。

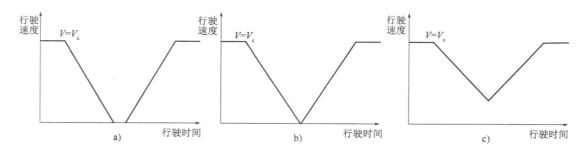

图 3-11 三种不同的车辆受阻行驶情况

交叉口总的停车次数是指所有通过交叉口的车辆的停车次数之和,用 H 表示;交叉口的平均停车次数则是指通过交叉口的车辆的停车次数平均值,用 h 表示。平均停车次数也是一个衡量信号控制效果好坏的重要性能指标。

对信号控制交叉口平均停车次数的分析同样可分为未饱和状态、过饱和状态和近饱和状态等三个状态。在未饱和状态下,停车次数可分为相位平均停车次数和随机平均停车次数两部分。延误三角形的高即为一个周期内有一次停车的车辆总数 H,其可由式(3-30)计算,其均衡相位平均停车次数 h_e 可由式(3-31)计算。由式(3-31)可知,当进口道交通流量 q 减少或饱和流量 S 增加,即进口道流量比 y 减少时,均衡相位平均停车次数 h_e 减少;当进口道方向的绿信比 λ 增加时,均衡相位平均停车次数 h_e 减少;信号周期 C 的大小与均衡相位平均停车次数 h_e 基本无关。

$$H = \frac{q\, t_R S}{S-q} = \frac{qC(1-\lambda)}{1-y} \tag{3-30}$$

$$h_e = \frac{H}{qC} = \frac{1-\lambda}{1-y} \tag{3-31}$$

车辆的随机到达可能会使某个交叉口产生滞留排队的情况,这种暂时过饱和状况产生的停车次数称为随机停车次数 h_r,其近似计算公式如式(3-32)及式(3-33)所示。由式(3-32)可知,当进口道饱和度增大时,随机平均停车次数将迅速增大,特别是当饱和度接近 1 时,随机平均停车次数将趋向于无穷大;当信号周期 C 增大时,随机平均停车次数减少。

$$h_r = 0.9 \times \frac{e^k}{2qC(1-x)} - 0.1 \times \frac{1-\lambda}{1-y} \tag{3-32}$$

$$k = \frac{-1.33\sqrt{Sq}(1-x)}{x} \tag{3-33}$$

综合均衡相位平均停车次数和随机平均停车次数,可得稳态理论基础上的进口道车辆平均停车次数 h 的计算公式。将一个信号周期内各进口道的总停车次数相加可得交叉口的总停车次数,再除以一个信号周期到达交叉口的车辆数即可获得平均停车次数。

$$h = h_e + h_r = 0.9 \times \left[\frac{1-\lambda}{1-y} + \frac{e^k}{2qC(1-x)}\right] \quad (3-34)$$

与延误的计算类似,根据稳态理论获得的平均停车次数在饱和度趋近于1时,得出的结果会趋向于无穷大,因此需对过饱和状态和近饱和状态的平均停车次数进行分析。

在过饱和状态时,会有部分车辆经历多次停车的情况。在进口道处于过饱和状态时,所有在本信号周期到达的车辆均需停车,其中滞留排队中的车辆还需要二次停车,因此过饱和状态时第i个周期的车辆总停车次数H_i可由式(3-35)计算,在时间段n_1C内,总停车次数可由式(3-36)计算。

$$H_i = qC + i(qC - QC) \quad (3-35)$$

$$\sum_{i=1}^{n_1} H_i = n_1 qC + \frac{n_1}{2}(1+n_1)(qC-QC) \quad (3-36)$$

第j个饱和度为零周期的车辆总停车次数H_j可由式(3-37)计算,在时间段n_2C内,总停车次数可由式(3-38)计算。

$$H_j = n_1(qC - QC) - jQC \quad (3-37)$$

$$\sum_{j=1}^{n_2} H_j = n_1 n_2 (qC - QC) - \frac{n_2}{2}(1+n_2)QC \quad (3-38)$$

在整个$(n_1 + n_2)C$时间段内,车辆的平均停车次数h为

$$h = \frac{\sum_{i=1}^{n_1} H_i + \sum_{j=1}^{n_2} H_j}{(n_1+n_2)QC} = 1 + \frac{L_d}{QC} \quad (3-39)$$

在信号交叉口的车辆平均滞留长度$\overline{L}_d$为

$$\overline{L}_d = \frac{(St_G - qt_G)n_1 + St_G n_2}{n_1 + n_2} + L_d = Qt_R + L_d \quad (3-40)$$

综上所述,由于过饱和状态下滞留车辆不断积累,进口道的平均过饱和滞留车队长度、平均延误时间、平均停车次数及绿灯启亮平均滞留车队长度均随过饱和状态持续时间的增加而增加。在低饱和状态,由于每个周期绿灯时间内均能够清空排队车辆,故平均延误、平均停车次数与绿灯启亮平均滞留车队长度均与研究时长无关。

在近饱和状态,平均停车次数也可借由过渡函数曲线法进行研究,本书不再进行推导。

值得注意的是,对于一辆车而言,其延误时间缩短,停车次数也越少;而对于一个交叉口而言,其总的延误时间越短,总的停车次数未必越少。因此,交叉口的平均延误时间与交叉口的平均停车次数之间既存在一定的关联性,也存在一定的差异性,可以作为两个相对独立的性能指标来评价交通控制系统运行的优劣。

在交通信号控制所涉及的基本概念当中,通行能力、饱和度、延误时间和停车次数是反映车辆通过交叉口时动态特性和进行交叉口信号配时设计的四个基本参数。交通信号控制的目标就是寻求较大的通行能力、较低的饱和度,从而使得通过交叉口的全部车辆总延误时间最短或停车次数最少。

3.2.4 排队长度及排队时间

交叉口排队长度指红灯时间内,交叉口进口道上停车等待绿灯的车辆所占车道总长度。

排队车辆由绿灯时间未及时通过交叉口的车辆以及红灯时间内抵达的车辆组成,在配时不恰当的交叉口,甚至会出现车辆二次或多次排队的现象,这极大地增加了车辆延误,造成交叉口的拥堵。

拥堵排队长度是指在通行能力存在瓶颈(存在过饱和状态进口道的交叉口)的进口道处,因过饱和状态而滞留车辆的排队长度。在信号控制交叉口,即使是非饱和状态也可能形成等待队列,请务必区分类似情况。

可以一定时间内(通常为5min)的车辆检测器信息(占有率、速度)为基础来推测过饱和状态和当时的拥堵排队长度。拥堵时长可根据下述公式计算得出的一定时间范围(12h、1d等)内的拥堵时间的累计值表示。

$$LT = \sum_t l_t \cdot \Delta T \tag{3-41}$$

式中:LT——拥堵时长,km·h;

l_t——t 时刻的拥堵排队长度,km;

ΔT——测算时间间隔,h。

在对实施拥堵对策前后的评价等过程中,虽在表示拥堵总量的指标时应采用指定时间段全体车辆的总延误时间,但常将拥堵时长作为替换指标,此指标反映了瓶颈交叉口、路径、区域瓶颈等集计状态的特征。但在比较车道数不同的道路时,比起简单的拥堵时长×车道数等指标,根据车道数的不同而适当地加权评价更加适合。

3.2.5 协调控制评价指标

在进行实际的协调控制优化过程中,协调控制评价指标(Corridor Synchronization Performance Index,CSPI)可以用来评价协调控制的效果。协调控制评价指标可综合反映所研究干线道路在协调控制下的行程车速、在绿灯期间的到达比率和停车状况等信息。但需要注意的是,协调控制评价指标并非为一个通用方法,其还有不少漏洞,目前关于协调的评价主要还

交通信号协调控制的评估

是采用前后对比的方法。协调控制评价指标可以看作一个评价交通信号协调控制效果的可行思路,目前已在若干交通信号协调控制优化及评价软件中进行应用,如 TranSync 中所采用的方法就是在协调控制评价指标的基础上改进而成的。

协调控制评价指标选用了平均车速(Average Speed)、遇到绿灯和红灯的比例(Ratio of Green to Red Signals)以及单位距离停车次数等三个指标的打分情况判定整条道路的协调控制效果,并根据三项指标的总分将运行状况分为5个等级。等级1到等级5对应的分数分别为≥80分、70(含)~80分、60(含)~70分、50(含)~60分和<50分,其分别代表非常好的协调控制效果,有一些停车但总体运行很顺畅的交通控制,良好的协调控制效果的基线,有一些通过低投入即可修复或可进行调整的问题的路段,以及效果较差,必须在大范围重新进行调查并进行协调控制的路段。各指标值和评分的对应关系如图3-12所示。

例如,某长度为2.5mi的道路,遇到3个红灯和5个绿灯,总行驶时间为6min,则车速为25mi/h❶,得23分;绿灯与红灯次数之比为1.66,得13分,平均每mi停车1.2次,得28分,总分为64分,处于等级3。当此道路行驶数据为遇到2个红灯和6个绿灯,总行驶时间为5min

---

❶ 1mi/h≈1.609km/h。

时,车速为30mi/h,得30分,绿灯次数比红灯次数为3,得24分,平均每mi停车0.8次,得32分,总分为86分,处于等级1的运行状况。

3.2.6 绿灯到达率

绿灯到达率指单位绿灯时间内抵达交叉口的车辆数,当到达率明显大于通过率时,会造成交叉口进口道的拥挤,该参数也可作为交叉口信号优化方案的比选指标。绿灯到达率的一个典型应用就是普渡协调控制图(Purdue Coordination Diagram,PCD),如图3-13所示。普渡协调控制图使用点来描绘每辆车在每个阶段的运动,以空间方式描绘车辆到达情况,进行排队分析。它显示了交叉口处24h范围内单个信号相位的变化情况,确定该相位的绿灯时间、黄灯时间或红灯时间。它还显示全天的每个车辆到达情况,由图形上的一个点表示,该点可以标示汽车是在绿灯、黄灯还是红灯时段到达。绿灯的阴影区域内的点多时表明大量车辆在绿灯时到达交叉口,交叉口具有良好的车辆到达和排队情况。红灯阴影区域内的点多时表示大量车在红灯期间到达,可能原因是不好的相位差设置或信号控制器时钟不同步。均匀分布的散点表示随机到达并且没有形成排队的状况。

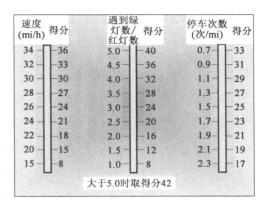

图3-12 协调控制评价指标计算表

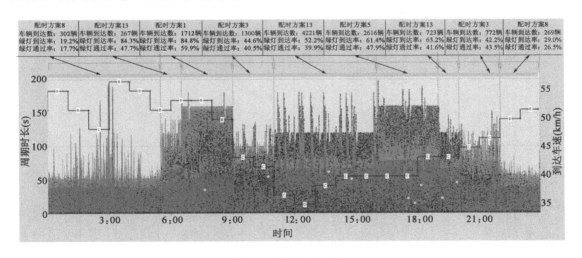

图3-13 普渡协调控制图

3.2.7 其他指标

车辆排放指标可作为交叉口信号优化方案的比选指标。车辆尾气排放主要包括一氧化碳(CO)、氮氧化物(NO_x)、碳氢化合物(HC)、二氧化碳(CO_2)、颗粒物(PM)等,是影响城市空气质量的一个重要因素,在车流较多的交叉口附近,空气质量明显较低,而车辆排放与车辆总数及车辆停车、加减速行为存在明显关系,因此合理的信号配时能减少车辆有害气体的排放。

【习题与思考题】

1. 试解释信号周期长、绿信比、相位差、绿灯间隔时间、损失时间等参数的含义。
2. 试解释绿波带、绿波带宽度、带宽有效比、带宽利用率等参数的含义。
3. 什么是信号控制交叉口进口道的饱和流量？影响饱和流量的因素主要有哪些？
4. 如何评价一个交叉口的交通信号控制？评价指标包括什么？单点控制和协调控制分析过程中所选的指标及分析思路有什么不同？

第 4 章
交通信号控制条件及相序

交通管理与控制形式有很多,在具体应用时,结合实际交通运行状况选择交通信号管控方式是进行合理交通流管控的前提。在选择交通信号控制方式后,首先需要完成的工作是根据交叉口的实际交通需求设计相位和相序。相位和相序的设计会直接影响信号交叉口的交通运行水平,是交通信号控制的基础。本章主要介绍设置交通信号控制的条件和相位相序的设计方法及实践。

4.1 设置交通信号控制的条件

4.1.1 交叉口控制方式划分

如图 4-1 所示,不同流向的车流在穿越交叉口时会产生交通冲突。为减少车流冲突带来的影响,可在交叉口采用多种管控方式。交叉口按照交通管理和控制方式可划分为全无控制交叉口、主路优先控制交叉口、多路停车控制交叉口和交通信号控制交叉口。全无控制交叉口是指两条相交道路具有相同或基本相同的重要地位,因其流量较小,在交叉口上不采取任何管理手段的交叉口;主路优先控制交叉口有停车让行控制与减速让行控制两种,停车让行控制是车辆到达交叉口处需停在停车线外,确认安全后再通行,减速让行控制是车辆到达交叉口处应减速,观察主干道的交通状况,以确保优先考虑主要道路的交通情况;多路停车控制交叉口是在交叉口各方向无明显主次区别,同时未达到设置信号灯进行控制的一种控制方式;交通信号控制交叉口的主要功能是在道路车流相交叉处分配车辆通行权,使不同类型、不同方向的交通流有序高效地通过交叉路口。

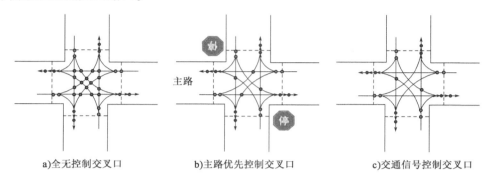

图 4-1 不同控制方式下交叉口区域内的交通冲突

注:交叉口内为交叉冲突点、交叉口出口道处为合流冲突点、交叉口进口道处为分流冲突点。

对交叉口进行控制时,并不是所有的交叉口都适用信号灯控制,要根据交叉口的实际情况选择合适的交叉口管理控制方式。如图 4-2 所示,在交叉口主次路流量不同时,主路优先(Two Way Stop Control,TWSC)、多路停车(All Way Stop Control,AWSC)和信号控制(Signalized Control)方式下的延误值不同。

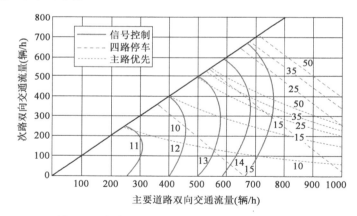

图 4-2 不同主次路车流量下不同控制方式延误等值线

注:其中左转车流所占比例为 20%。

4.1.2 设置交通信号控制的理论依据

决定是否将停车/减速让行控制方式改变为交通信号控制方式,主要应考察交叉口的通行能力与延误两个因素:一是在停车/减速让路控制方式下交叉口次要道路的最大通行能力是否能够满足其实际交通量通行的需要;二是交叉口控制方式改变前后交叉口的平均延误时间的变化。

1)停车/减速让路控制交叉口的最大通行能力

根据车辆在停车/减速让路控制交叉口的通行规则,主要道路上的行驶车辆几乎不受次要道路上的行驶车辆的影响,而次要道路上的行驶车辆必须等到主要道路上的行驶车辆之间出现了足够大的可穿越空当时才能通过。因此,在停车/减速让路的控制方式下,交叉口主要道路的最大通行能力近似于其饱和流量;交叉口次要道路的最大通行能力则主要取决于其主要道路的交通量,即可以根据主要道路车流为次要道路车辆穿行提供的空当数来求出次要道路可以通行的最大车辆数。

若交叉口主要道路行驶车辆的到达服从泊松分布,根据上述原理,可以得到交叉口次要道路的最大通行能力 Q'_{max} 的计算公式:

$$Q'_{max} = \frac{q\,\mathrm{e}^{-\frac{q\tau}{3600}}}{1 - \mathrm{e}^{-\frac{q\tau}{3600}}} \tag{4-1}$$

式中:Q'_{max}——次要道路的最大通行能力,辆/h;
　　　q——主要道路交通量,辆/h;
　　　τ——次要道路可以穿过主要车流的临界空当时距,s,通常为 4.5～10s。

利用式(4-1)可以推出,当主要道路交通量 q 增加时,次要道路最大通行能力 Q'_{max} 减少;当次要道路可以穿过主路车流的临界空当时距 T 增加时,次要道路最大通行能力减小;当次要道路车辆连续通行时的车头时距 h 增加时,次要道路最大通行能力亦减少。上述变化都具有明确的物理意义,也与实际情况相吻合。

当次要道路交通量接近最大可通过量时,次要道路交通将严重拥挤,次要道路车辆的延误将迅速增大,此时应考虑将停车减速让路控制交叉口改造为信号控制交叉口。

2)交叉口的平均延误时间

停车让路控制与减速让路控制虽可减少主要道路车辆的延误时间,但可能导致次要道路车辆的延误时间增大。信号控制可有效降低次要道路的车辆延误,但必然造成一定的主要道路车辆延误。因此,需要通过对比交叉口控制方式改变前后平均延误时间的大小来决定交叉口是否应该采用信号控制方式。

假设主、次道路交通流量之比固定为某一比值,则交叉口分别在停车减速让路控制方式与信号控制方式下的交通流量-延误时间变化曲线可以用图 4-3 近似描述。在该图中,红曲线 A 表示在停车减速让路控制方式下的交通流量与延误时间的变化关系,曲线 B 表示在信号控制方式下的交通流量与延误时间的变化关系。比较曲线 A、B 可以看出,当进入交叉口的总交通流量较小时,采用停车/减速让路控制方式对于减小交叉口的平均延误时间较为有利;当进入交叉口的总交通流量较大时,适宜采用信号控制方式来缩短交叉口的平均延误时间。曲线 A 与曲线 B 的交织段则为控制方式的切换条件。

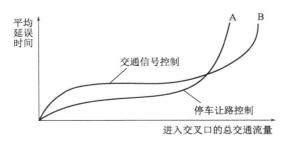

图 4-3　停车/减速让路控制与信号控制方式下的交通流量-延误时间变化曲线

4.1.3 设置交通信号控制的依据标准

设置交通信号控制虽有之前所述的理论依据,但由于世界各国的交通条件与驾驶人心理存在一定的差异,各国需要在充分考虑各自的交通实际状况后,结合理论依据制定出各自的交通信号控制设置标准。下面分别介绍中国、德国、日本和美国等国家的信号控制相关标准。

1) 中国

中国于 2016 年颁布实施的国家标准《道路交通信号灯安装规范》(GB 14886—2016)对信号灯的安装做出的规定如下:

(1) 路口机动车高峰小时流量超过表 4-1 所列数值的交叉口应设置信号灯。

交叉口机动车高峰小时流量 表 4-1

主要道路单向车道数(条)	次要道路单向车道数(条)	主要道路双向高峰小时流量(pcu/h)	流量较大的次要道路单向高峰小时流量(pcu/h)
1	1	750	300
		900	230
		1200	140
1	≥2	750	400
		900	340
		1200	220
≥2	1	900	340
		1050	280
		1400	160
≥2	≥2	900	420
		1050	350
		1400	200

注:1. 主要道路指两条相交道路中流量较大的道路;
    2. 次要道路指两条相交道路中流量较小的道路;
    3. 车道数以路口 50m 以上的渠化段或路段数计;
    4. 对无专用非机动车道的进口,应将该进口的非机动车流量折算成当量小汽车流量并统一考虑;
    5. 在统计次要道路单向流量时应取每一个流量统计时段内两个进口的较大值累计;
    6. pcu 指当量小汽车,在计算过程中应进行相应换算。

(2) 交叉口任意连续 8h 的机动车平均小时流量超过表 4-2 所列数值时,应设置信号灯。

交叉口任意连续 8h 的机动车平均小时流量 表 4-2

主要道路单向车道数(条)	次要道路单向车道数(条)	主要道路双向高峰小时流量(pcu/h)	流量较大的次要道路单向高峰小时流量(pcu/h)
1	1	750	75
		500	150
1	≥2	750	100
		500	200

续上表

主要道路单向车道数(条)	次要道路单向车道数(条)	主要道路双向高峰小时流量(pcu/h)	流量较大的次要道路单向高峰小时流量(pcu/h)
≥2	1	900	75
		600	150
≥2	≥2	900	100
		600	200

(3)根据交叉口的交通事故情况,达到以下条件之一的路口应设置信号灯:

①三年内平均每年发生 5 次以上交通事故,从事故原因分析通过设置信号灯可避免发生事故的路口;

②三年内平均每年发生一次以上死亡交通事故的路口。

(4)在交叉口不满足以上条件,但满足下述综合条件时,需设置信号灯。

①当上述三个条件中,有两个或两个以上条件达到 80% 时,交叉口应设置信号灯;

②对于畸形交叉口或多路交叉的交叉口,应进行合理交通渠化后设置信号灯;

③在不具备①条件,但在交通信号控制系统协调控制范围内的交叉口,可设置信号灯。

(5)交叉口非机动车信号灯设置条件为:

①非机动车驾驶人在路口距停车线 25m 范围内不能清晰视认用于指导机动车通行的信号灯的显示状态时,应设置非机动车信号灯;

②机动车单行线上的交叉口在与机动车交通流相对的进口应设置非机动车信号灯;

③非机动车交通流与机动车交通流通行权冲突,可设置非机动车信号灯。

(6)路口人行横道信号灯设置条件为:

①采用信号控制的交叉口且已施画人行横道标线的,应设置人行横道信号灯;

②行人与车辆交通流通行权冲突的交叉口,可设置人行横道信号灯。

(7)黄灯时间。

黄灯时间的设置主要是基于安全的考虑,其长短的确定需要考虑如下因素:

①提醒驾驶人绿灯信号即将结束,使车辆能够在停车线前安全地停下来;

②对于已经通过或部分通过停车线的车辆,能够在下一相位绿灯启亮之前安全驶离交叉口冲突区;

③为滞留在冲突区内的车辆提供清空交叉口的时间(如停驶待左转的车辆)。黄灯时间的取值范围一般为 3 ~ 5s,黄灯时间不宜过长。一般而言,当黄灯时间大于 5s 时,超出部分用全红时间代替。

2)德国

德国的《交通信号控制系统指南》(*Richtlinien für Lichtsignalanlagen*, RiLSA)中对交通信号控制设施的设置标准进行了定性分析,考虑标准时优先从以下几个因素进行考虑:

(1)事故数量与严重性;

(2)交叉口进口道的视距;

(3)行人与自行车过街保护的需要;

(4)主要方向与次要方向的机动车交通流量;

(5)公共交通管理;
(6)行人与机动车交通流;
(7)在道路网络中机动车交通的流向;
(8)防止道路网络出现过饱和现象;
(9)环境污染;
(10)警察部门与紧急救援服务的特定需求也可能要求必须安装信号控制设施。

3)日本

日本的《交通信号控制手册(修订版)》提出,信号控制设备通过在时间上分离交叉口或行人过街处各类交通流的通行权来防止交通流因冲突而产生事故,提升具有一定交通量交叉口的通行能力,减少车辆延误时间。在设置交通信号控制设备前,应对交通量、事故发生状态、交叉口形状等进行调查分析,也必须探讨是否能采用交通管制等相关手段来替代交通信号控制等。

(1)交通信号控制设备设置的必要条件

设置交通信号控制设备必须至少符合下述三条原则中的一条。

①为防止发生事故而设置交通信号控制设备的情况:

a. 设置交通信号控制设备可降低当地和附近地区人身事故数在每年两起以上时;

b. 必须特别确保学校、公园、医院、敬老院等附近的学生、儿童、幼儿、残障人士、老年人等的交通安全;

c. 除了 a 和 b 中的场合,根据人身事故情况、损坏物品数、交叉口形状等因素,交通工程师认为必须设置信号机的情况。

②设置交通信号控制设备能减少车辆延误时间或行人过街等待时间的情况:

a. 主要为减少车辆延误时间而设置交通信号控制设备的情况:主要道路的机动车等往来交通量较大,道路上的机动车等无法轻易直行或右转、左转的情况及从路侧接入的机动车交通量较大的情况。

b. 主要为减少行人过街等待时间而设置交通信号控制设备的情况:主道路的机动车等来往交通流量较大,行人过街较困难,过街行人量大且附近没有对应的行人过街交通信号控制设备或立体过街设施。

③新建设道路的情况:符合①或②任一种情况时。

除符合上述情况外,道路交叉口还需满足 a 和 b 两项条件才能设置交通信号控制设备。

a. 除单行道外,道路在能满足因红灯信号停车的机动车等需要的基础上,侧方需留有必要的车道宽度,以保证安全会车;

b. 需留有满足行人过街等待需求的安全滞留区域。

(2)设置交通信号控制设备的注意事项

①在设置交通信号控制设备时,宜从设置效果、紧急性、居民愿望等方面综合考虑,并从必要性最高的一项开始设置;

②交通信号控制设备运用不合理时可能会诱发交通事故和延误时间增加与无视信号等弊端,因此在设置交通信号控制设备后应结合交通状况对其运用方案进行优化;

③由于周边交通环境等的变化,交通信号控制设备不能满足设置必要条件而决定迁移或撤销时,应充分征求周围居民和道路使用者的意见。

4) 美国

美国的《统一的交通控制设备手册》(*Manual on Uniform Traffic Control Devices*, MUTCD)对道路交叉口设置信号灯的规定如下。

(1) 以8h车流量为依据

以8h车流量为依据的情况会考虑两种基本条件。

条件A：冲突交通流的流量都较大，使得驾驶人难以在连续交通流中选择安全间隔，记为"最小车流量"情况；

条件B：主要交通流方向交通流量过大，以致如果没有信号控制，次要方向将没有车辆能够安全穿行主要方向交通流，记为"中断连续交通流"情况。

在下列情况下，需要考虑设置交通控制信号灯(表4-3)：

① 当工作日的任意8h(不一定是连续的8h)中的每个小时的交通流量满足条件A或条件B的100%一栏的车流量时；当交叉口位于10000人以下的独立社区或者交叉口的主要道路进口道的限速或85%位速度超过40mi/h(约64km/h)时，用70%一栏的车流量代替100%一栏的车流量进行判断；

② 当工作日任意8h(不一定是连续的8h)中的每个小时的交通流量同时满足条件A和条件B的80%一栏的车流量(注意满足条件A和满足条件B的8h不一定是同样的8h)；当交叉口位于10000人以下的独立社区或者交叉口的主要道路进口道的限速或85%位速度超过40mi/h(约64km/h)时，用56%一栏的车流量代替80%一栏的车流量进行判断。

美国设置交通控制信号灯的条件　　　　　表4-3

进口道行车车道数		主要道路车辆数（双向进口道的总数）(pcu/h)				次要道路车辆数（单向中流量较大者）(pcu/h)			
条件A：最小车流量									
主要道路	次要道路	100%	80%	70%	56%	100%	80%	70%	56%
1	1	500	400	350	280	150	120	105	84
2及以上	1	600	480	420	336	150	120	105	84
2及以上	1	600	480	420	336	200	160	140	112
1	2及以上	500	400	350	280	70200	160	140	112
条件B：中段连续交通流									
主要道路	次要道路	100%	80%	70%	56%	100%	80%	70%53	56%
1	1	750	600	525	420	75	60	53	42
2及以上	1	900	720	630	504	75	60	53	42
2及以上	1	900	720	630	504	100	80	70	56
1	2及以上	750	600	525	420	100	80	70	56

(2) 以4h车流量为依据

工作日任意4h中的每个小时主要道路车流量(双向进口道的总和)与次要道路较大车流量(一个方向进口道)的交点全部落在图4-4曲线上方时，需考虑设置交通控制信号灯。次要道路较大车流量的方向在4h内不一定相同。

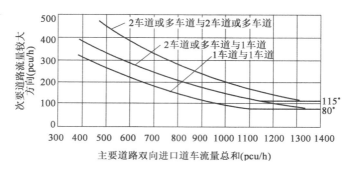

图 4-4　4h 车流量判断依据图
注：115pcu/h 是次要道路具有 2 车道或多车道的进口道流量下限；
　　80pcu/h 是次要道路具有 1 车道的进口道流量下限。

(3) 以高峰小时为依据

本条依据仅应用在一些特殊的情况下，如写字楼区、工业区或高占有率车辆设施地区等在短时间内吸引或释放大量的机动车，此时应考虑交通流量和延误两个方面。在工作日 1h（任意 4 个连续 15min）内同时出现下列三种情况，则考虑设置交通控制信号灯：

①停车标志管制的次要道路进口道上，一条车道的单向进口道总停车延误等于或大于 4pcu·h，或两车道的单向进口道总停车延误等于或大于 5pcu·h；

②在次要道路同一方向的进口道上，一条车道的单方向进口道流量等于或大于 100pcu/h，或 2 条车道的单方向进口道流量等于或大于 150pcu/h；

③在这 1h 中进入三岔口的总流量等于或大于 650pcu/h，或进入四岔或多岔交叉口的总流量等于或大于 800pcu/h。

(4) 以行人流量为依据

当满足如下条件时，需考虑设置交通控制信号灯：

当工作日任意 4h 内的每小时穿越主要道路的行人总流量和每小时主要道路上双向交通流量之和的交点落在图 4-5 曲线上方时；或者工作日任意 1h 内（任意连续的 4 个 15min）的上述内容交点落在图 4-6 曲线上方时，宜考虑设置交通控制信号灯。

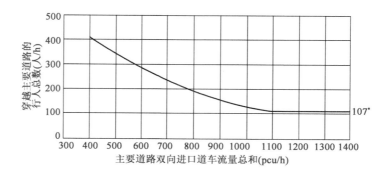

图 4-5　行人 4h 流量判断依据
注：107 人/h 是行人通过数下限。

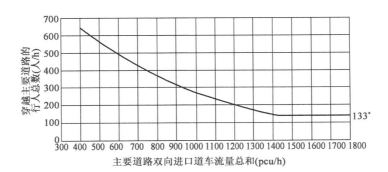

图 4-6　高峰小时行人流量判断依据
注：133 人/h 是行人通过数下限。

对于小型社区（少于 10000 人）或者设置的限速或 85% 位的进口道车速大于 35mi/h（约 56km/h）的，则适用图 4-7 和图 4-8。

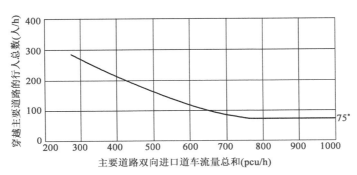

图 4-7　4h 行人流量 70% 判断依据
注：75 人/h 是行人通过数下限。

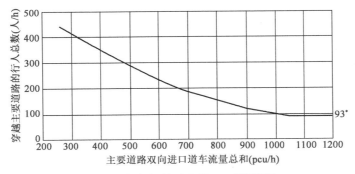

图 4-8　高峰小时行人流量 70% 判断依据
注：93 人/h 是行人通过数下限。

(5) 以学生过街为依据

学生往返学校通过主要道路的地方，特别是在学校附近的人行横道，要考虑装设人行横道信号灯。本条依据可认为是安装人行横道信号灯的一种特殊情况。

根据对在学生通过的人行横道处、在学生过街时间内、对路上车流中空当的大小和数量以及过街学生的批数和人数进行调查，美国的《交通信号控制手册》（*Traffic Control Devices Handbook*）

推荐的学生过街时所需空当时间如式(4-2)所示。

$$\tau = t_r + \frac{W}{1.1} + 2(N-1) \tag{4-2}$$

式中：τ——学生过街时所需空当时间，s；

t_r——学生过街反应时间，s，一般取 3s；

W——街宽，m；

N——学生过街时间内，过街累计批数中第 85% 位的过街学生的排数。

在学生过街时间内，如果学生通过交叉口所需时间间隙大于车辆交通流通过交叉口的时间间隙时，需按式(4-2)计算的学生过街所需时间，并且在学生过街高峰小时内至少有 20 人过街，可考虑设置交通控制信号灯。

在决定设置交通控制信号灯之前，需要考虑其他有效措施，如警告标志、闪灯、学校限速区、学校过街保护或空间分离的过街通道。

当要设置交通控制信号灯的位置沿主要干道方向距离最近的信号控制点小于 90m 时，则不应使用本设置依据，除非所要设置的信号灯能确保交通流在协调控制下连续通行。

(6) 以协调信号系统为依据

当出现下列情况之一时，应当考虑设置交通联动信号灯。

①在单向道路或一个方向流量为主的双向道路上，相邻交叉口的交通控制信号灯设置得较远而无法提供必要的车队控制；

②在双向道路上，现有的相邻交叉口的交通控制信号灯不能提供必要的车队控制，增加设置信号灯后可以和邻近的信号灯提供良好的协调控制。

设置信号灯后导致相邻信号灯间距小于 300m 的情况下，本条依据不应采用。

(7) 以事故记录为依据

与事故相关的情况如同时满足如下条件，宜设置交通控制信号灯。

①加强管理以减少事故的措施未能见效；

②一年中发生 5 次或更多次用交通信号控制易于避免的人身伤害，或者财产损失在限值以上的交通事故。

(8) 以道路网络为依据

当两条或更多的主要道路相交的普通交叉口至少满足下列两个条件之一时可考虑设置信号灯。

①在工作日的高峰小时内进入交叉口的流量至少达到 1000pcu/h，以及预计的 5 年工作日流量满足第(1)(2)(3)条依据中的一个或数个；

②当前或即将在一个休息日(周六或周日)的任意 5h 内每小时进入交叉口的交通量达到 1000pcu 及以上。

交通信号配时方案简介

4.2 相位及相序设计基础

相位及相序的设计是交通信号控制配时方案优化的基础，其设计方案会对最终的交通信号控制效果造成显著影响。因此，在实践中进行交通信号配时参数的优化前，应根据实际交通流运行特性选择与实际情况相对应的运行最高效的相位相序方案。

4.2.1 相位的分类

在交通信号控制中,广泛使用的相位定义方式有两种:第一种是同一时段放行流向组合对应的信号显示称为一个相位,也可称为相位阶段(Phase Stage),每当交通信号显示或通行权发生变化时,则开始一个新的相位阶段。信号相位阶段是根据交叉口通行权在一个周期内的更迭来划分的,如图4-9所示,此种相位设计方式为大多数国家的做法。第二种是美国电气制造商协会(National Electrical Manufacturers Association,NEMA)定义的环-栅式结构(Ring-and-Barrier Structure,RBS),也可称为NEMA相位。如图4-10所示,一个相位对应一个流向(不包括右转),因此在环-栅式结构的相位中,如果采用双环(Dual Ring)结构,一般有8个机动车相位。这两种定义各有优劣势,NEMA相位控制方式更加灵活,而相位阶段方式比较直观。NEMA相位为北美的标准规范,所有北美的交通信号机均采用此种相位定义方式。两种相位模式本质是一样的,可以按照一定规则相互转换。

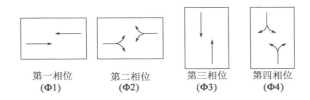

图4-9 四相位信号控制方案示例

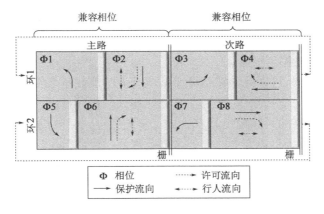

图4-10 基本的环-栅式相位设计示例

我国在早期的交通信号配时设计中,相位一般采用第一种定义方式,随着北美标准信号机的引入,也有很多信号机采用了环-栅式结构,因此目前我国同时采用了上述两种相位定义方式。

在NEMA定义的环-栅式结构中,控制环(Ring)指一系列冲突相位的组合,可以分为单环、双环或多环。在双环结构中,允许不冲突的相位在同一时间放行(和另外一个环中的不冲突相位同时显示)。环-栅式结构中的栅(Barrier)指双环结构(Dual Ring)中两个环的相位必须同时结束的时间点,即分隔主次道路的相位——图4-10中双竖线所在的位置。环-栅式结构允许兼容相位(Compatible Phases)的时间灵活调整,从而实现根据检测器信息灵活地调整交通信号配时的功能。如图4-10所示,具体调整规则如下:

(1)在两个栅之间,环1中的任何相位可同环2中的任何相位同时显示。例如,图4-10中,相位1、2、5、6为兼容相位,因此相位1和相位5或相位6同时显示,相位2也可和相位5或相位6同时显示。图4-10所示的配时方案中,首先相位1和相位5同时显示,然后相位1和相位6同时显示,再后是相位2和相位6同时显示。类似的,相位3或相位4也可和相位7或相位8同时显示。

(2)每一个环中的任一个相位都可以省略或将本相位的未使用时间分配给同一个环中的下一个相位。例如,图4-10中的相位1可将时间分配给相位2,而相位5可将时间分配给相位6,如果没有对应的交通需求,相位3和相位7可同时被省略。

(3)每一个环中两个栅之间的相位顺序可以互换,如图4-10中的相位1是直行相位,而相位2则是对向左转。

(4)在某些特殊情况下,可省略掉一个环,仅显示一个环中的相位,也就是另一个环中的相位都显示红灯,一般在采用两相位控制时可应用此操作。

4.2.2 相位设计顺序及相序设计原则

1)相位设计顺序

交通信号控制的相位是根据交叉口通行权在一个周期内的更迭来划分的,相位相序方案需在充分考虑交叉口几何构造(进口宽度、车道数、交叉角度等)、交通条件(交通量、左/右转比例、大型车辆比例、人行横道数、对向直行交通量等)、交叉口周边条件(附近的交通工程设施、视野情况)等因素的基础上,按照下述顺序进行设计。

(1)画出从各进口道进入交叉口各个流向的交通流线,获取相互不交叉或合流的交通流线组合,作为一个相位的控制对象;

(2)上述交通流线中,可以允许将部分交叉或合流的流线组合为一个相位;

(3)当某交通流线对应两个以上相位,宜将这些相位连续显示;

(4)按从主路到次路的顺序确定相序;

(5)在此基础上,需将初步方案综合起来重新审视,必要时进行优化及修正。

各相位宜遵循按设计顺序依次显示的原则,并必须考虑交通安全的影响。

2)相序设计原则

交叉口信号相位方案中的相序需要设计者以交叉口特征及其交通流运行状况为基础,在综合考虑交通流运行效率、交叉口交通安全以及交通参与者心理等因素后进行设计。相序设计虽然可不拘泥于定式,但可参照以下几条准则:

(1)信号相位必须同进口道车道渠化同时设计。例如,当进口道较宽、左转车辆较多、需设左转专用相位时,应当设置左转专用车道;当进口道较窄、无左转专用车道时,则不能设置左转专用相位。

(2)有左转专用车道且平均每个信号周期内有3辆以上左转车辆到达时,宜设置左转专用相位。

(3)在同一信号相位中,各相关进口道左转车每周期平均到达量相近时,宜采用双向左转专用相位(对向左转车流一起放行),否则宜采用单向左转专用相位(对向左转车流分别放行)。

(4)当信号相位中出现不均衡车流时,可以通过合理设置搭接车流(相当于设置交通信号的早断与滞后,此时应用 NEMA 相位则更加灵活),最大限度地提高交叉口的运行效率。对于新建交叉口,在缺乏交通量数据的情况下,对车道功能划分应先采用试用方案,然后根据通车后实际各流向的交通流量调整车道划分及信号相位方案。常用的相位组合如图 4-11 所示。

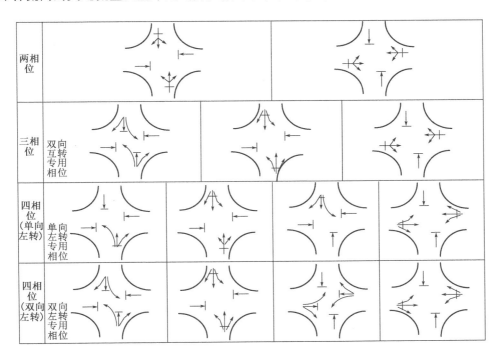

图 4-11 常用的相位组合

4.3 相位及相序的设计方法

标准三岔路口或十字交叉路口主要应依据行人和左转(或右转,取决于所分析地区机动车行驶习惯)交通流的处置方法来确定相位的组合,本节按照车辆靠右行驶进行介绍。当行人或左转交通量少且交叉口的流量比低时,可采用两相位方式。当交通流线相互交叉时,单一相位难以在交通需求高时分配相互冲突交通流的通行权,此时需利用多相位控制。在交通信号控制中,左转相位的设计和行人相位的设计是影响交通控制效率的主要因素,因此本节对多相位控制方式中的左转相位设计和行人相位设计,按照设计的考虑方法依次进行展示。

4.3.1 左转相位的设置条件

在一般情况下,较少的信号控制相位数能够改善交叉口运行性能,对于左转交通流而言,增加额外的左转相位将增加相位数量。随着相位数的增加,一般需要增加周期时长来为每个相位提供足够的绿灯时间,同时会增加延误。各国对于左转相位的设置规定有一定差异,部分国家有具体的规定,下面以中国、德国、日本和美国为例进行说明。

1)中国

在实际设计过程中,我国通常需要定量计算来判断是否需要设置左转保护相位,因此基于实践中所得的数据,可以用以下几点判断是否需要设置左转保护相位:

(1)当左转车流量小于100辆/h时,一般不设置左转保护相位;

(2)当左转车流量大于200辆/h时,通常设置左转保护相位;

(3)当左转车流量小于200辆/h时,计算左转车流量与对面单车道直行车流量的乘积,若该乘积大于50000辆/h,则设置左转保护相位,否则不设置。

由于我国为右侧行驶,因此习惯上右转可和直行分配同样的通行权,但是在交叉口信号控制的理论层面,右转相位设置是必要的,右转相位设计条件如下:

(1)一般情况下采用右转与直行同相位的控制方案;

(2)仅当过街行人、自行车流量很高时,设置右转专用相位;

(3)当存在左转保护相位时,可考虑采用"直右相位+右转专用相位"的形式;

(4)对于渠化形成的右转分离车道,右转车流可采用减速让行控制。

2)德国

在允许左转的情况下,如果左转车可顺利驶离交叉口,或一个周期的左转车能在交叉口内部(如拓宽的交叉口)排队,或在敏感条件下通过排队空间监测可以避免左转车流影响其他车流,可以不设置左转车道或左转空间。德国关于左转保护相位的一些设置条件如下:

(1)如果设置了左转专用相位,就需要设置专用左转车道。

(2)如果有轨电车与左转机动车同时释放并且信号灯控制能够保证当有轨电车到达时左转机动车已被清空,就可在轨道上设置左转机动车车道。

(3)在绿波内,如果在交叉口内部区域无足够的排队空间,并且信号控制不能使左转车不受阻碍地清空,就需要设置左转车道或排队空间。

(4)在低等级道路交叉口,在进口道设置左转机动车分隔岛比设置左转车道更重要。特别是对有信号灯控制的交叉口,意味着该方向车流需让行。

德国左转车道与排队
空间的相关规定

(5)在不能设置左转车道与排队空间,又不能禁止左转交通的交叉口,没有左转车道的左转机动车应该与直行车流在同一个相位里独立放行。

(6)如果禁止左转,则推荐设置掉头车道或是提前标示出可选择的路线。

(7)在通常情况下,左转车道与排队空间要按照德国规范 RiLSA 来设计,具体可扫描二维码查看。

3)日本

为确保右转车辆安全顺畅地通过交叉口(注:日本的车辆靠左行驶),需设置用右转箭头灯指示的右转专用相位。右转专用相位的设置会增加相位数,并可能会降低交叉口整体通行能力。因此,在实际应用中,应根据右转交通量、对向直行交通量及两者的关系决定是否设置右转专用相位。

虽然目前暂未明确右转专用相位的设立基准,但一般当对向直行交通流或者右转交通流均能在相位切换过程中通过交叉口时,便没有必要设置右转专用相位。相位切换过程中能通行的右转车辆数为车辆右转时滞留在交叉口内的车辆,此处涉及变量 K,即圆形绿灯信号切换到下个相位时所通过的右转车辆数。K 的值会根据交叉口大小和形状发生变化。一般来说,交叉口越大,K 值越大。当等待右转的车辆数超过交叉口内滞留的右转车辆数 K 时,应对设置右转专用相位的必要性进行讨论。上述情况不仅受右转交通需求的影响,还取决于对向直行交通量,因此需根据右转车辆通过能力的计算结果进行讨论。在圆形绿灯信号结束且对向直行车辆通过后,交叉口内可能会存有少量已经驶过停车线的右转车辆。这些右转车辆会在切换至下个相位(但不是该方向的右转专用相位)的过程中通过。此右转通过量 c_{R3} 与相位切换的频率有关,可通过式(4-3)计算。

$$c_{R3} = K \times \frac{3600}{C} \quad (辆/h) \tag{4-3}$$

当交叉口的几何设计及交通状况容易导致与右转车辆相关的交通事故发生时,也应讨论是否应设置右转专用相位。

因在黄灯信号期间驶入交叉口的对向直行车辆会与右转专用相位通行的车辆发生冲突,所以右转专用的绿箭头信号不允许和对向黄灯信号同时出现。

右转专用车道的设置是采用右转专用相位的前提条件。当交叉口进口道不能设置一条右转专用车道时,应禁止对向交通右转,且考虑采用前文介绍的时差式信号相位方式。图 4-12 是采用右转专用相位控制的一个例子。

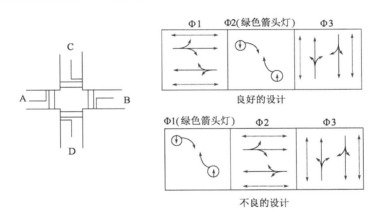

图 4-12 设置绿色箭头右转相位的示例

注:此方案良好的设计为许可-保护型相位(Permitted-Protected Left Turning),不良的设计为保护-许可型相位(Protected-Permitted Left Turning)。两种相位在双环环境下可有更灵活的设置。美国《信号配时手册》(STM)表明保护-许可型相位设置不好,可能会诱发"黄灯陷阱",在使用中应注意。

4)美国

美国的《信号配时手册》(Signal Timing Manual, STM)、《统一的交通控制设备手册》(Manual on Uniform Traffic Control Device, MUTCD)等技术手册未对左转相位的设置做出定量的规定,因此本书以美国亚拉巴马州对设置左转相位的依据为例介绍美国的设置方法,具体可扫描二维码获取。

美国亚拉巴马州对设置左转相位的依据

此外,美国的《道路通行能力手册》(Highway Capacity Manual, HCM)和交通工程师协会(Institute of Transportation Engineers, ITE)的《交通工程手册》(Traffic Engineering Handbook)中

也给出了若干设置依据,具体如下。

《道路通行能力手册》中给出的规则为:在高峰期间,当左转交通流量与冲突直行交通流量的乘积等于或大于如下数值时,需要考虑左转保护相位:一条冲突直行车道为50000,两条冲突直行车道为90000,三条冲突直行车道为110000。

此外,当每周期左转车辆少于2辆时,则不需要考虑保护型左转相位。该规则的基本考虑是认为即使对向直行车流较大,使得绿灯期间左转车辆无法利用对向直行车流的间隙通行,那么这2辆左转车辆也可以在交叉口等待直行车辆停止后进行左转。一般情况下,当为某个进口道的左转交通流提供保护型左转相位时,也会为对向左转交通流提供相应的相位,而此时对向左转交通流可能并不满足设置保护型左转相位的条件。

《交通工程手册》中给出了许可型左转相位的使用情况:

(1)高峰小时内的左转交通流量与对向交通流的限速交点落在图4-13的"许可"区中;

(2)左转交通流的视距不受限制;

(3)在过去三年内,任何一个只实施许可型左转相位的进口方向的左转车辆涉及的事故数少于8起。

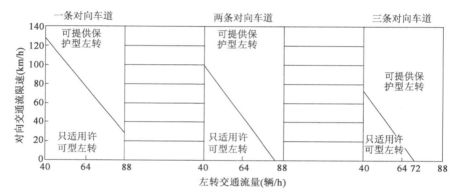

图4-13 《交通工程手册》推荐的左转相位选择规则

4.3.2 左转流向的相位设计

4.3.1节中给出了左转专用相位(也称保护型左转相位)的设置条件。事实上,根据对左转流向处理的不同,左转相位可分为保护型左转(Protected Left Turn)、许可型左转(Permitted Left Turn)和禁止左转(Prohibited Left Turn)等类型。

保护型左转为交叉口中的左转车流提供专门的相位,即专用左转相位,适用于左转车流量大的情况,减少左转车辆的延误。采用保护型左转时,左转车流不同其他流向的车流发生冲突,是安全的左转方式,但同时增加了其他方向车流的延误。

许可型左转适用于左转车流较少、左转车同直行车同时获得通行权的放行方式,此时左转车辆需对直行车辆和行人让行,在可接受间隙中穿越交叉口。相对于保护型左转放行方式,其可减少交叉口的延误,但是会影响车流的安全运行。

禁止左转是在交叉口中禁止左转车辆通行的一种控制方式,一般在特殊的时段和地点使用。采用禁左控制时应在交叉口设置"禁止左转"的交通标志。

除上述左转处理中,还有两类较为特殊的左转处理,在NEMA相位中称为保护-许可型左转(Protected-Permitted Left Turn),此类配时中左转车流先以保护型左转行驶一定时间,之后可以同时放行直行车流和左转车流,左转车流变为许可型左转,具体如图 4-14 的四相位(双向左转)设计。另一种对左转的特殊处理称为单边轮放(Split Phase)。此种相位设计中,各进口依次左直右三个流向同时放行。此种相位设计适用于双向流向严重不均等或无法设置左转专用车道的情况,交叉口直行和左转车道的每车道平均需求相差较大时,分割相位的通行效率一般要低于保护型左转。NEMA 型的分割相位设计如图 4-15 所示。

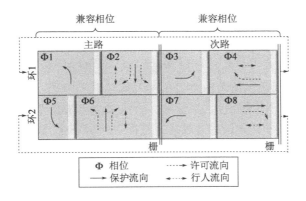

图 4-14 四相位(双向左转)设计

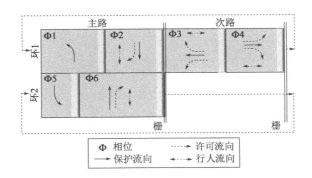

图 4-15 NEMA 型的分割相位设计(东西向交通流采用分割相位)

在 NEMA 相位中,不同控制环的栅之间的相位时间可以灵活调整,当两个环对应的相位(如 1+5 或 2+6)不同时结束时,在应用相位阶段形式表示时,则需要增加一个搭接相位的相位阶段。

左转相位设计中,另一个需要注意的要素为左转相位是提前于直行相位(Lead Left)还是滞后于直行相位(Lag Left)。因在双环结构中同时存在两个左转相位,而各环中相位的顺序可以调整,因此其用两个相位提前或滞后的形式来具体表示,如前-前(Lead-Lead)、后-后(Lag-Lag)或前-后(Lead-Lag)。在 NEMA 相位中,最常用的形式是前-前左转,即双向左转均在直行前放行,其优点在于:①驾驶人可对左转箭头灯迅速做出反应;②在左转车流较大或未设置左转专用车道时,可避免左转排队车辆对直行车流的影响;③在 NEMA 结构中,其可将未使用的绿灯时间转给直行。后-后和前-后设计一般仅用于相近交叉口协同控制(如菱形立交等)或保护-许可型左转控制时。我国设置左转相位时,很多城市采用了后-后的形式,这与我国大中城市中交叉口大、交通量高、直行车辆多等因素相关。高峰时直行的排队一般会超过左转专用车道长度,此时直行车流会阻挡进入左转专用车道的车流,而在先放直行时,左转车流可在放行直行车流时进入交叉口内部的左转待行区(北美交叉口一般较小,不具备设置左转待行区的条件),后续到达车辆也可继续排队,从而使左转相位时放行效率更高。因此,应充分考虑各地的实际道路、交通、驾驶人素质等情况,合理地设计相位相序方案。

4.3.3 行人过街相位

设置人行横道处需设置对应的行人相位,以确保行人过街的安全。行人相位的时长应保证按照步行速度为1m/s时过街所需的时间,即行人相位时长应大于通过人行横道长度所需的秒数。

在与行人流相交叉的机动车流的车速较低时,一般用同一相位服务机动车流和行人流。因此在设计行人相位时,也需综合考虑交叉口的几何形状及与行人流交叉的机动车流的速度等因素。此外,在左/右转车辆较为错综复杂时,行人发生事故的危险性会相应提升,此时需设置行人专用相位来保证行人安全。在沿对角线方向过街需求多的交叉口,当交叉口整体交通需求低且交叉口边角处的行人等待空间充足时,可引入图4-16中Φ2所示的行人保护时相,以提升其效率。

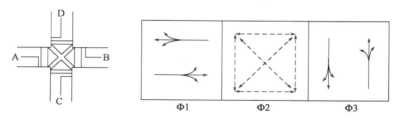

图 4-16 行人保护时相示例

人车分离式信号控制指采用行人流与机动车流完全不冲突的信号相位或行人流与机动车流冲突很少的信号相位的交通信号控制方式,机动车流与行人流可有多种分离方式。表4-4总结了行人保护时相和广义人车分离式信号控制的各种形式。当交叉口的左/右转交通量和行人交通量均很高时,需要保障与左/右转车流相关的行人的过街安全性,并改善交叉口左/右转车的通行能力,此时可考虑采用人车分离式信号控制。在运用行人专用相位及行人保护时相方式时,应设置相应的交通标志。

人车分离式信号控制示例 表4-4

设置方式		行人及机动车流线图
行人保护时相方式	在所有方向的机动车同时停止时,使所有方向的行人同时通过的交通控制方式,可斜向过街	Φ1　Φ2　Φ3

续上表

设置方式			行人及机动车流线图
行人专用相位方式	在所有方向的机动车同时停止时,使所有方向的行人通过的交通控制方式,不可斜向过街		Φ1　Φ2　Φ3
左/右转车流分离方式	在行人过街时,不允许同方向的机动车左转或右转行驶的交通控制方式,可在主干路或次干路任意一个道路实施	全部行人通道	Φ1　Φ2　Φ3　Φ4　Φ5　Φ6
			Φ1　Φ2　Φ3
		部分行人通道	Φ1　Φ2　Φ3　Φ4　Φ5
左转车流分离方式	在行人过街时,不允许同方向的机动车右转行驶的交通控制方式,可在主干路或次干路任意一个道路实施	全部行人通道	Φ1　Φ2　Φ3　Φ4
		部分行人通道	Φ1　Φ2　Φ3

需要注意的是,随着相位数的增加,尤其是设置行人保护时相时,过街行人,尤其是斜向过街行人的步行距离会变长,对应每个相位所需的行人过街时间等也会延长,从而使得周期时长有增大的倾向。

通常来讲,行人相位包括三个时段:行人绿灯时间(Pedestrian Green,PG 或 Walk),行人绿闪时间(Pedestrian Flashing,PF 或 Flashing Don't Walk,FDW),以及行人红灯时间(Pedestrian Red,PR 或 Don't Walk,DW)。这三个时段同机动车相位的对应关系如图4-17所示。

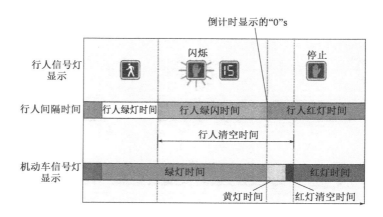

图4-17　行人相位和机动车相位的对应关系

在行人步速确定的情况下,可使用式(4-4)确定行人清空时间,为了计算信号控制器相位表中常规编程的闪烁"禁止过街"(FDW)时间,从业者应从计算的行人净空时间中减去黄色变化和红色净空间隔时间。

$$\text{PCT} = \frac{D_c}{V_p} \tag{4-4}$$

式中:PCT——行人过街时间,s;
　　　D_c——行人过街距离,ft❶;
　　　V_p——行人步行速度,ft/s。

假设行人的步行速度为3.5ft/s(约1m/s),表4-5显示了几种典型的行人过街距离下的行人过街时间。

几种典型的行人过街距离下的行人过街时间　　　　　　　　　　　　　　表4-5

行人过街距离(ft/m)	行人过街时间(s)
40/12	11
60/18	17
80/24	23
100/30.5	29

---

❶注:1ft≈0.305m。

4.3.4 叠加相位

NEMA 相位设计中还有种特殊的设计,叫叠加相位(Overlap),它提供了一种使一个或多个流向同其他被栅隔离的一个或多个相位同时通行的途径。叠加相位主要对应于使用环-栅控制结构的信号机及机柜。图4-18给出了叠加相位和母相位示例,一般在使用叠加相位时,其相互叠加的相位不冲突。图4-18中的母相位(Parent Phase)为东进口左转,叠加相位为南进口右转。应用叠加相位时应为该流向设置一个独立的负荷开关(Load Switch)。某些老式信号机柜负荷开关的总数不够,只能在行人相位和叠加相位中选择,此时在不涉及流向冲突时,可将叠加相位直接接线到母相位上,虽然这不是真正意义的叠加相位,但其实现了叠加相位的功能。应用叠加相位时需注意同其冲突的行人相位(主要是母相位为直行相位时的叠加相位)。

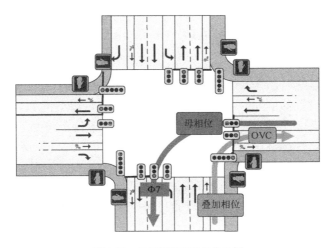

图4-18 叠加相位和母相位示例

目前的交通信号控制中,单点交叉口的相序一旦确定就无法再进行更改。这一方面受到信号机功能的限制,另一方面考虑了驾驶人习惯的问题。如果交叉口的相位和相序可以根据交通流量自适应调节,可采用如下方法:首先选择交叉口中交通流量最大的流向,将其作为第一个相位阶段中的一个流向,再从剩余所有和它不冲突的流向中选择流量最大的流向加入相位阶段一,重复至无流向可选,再从剩余流向中选择流量最大的流向作为相位阶段二,重复前述过程至所有流向均加入了信号配时方案,再重复整个流程。该算法通过动态规划的思想根据实时交通信息优化相序设置方案。在考虑全网交通状况及协同控制时,也可进一步对相位相序进行实时优化,具体可阅读相应文献。

4.3.5 信号相位设计注意事项

1)交通流关键流向的处理

交叉口交通流的关键流向一般需要优先处理,如在一个交叉口中,直行车辆较多,在直行交通流使用绿箭头信号控制时,可将绿色箭头灯设置在圆形绿色信号灯之前显示。如图4-19a)所示,A、B两方向的直行交通流在Φ1中由绿箭头信号赋予通行权,随后Φ2用绿色圆形信号赋予其直行和左转交通流通行权。在图 4-19b)方案中,Φ1 在赋予 A、B 所有方向交通流通行权后,Φ2 又对 A、B 的关键流向(直行方向)显示绿色箭头信号,而 Φ1 后半段中穿越交叉口的左转车流和 Φ2 中的直行车流存在冲突,该相位设计方案存在安全隐患。

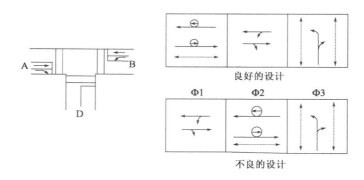

图 4-19　主要交通流向直行车流对应的绿色箭头相位示例

2) 左/右转车流的处理

左转车流和相交侧的右转车流组合通行时,可使用图 4-20 所示的绿色箭头信号。如图 4-20a)所示,Φ2 后设置的清空时间能消除与 D 方向左/右转车流和穿越 A、B 的过街行人流的冲突,具有良好效果。另外,如图 4-20b)所示,来自 D 方向的右转车流在 Φ2 和 Φ3 获得通行权。为避免 Φ3 新获得通行权的行人流和右转车流的冲突,Φ2 后需设置清空时间(此时,D 方向右转车流对应的相位 Φ2 和 Φ3 在时间上不连续)。

但在能省略与 D 方向右转车流相冲突的人行横道时,或允许取消人行横道时,或右转车流车速较低并且行人交通量较少时,可不设置清空时间而直接采取如图 4-20b)所示的相位设置方式。

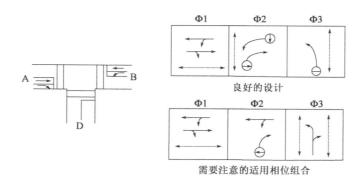

图 4-20　右转车流和相交侧左转车流组合放行时采用相位示例

如图 4-21 所示,在处理十字交叉路口中左转车流和相交侧的右转车流组合放行时,如果上述两个方向均使用绿色箭头信号,则应采用图 4-21 所示的方案,在交叉口流量比存在冗余时,如果采用连续放行同一机动车交通流的方案,也可考虑在连续车流放行过程中采用禁止行人过街的方案。

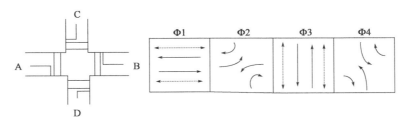

图 4-21 十字交叉口中右转车流和相交侧左转车流组合放行时采用相位示例

【习题与思考题】

1. 试分析相位阶段环-栅式结构相位的异同点。
2. 信号配时过程中相位越多越好吗？为什么？
3. 试分析各类左转相位设置方式的优点与缺点。
4. 请计算说明比较保护型左转相位设计和单边轮放型相位设计适用的条件及场合。
5. 某四路交叉口的两条相交道路的宽度分别为 9m（南北向）和 17m（东西向），各进口道各向交通需求见表 4-6 和表 4-7，请分别优化道路交叉口处的渠化设计及确定对应的相位方案。

各进口道交通需求 1（单位：pcu） 表 4-6

进口道	北进口	南进口	西进口	东进口
左转	15	30	200	320
直行	265	250	775	750
右转	10	25	45	50

各进口道交通需求 2（单位：pcu） 表 4-7

进口道	北进口	南进口	西进口	东进口
左转	150	30	400	120
直行	165	150	775	750
右转	10	125	45	50

第 5 章
单点定时信号控制

5.1 单点定时信号控制概述

单个交叉口定时信号配时设计内容主要包括:确定多段式信号配时的时段划分、配时时段内的设计交通量、交叉口车道渠化与交通信号相位方案、信号周期时长、各相位信号绿信比以及性能指标的计算与服务水平的评估。交通控制信号配时的最终目的是得到优化的信号配时参数:交通信号相位及相序、信号周期时长、各相位信号绿信比等。交通信号控制方案既要保证能在实际应用中取得良好的效果,又要必须考虑各种实际条件的约束。

在对交叉口进行定时信号配时设计时,存在两种设计思路:一种是先对各项参数进行优化,再根据实际约束条件与服务水平要求进行校核,如果不符合约束条件与服务水平要求,则需要对配时参数甚至是交叉口车道渠化与交通信号相位方案进行相应的优化调整;另一种是先列出各项实际约束条件,再结合这些约束条件进行各项参数的寻优。前一种思路得出的最终结果可能并非最优,但是计算方法简便;后一种思路得出的结果更加科学,但寻优过程较为复杂,适合于应用计算机软件进行计算。本书旨在介绍单点交叉口定时信号配时的设计原理,因此以前一种思路为例,介绍定时信号控制方案的设计流程。

5.2 单点定时信号配时设计流程

经典的定时信号配时方法有英国的 Webster 法、美国的 HCM 法、澳大利亚的 ARRB 法等，我国学者根据国内交通流运行特征，提出了停车线法及冲突点法等单点交叉口交通信号配时方法。

定时控制的信号配时过程

在信号配时设计过程中，需要不断地对设计方案进行论证，通过性能指标计算与实地交通调查对信号控制方案进行修改和完善。交叉口定时信号配时设计流程如图 5-1 所示。

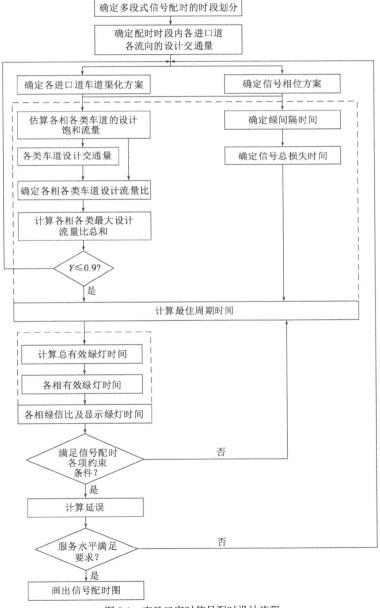

图 5-1 交叉口定时信号配时设计流程

1）测定交叉口交通量和设定设计交通量

在交通信号配时过程中,首先应以交叉口各进口道的交通需求量来估计设计交通量,在此过程中,应掌握该交叉口各个进口道所能服务交通需求的程度。本部分内容将在5.3.2节中详细介绍。

2）设计信号相位

根据需要服务的交通需求的情况设计信号相位方案。本步骤应确定同时给予通行权的流向及其顺序。信号相位的设计应同时考虑安全性和顺畅性,信号相位设计是交通信号配时的一系列工作中所需技术性判断最多的重要步骤,信号相位和相序设计可参见4.2节和4.3节。

3）计算饱和交通流率

饱和交通流率是指单位时间内能通过交通量的最大值。信号相位方案确定后,可估算各进口道的饱和流率。当需估算右转及左转通行量时,必须对本阶段计算会应用到的信号周期时长及绿信比进行假设(可参见本书5.3.4节中的饱和交通流率的设定)。

4）计算交叉口流量比

流量比指交通需求与饱和交通流率的比值。流量比的计算应以交叉口进口道(或车道)为计算对象,在同一相位服务的进口道中,应选择交通需求较大的进口道流量比作为本相位的流量比率。各相位流量比之和作为该交叉口的流量比。

因为在相位切换过程中会设置全红时间、车辆在启动时也存在一定损失时间等,会降低交叉口能服务的交通需求,所以交叉口的流量比必须小于1。实际上,当交叉口流量比超过0.9时,就需考虑重新设计相位设计方案。当交叉口流量比大于1时,所设计的信号配时方案无法满足该交叉口的交通需求。

5）设定各相位对应的黄灯、全红时间

黄灯时间和全红时间与进口道车辆的到达速度、清空距离相关,具体的计算方法见5.3.7节,其设置需与相位方案相适应。

6）计算周期时长

周期时长是根据交叉口的流量比和各相位黄灯时间与全红时间之和共同计算出来的。

此外,因在估计饱和交通流率的过程中对周期时长和绿信比进行了假设。当根据假设值计算得出的结果与假定值差异很大时,应使用计算所得的周期时长和绿信比来修正饱和交通流率,并需重新计算交叉口的流量比。

7）计算绿信比

绿信比是根据各相位流量比之比计算得出的。此时,还需从行人过街时间是否充足的角度来检查所求得的绿灯时间的合理性。

8）核定左转及右转车辆通过量

以周期时长和绿信比为基础,检查各进口道右转及左转车辆的通过量是否小于设计交通量。尤其是在设置了左/右转专用车道,但左/右转车辆和直行车辆在同一相位通过的情况下,需专门核查并确定交叉口的流量比。

9）核定交叉口的服务水平

计算交叉口各进口道及总体的延误,并选取合适的准则计算交叉口的服务水平。核定交叉口的服务水平是否满足要求,如果满足预定要求,则输出该配时方案;如果无法满足服务水平的要求,则需要重新设计交叉口的配时方案。

5.3 单点定时信号配时计算

5.3.1 多段式信号配时的时段划分

经研究发现,绝大部分交叉口一天中的交通量按时间段规律变化。因此,为使信号配时能适应各个时段的不同交通量、提高交叉口的通行效率,各时段的信号配时方案应按所对应的设计交通量分别优化计算确定。时段划分可视实际情况分为早高峰时段、午高峰时段、晚高峰时段等。在划分中,也可将一周的时间分为工作日、周六和周日,并对每个对应的时段分别设定不同的方案。此外,还能对特殊日期进行设置,如特殊节假日、雨雪天气等。以图5-2所示的某市某路段一日内交通量统计为例,该路段交通量时变图主要呈现马鞍形。从8:00起交通量迅速增加,其主要原因是处于早高峰时段,大量的通勤出行需求导致交通量迅速增长;之后略有下降,并在12:00—14:00出现图5-2中的鞍部,其主要原因是人们午休导致出行减少;在18:00,下班、放学等通勤出行导致晚高峰的出现;之后交通量开始降低,并且由于晚上人们大多在家休息,使得交通量处于较低水平。

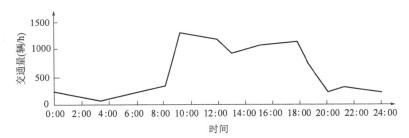

图5-2 一天中某路段观测的交通量

多时段定周期单点控制的主要优点有:①信号机单独设置,因为此控制模式下是按照时间段选择预先设定的方案,所以基本不需要设置车辆检测器及与交通管控中心连接;②对于交通需求呈现固定模式的交叉口,可对应交通需求的变化特征调整控制方案,产生较好的效果。

多时段定周期单点控制的主要不足在于:①对于交通需求没有呈现固定模式交叉口的控制效果不佳;②在设定控制参数(配时方案)时,需通过交通调查掌握交通需求的变化特征,而控制效果会依据控制方案的设定产生较大变化;③对于已经设定好的控制参数无法自动更新,因此在投入运行后,当交通需求等产生变化时,需对控制参数进行修正。

综上所述,应用多时段定周期单点控制应遵循以下要点:①多用于交通需求存在固定模式的交叉口;②应根据交通需求设定及选择对应交通控制参数。

5.3.2 设计交通流量的确定

各时段各进口道各流向的设计交通量需要结合实际观测的交通流率分别计算确定。流率是指对在不足1h的时间段内(通常是15min),通过道路(或道路上某一条车道)指定地点或断面的车辆数经过等效转换,得到的单位小时的车辆数。对于某一交叉口的第 i 时段第 j 进口道第 k 流向的车流,其设计交通量可以用 q_{dijk} 表示:

$$q_{dijk} = 4 \times q_{ijk15\min} \tag{5-1}$$

式中:$q_{ijk15\min}$——实测到的第 i 时段第 j 进口道第 k 流向车流的高峰小时中最高 15min 的交通需求,pcu/15min;

q_{dijk}——设计交通量,pcu/h。

当缺少高峰小时中最高的 15min 流率实测数据时,可按式(5-2)进行估算:

$$q_{dijk} = \frac{q_{ijk}}{(\text{PHF})_{ijk}} \tag{5-2}$$

式中:q_{ijk}——第 i 时段第 j 进口道第 k 流向车流的高峰小时交通量,pcu/h;

$(\text{PHF})_{ijk}$——高峰小时系数。

5.3.3 确定相位相序

在交通信号控制过程中,交通流的流向是信号控制的最小逻辑单元,除了机动车之外,还包括行人和非机动车流向。交通流向有彼此冲突流向和共存流向之分,在进行相位选择时需要谨慎考虑。相位和相序设计的方法有很多,常见的有相位阶段型和 NEMA 的 RBS 型。

在进行交叉口相位相序的设计时,如果相位相序的设计对交叉口通行能力及其他运营指标影响不大,则应从驾驶人习惯出发,使设计方案尽可能地符合驾驶人的预期。但如果调整相位和相序能显著提升交叉口交通信号控制的效果,或者常规的相位相序设计会造成较强的负面效应,则应调整相位相序的设计方案。常见的调整相位相序以提升信号控制效果的情况有调换左转相位的顺序可能增大绿波带宽度。常见的负面效应案例有短车道的排队溢流等。

相位相序的详细设计方法请参见本书的第 4.2 和 4.3 节。

5.3.4 饱和交通流率的设定

饱和交通流率是指某一车道或者车道组在一次连续的绿灯信号时间内能够通过的最大流率值,单位为 pcu/h。通常情况下,在实际配时过程中,饱和交通流率的影响因素有很多,如有车道宽度、车道坡度、大型车比例、转向车比例、冲突交通流的干扰(冲突车流、行人流、自行车流)等。某条车道(车道组)饱和流率 S 如果已知,就可以得到给定车流量 V 通过该车道(车道组)所需的理论最短时间。但是在一个信号周期内,并非所有时间车流都能够按照饱和流率的状态通过交叉口。有些时间,交通信号的利用率很低甚至无法被利用,如车流刚开始启动的时段、全红信号时段等。

车道(车道组)饱和流率的确定方法主要有两种:实测法和模型计算法。实测法主要用于对既有交叉口饱和流率的确定,模型计算法主要用于对规划设计中的交叉口饱和流率的确定。下面将对这两种方法进行详细的介绍。

1)基于实测的饱和交通流率估算方法

在实际观测饱和交通流率时,应对饱和交通流率的定义"单位绿灯时间内通过的车辆数"进行正确理解。一般来说,可应用"统计绿灯信号显示期间连续不间断通过车辆时能通过的车辆数,再除以绿灯时间"的方法,根据式(5-3)即可获得饱和交通流率。

$$S_{ij} = \frac{3600}{h} \tag{5-3}$$

式中：S_{ij}——配时时段中，第 i 进口道第 j 车道的饱和流量，pcu/h；

h——实测平均饱和车头时距，s。

当车辆通过交叉口进口道停车线时即可认为通过一辆车。观测期间，当车辆通过停车线时，需确定车辆哪部分通过停车线才算车辆通过停车线。一般认为，车头通过停车线时即可算车辆通过，但部分情况也有将车尾或后轮作为通过停车线的基准。

在观测条件良好时，饱和交通流率一般采用 10 个信号周期左右的实际观测时间获取的变化不大的观测值平均值，也可采用实际观测较少的饱和交通流量数据来推断饱和交通流率。

若干实际观测时的应注意事项如下：

（1）分车道测定。由相同信号相位赋予通行权的拥有两条以上车道的进口道需分车道计算饱和交通流率。进口道车道一般可按照车道的行驶方向（右转、左转、直行）进行区分。根据车辆的前进方向，分车道统计通过的车辆数即可掌握整个进口道的通行效率。因各相位绿灯时长受车道划分及交通相位设计的影响很大，所以必须掌握各车道的饱和交通流率。

（2）饱和状态时的测定。在观测通过车辆数时最需要注意的事项是"观测时段内是否存在使车辆能充分利用绿灯时间的交通需求状况"。车辆受行人或左/右转车辆的影响而暂时停车时，这段车辆通过使用的时间应包含在观测时间内。另外，当下游交叉口的排队延伸至本交叉口而使得车辆在绿灯时间无法前进（排队溢流状态）时的时间不应该包含在观测时间内。因上游交叉口相位差设置的原因，在绿灯时间内没有车辆到达的绿灯时间也不应计入观测时间。

（3）绿灯结束后驶入车辆处理。绿灯相位结束后的黄灯相位中常有车辆进入交叉口的交通现象（闯入车辆）。观测的绿灯相位中通过的车辆数应包含上述"闯入车辆"。但在计算饱和交通流率时，分母时间通常仅指绿灯时间。这是因为绿灯刚开始启亮时，车辆通行效率较低，短时间内进口道的通过能力无法充分发挥，此现象叫作启动损失。"损失时间"和"绿灯后车辆通过的时间"从经验上讲是相等的，所以该相位结束后闯入的车辆应被包含在通过车辆数中，而不能仅把绿灯时间内通过的车辆数用于计算饱和交通流率。从观测时间的角度考虑，应用此方式计算更加便捷。

（4）在绿灯过程中出现没有车辆到达的情况。由于上游交叉口的信号相位差设置不良等因素，在绿灯过程中常出现中途没有车辆到达的情况，此时会出现若干周期无法充分对通过车辆数进行观测的问题。在这种情况下，应统计通过车辆到中断为止时通过的车辆数，并除以比最后车辆通过时间少 2~3s 的值来估算饱和交通流率。时间上减去 2~3s 是考虑到了前文所述的启动损失时间。

（5）左/右转车辆的处理。对于有不同行驶方向车辆混行的车道需按照行驶方向记录车辆通过数和比例。因为左/右转车流比直行车流的通行效率低，转向车辆比例高时，交通流率会相应地变低。特别是与行人交织而停车的左转车流及等待对向直行车流通过的右转车流两种情况下，左/右转车辆几乎无法通过。此状况下常发生常态化的交通拥堵，比起调整绿灯时长，重新设计与优化信号相位方案就显得非常必要。此时需控制妨碍左/右转车辆通行事件的发生频率。

（6）大型车辆的处理。和普通乘用车相比，大型车辆加速性能相对较差、车体较大，所以通行效率较低。因此,在统计车辆通过数时,应单独统计大型车辆的比例,可有效把握饱和交通流率的影响因素。

2)无法实测饱和交通流率时的估算方法

对新建道路等无法实测饱和交通流率的情况,可寻找道路交通条件类似的信号交叉口进行实测,以其结果作为参考。除此之外,也可通过计算饱和交通流率标准值的方法来估算,以下是对饱和交通流率估算方法的介绍。

下述估算方法仅能获得暂定的估计值。因此在道路投入使用后,如果出现常态化拥堵的情况,应重新以实测方法获取饱和交通流率,更应尽快对交通信号控制参数进行调整。

在信号控制交叉口,还需根据实际交叉口的情况对不同车道的饱和流率进行修正,具体方法如下:

(1)饱和交通流率基本值的设定

饱和交通流率的基本值对右转专用车道、左转专用车道、直行车道等不同情况的取值见表5-1。

(2)饱和交通流率的计算思路

饱和交通流率可通过将表5-1中设定的基本值考虑多种因素修正后求得,影响要素包括道路因素、交通因素、周边因素等三类,见表5-2。下文将对上述要素的修正系数进行详细说明。上述要素是将调查分析中的各项基本要素独立后获得的,因此各要素叠加后的影响可通过各要素的修正系数相乘得到。

信号控制交叉口饱和交通流率的基本值 表5-1

车道类型	饱和交通流率基本值(pcu/单位绿灯时间)
直行车道	2000
左转车道	1800
右转车道	1800

饱和交通流率的影响因素 表5-2

影响因素	具体内容
道路因素	进口道宽度(车道宽度),纵断面坡度,交叉口形状(交叉角度、视距性)
交通因素	车辆构成(大车、两轮车),右转车辆,左转车辆,对向直行车,过街行人
周边因素	地域特性(城市区、乡镇区),停放的车辆,公交站

饱和流率的模型计算法思路:在基本饱和流率值的基础上进行各种影响因素的修正,模型计算式一般表达为

$$S = S_{b,T/L/R} \cdot \alpha_w \cdot \alpha_g \cdot \alpha_{HV} \cdot \alpha_b \cdot \alpha_p \cdot \alpha_L \cdot \alpha_R \cdot \alpha_{Rpb} \tag{5-4}$$

式中:S——修正饱和流率,pcu/h;

$S_{b,T/L/R}$——基本饱和流率,T/L/R 表示直行/左转/右转车道,pcu/h;

α_w——车道宽度修正系数;

α_g——坡度修正系数;

α_{HV}——大车修正系数;

α_b——公交车站修正系数;

α_p——路侧停车修正系数;

α_L——左转修正系数；

α_R——右转修正系数；

α_{Rpb}——自行车/行人修正系数。

单车道饱和流率的影响因素较多，通常主要基本因素包括道路因素和交通因素。

①道路因素：进口道宽度（车道宽度）和车道坡度。

a. 进口道宽度（车道宽度）修正如下：

$$\alpha_w = \begin{cases} 0.4(W-0.5) & (2.5 \leq W \leq 3.0) \\ 1 & (3.0 \leq W \leq 3.5) \\ 0.05(W+16.5) & (W > 3.5) \end{cases} \quad (5\text{-}5)$$

式中：W——车道宽度，m。

b. 车道坡度修正如下：

$$\alpha_g = 1 - 0.5G \quad (5\text{-}6)$$

式中：G——车道坡度。

②交通因素具体如下：

a. 大型车的比例。大型车的比例越高，饱和交通流率越低。饱和交通流率的大型车比例的修正系数见表 5-3。

大型车比例的修正系数 表 5-3

大型车比例(%)	修正系数	大型车比例(%)	修正系数
0	1	55	0.72
5	0.97	60	0.7
10	0.93	65	0.69
15	0.9	70	0.67
20	0.88	75	0.66
25	0.85	80	0.64
30	0.83	85	0.63
35	0.8	90	0.61
40	0.78	95	0.6
45	0.76	100	0.59
50	0.74		

推导大型车修正系数的方法也适用于大型车以外的车种，下文对推导方法进行介绍。

将饱和状态时，大型车的车头时距记为 h_T，标准小汽车的车头时距记为 h_c，大型车比例为（大型车数量与总车辆数的比值）$p_T\%$。此外，将大型车的标准车换算系数（在饱和交通流状态下，能够反映通过一辆大型车相当于通过几辆标准车的系数）记为 E_T，即 $E_T = h_T/h_c$，此时平均车头时距 h 可由式(5-7)求得。

$$h = \frac{(100-p_T)h_c + p_T h_T}{100} = \frac{[(100-p_T) + p_T E_T]h_c}{100} \quad (5\text{-}7)$$

由于交通流率约等于平均车头时距的倒数，大型车混行时的饱和交通流率修正系数 α_T 应是 h/h_c 的倒数，由此可得式(5-8)。

$$\alpha_{\mathrm{T}} = \frac{100 h_{\mathrm{c}}}{[(100-p_{\mathrm{T}})+p_{\mathrm{T}}E_{\mathrm{T}}]h_{\mathrm{c}}} = \frac{100}{(100-p_{\mathrm{T}})+p_{\mathrm{T}}E_{\mathrm{T}}} \tag{5-8}$$

求解表5-3中修正系数α_{T}时,可认为大型车同标准乘用车的换算系数E_{T}在不受坡度影响时的值为1.7,将其代入式(5-8)可计算得出表5-3中所示的修正系数。

在各类车型混入对饱和交通流率的影响中,大型车的影响最为显著,因此通常以大型车为对象进行修正。但根据现场交通特性,在需特别考虑其他车种影响时,使用由其他途径求得的该车种标准车换算系数即可。将标准车换算系数和该车型比例可代入式(5-8)可求得该车型的修正系数,大型车也可使用同样的方法进行计算。

b. 左转车流混行的情况。在求左转车流和直行车流混用一个车道的饱和交通流率修正系数时,可采用考虑与求解大型车修正系数同样的方法进行计算,得到式(5-9)。

$$\alpha_{\mathrm{LT}} = \frac{100}{(100-p_{\mathrm{L}})+p_{\mathrm{L}}E_{\mathrm{LT}}} \tag{5-9}$$

式中:α_{LT}——左转混行车流的修正系数;

E_{LT}——左转车辆的直行标准车换算系数;

p_{L}——左转车流的比例,%。

上式中,左转车辆的直行标准车换算系数E_{LT}是指与通过一辆左转的标准车相当的直行标准车的通过数,该值会受到对向直行车流的影响。

在对向进口道为单行道时便没有对向直行车辆的影响。此时换算系数E_{LT}可通过对比直行车道饱和交通流率的基本值和左转车道饱和交通流率的基本值获得,具体参见式(5-10)。

$$E_{\mathrm{LT}} = S_{\mathrm{S0}}/S_{\mathrm{L0}} = 2000 \div 1800 \approx 1.1 \tag{5-10}$$

式中:S_{S0}——直行车道饱和交通流率的基本值,pcu/单位绿灯时间;

S_{L0}——左转车道饱和交通流率的基本值,pcu/单位绿灯时间。

在有对向直行车道影响的情况下,左转车辆只能利用对向直行车辆的间隙左转。因此混入左转车辆车道的饱和交通流率要比式(5-10)的计算值低,此时左转车对直行车辆换算系数的计算更加复杂。

c. 在有对向直行车辆影响的情况下,左转车辆直行标准车换算系数的计算。在未设置左转专用相位时,左转车流利用对向直行车流的间隙进行左转,此时左转车辆可完成左转的概率f_{L}与对向直行交通量的关系见表5-4。在推导得出表5-4所示值时假设了对向直行交通流的到达服从泊松分布。详细计算流程可参见二维码内容。

对向交通流服从泊松分布时的左转通行车辆数求解

对向直行交通量和左转概率的关系 表5-4

对向直行交通量q(辆/h)	0	200	400	600	800	1000
左转概率	1.00	0.81	0.65	0.54	0.45	0.37

d. 右转车流混行的情况。在求解直行车流和右转车流混用一个车道的饱和交通流率修正系数时,可通过式(5-11)获得。

$$\alpha_{\mathrm{RT}} = \frac{100}{(100-p_{\mathrm{R}})+p_{\mathrm{R}}E_{\mathrm{RT}}} \tag{5-11}$$

式中:α_{RT}——右转混行车流的修正系数;

E_{RT}——右转车辆的直行标准车辆换算系数；

p_R——右转车流的比例，%。

右转车辆的直行标准车换算系数 E_{RT} 指与通过一辆右转标准车相当的直行标准车的通过数，此值主要受是否存在过街行人的因素影响。

在设置人行过街天桥且未设置行人过街斑马线时，过街行人不会对右转车流产生影响。此时换算系数 E_{RT} 可通过直行车道饱和交通流率基本值和右转车道饱和交通流率的基本值之比来获得，如式(5-12)所示。

$$E_{RT} = S_{S0}/S_{R0} = 2000 \div 1800 \approx 1.1 \quad (5\text{-}12)$$

式中：S_{R0}——右转车道饱和交通流率的基本值，pcu/单位绿灯时间。

在有行人过街影响时，右转车辆只能利用过街行人的间隙完成右转。在混行右转车流时，该车道的饱和交通流率要低于式(5-12)的计算值，此时右转车辆的直行标准车换算系数 E_{RT} 的计算会更加复杂。

e. 有行人过街影响情况下的右转车辆直行标准车换算系数。混行右转车流的处理方法和混行左转车流的处理方法相同，在评价右转车流通过性时必须注意，右转车辆会因利用行人过街间隙通过导致交通流率降低，也会由于右转时间有限导致单位时间通过量低。将能利用的行人过街间隙完成右转车辆的概率(右转概率)定为 f_R，则在有行人过街影响时，单位时间内右转车辆的通过量 c_R 可由式(5-13)计算得出。

$$c_R = s_{R0} \times \frac{G_P}{C} \times f_R + S_{R0} \times \frac{G - G_P}{C} = s_{R0} \times \frac{G - G_P(1 - f_R)}{C} \quad (5\text{-}13)$$

式中：G_P——行人绿灯时间与绿闪时间之和，s。

因此，如式(5-13)所示，对有行人过街影响情况下的右转车辆对直行标准车辆换算系数 E_{RT} 可由单位时间的直行标准车的通过量 $S_{S0} \times (G/C)$ 除以式(5-13)得出的 c_R 得到。

$$E_{RT} = \frac{S_{S0} \times \frac{G}{C}}{S_{R0} \times \frac{G - G_P(1 - f_R)}{C}} = \frac{2000 \times \frac{G}{C}}{1800 \times \frac{G - G_P(1 - f_R)}{C}} = 1.1 \times \frac{G}{G - G_P(1 - f_R)} \quad (5\text{-}14)$$

需要注意的是，同左转车的情况相同，式(5-14)所示的右转车辆同直行标准车换算系数的计算方法，严格来说适用于该车道只存在右转车辆的情况，对于右转车辆和直行车辆混行的车道，值会有少许不同❶。

如图5-3所示，已有研究表明，右转概率 f_R 的值同过街行人量、周期时长、人行横道宽度等因素相关，在几乎相同的交通条件下，f_R 的值也有不同。f_R 的近似值在周期平均过街行人数量较少(约少于5人时)的情况下是0.85，在过街行人量较大(约大于20人时)的情况下为0.5。

图5-3中，细线所示的右转概率 f_R 的值是基于仿真的方法在绿信比为0.5时求解得到的，而粗线的值则使用下面的方法按照下文假定计算所得。

---

❶本节c部分的二维码文本拓展7中的式(7.8)中左转车辆的通过量是假定全部车辆均为左转车的情况，其他情况时所得到的估计值会偏大。因此，式(7.9)计算得出的左转车辆的直行标准车换算系数也会偏小。

式(7.9)中虽能调整左转车混行的比例，但此时式中的 f_L 的值也会发生变化，考虑到左转车比例的情况，必须在开始时就讨论 f_L 的取值，这也是今后应研究的课题。

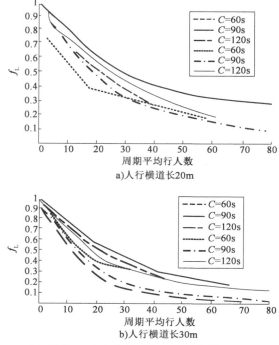

图 5-3 右转概率(f_R)和行人数、周期时长、人行横道宽度间的关系

根据行人绿灯时间及绿闪时间中右/左转车流受行人影响而停车概率的研究结果,停车概率 $P\%$ 与人行横道上行人的密度有关。定义会使右/左转车辆停车的人行横道内的部分(称为冲突区域)的行人密度为 D,则有式(5-15):

$$P = 100 \times (1 - e^{BD}) \qquad (5-15)$$

式中: $B = 0.1500 + 0.0045 \times V_O$;

V_O——单个信号周期内过街的行人量,人。

来自各方向人行横道的累计过街行人量 V_X 与行人绿灯信号开始的时间 t 的函数如式(5-16)所示。

$$V_X = V_{OX}(1 - e^{-At}) \qquad (5-16)$$

式中: X——上行(U)或下行(D);

V_{OX}——1 个周期内上行或下行的过街行人量,人;

$A = 0.099 + 0.00131 \times V_{OX}$;

t——从行人绿灯信号开始所经过的时间,s。

因此,冲突区域内的行人密度是行人绿灯信号开始时间的函数,如式(5-17)所示:

$$D = V_{OU} e^{-A_1(t-T)} - V_{OU} e^{-A_1 t} + V_{OD} e^{-A_2(t-T_D-T)} - V_{OD} e^{-A_2(t-T_D)} \qquad (5-17)$$

但是,当第 1 项 $t<T$ 时,$t=T$;当第 3 项 $t<T_D+T$ 时,$t=T_D+T$;当第 4 项 $t<T_D$ 时,$t=T_D$。

式中: V_{OU}——1 个周期内上行的平均行人交通量,人;

V_{OD}——1 个周期内下行的平均行人交通量,人;

T——行人步行通过冲突区域所需的时间,s;

T_D——下行的行人步行从路缘石到冲突区域所需的时间,s;

A_1,A_2——相关参数。

根据式(5-15)~式(5-17)计算得到与绿灯持续时间对应的停车概率为可变参数,仍需与实测的停车概率进行比较,以验证其合理性。

表5-5给出了右转车混行时的饱和交通流率修正系数α_{RT}的标准值。该表中行人量较少时的值是在过街行人影响可忽略的情况下观测得到的。设行人量较大时的右转概率f_R为0.5,$G - G_p$为5s,修正系数可由式(5-16)和式(5-17)计算得出。

右转车混行交通流的修正系数 α_{RT}　　　　表5-5

右转车比例 (%)	行人量少的情况	行人量多的情况				
		绿灯时间(s)				
		20	30	40	50	60
5	0.99	0.96	0.96	0.95	0.95	0.95
10	0.97	0.93	0.92	0.91	0.91	0.91
15	0.96	0.90	0.88	0.87	0.87	0.87
20	0.94	0.87	0.85	0.84	0.83	0.83
25	0.93	0.84	0.82	0.81	0.80	0.80
30	0.91	0.81	0.79	0.78	0.77	0.76
35	0.90	0.79	0.76	0.75	0.74	0.73
40	0.88	0.77	0.74	0.72	0.71	0.71
45	0.87	0.75	0.72	0.70	0.69	0.68
50	0.85	0.72	0.69	0.68	0.67	0.66

上述因过街行人而导致的交通流率低下一般应作为右转车流问题进行处理。在T形交叉口的进口道,过街行人对于右转车辆会产生同样的影响。

f. 周边要素。周边要素是指地域特性(城市地区、乡镇地区)、车辆停放和载货车辆、考虑公交车在公交车站停靠问题等,在这里以公交车站为例分析其对饱和交通流率的影响。表5-6给出了考虑公交车站点距进口道停车线上游方向的距离和公交车到站频率等因素的修正系数的计算实例。此修正系数的计算方法也适用于最外侧车道的饱和交通流率的计算。

如表5-6所示,公交车站到停车线的位置(进口道)和公交运行频率的修正比率可通过仿真实验标定获取。

设有公交线路的修正系数　　　　表5-6

公交站点位置	公交到站频率(辆/h)										
	0	10	20	30	40	50	60	70	80	90	100
10m	1.00	0.90	0.79	0.59	0.48	0.44	0.41	0.40	0.38	0.37	0.36
30m	1.00	0.90	0.81	0.64	0.55	0.52	0.52	0.48	0.46	0.45	0.44
50m	1.00	0.90	0.88	0.77	0.74	0.70	0.70	0.63	0.59	0.57	0.52
70m	1.00	0.92	0.87	0.85	0.83	0.81	0.81	0.76	0.74	0.72	0.70

在未设置公交港湾站的情况下,在公交车站停车的公交车会对饱和交通流率产生影响。此处的公交车站位置与公交运行频率无关,设置公交车站需对车道宽度和公交停车时间等参数进行勘测调查。

下文为此仿真实验的实验条件,结合表5-6的适用条件,整理与适用范围相关的注意事项如下,包括与车道宽度相关的和与公交车停车时间相关的注意事项。

与车道宽度相关的:虽然无法确定在公交车站停车的公交车旁能否通过其他车辆,但在仿真中是肯定"无法通过的"。因此,在旁边能通过车辆时,表 5-6 所示的修正值不再适用。此时需参考表 5-6 的值,并根据车辆能通过的程度对修正值进行调整。

与公交车停车时间相关的:虽然停车时间越长,对饱和交通流率影响越大,但在仿真中"停车时间固定设为 20s"。虽然此值本为在都市区内实测的值,但停车时间不同时,表 5-6 所示的修正值便不再适用。此时需参考表 5-6 的值,根据停车时间(上下车人数)的多少对修正值进行调整。

除去设置有使公交车辆在车站停靠时不对其他车辆通行造成影响的设施(如港湾式公交站等)的情况,在交叉口进口道附近设置的公交车站会降低进口道的饱和交通流率。因为公交车在车站停靠时,后续车辆必须等到公交车启动时才能前进或需变换车道。此时,饱和交通流率受公交停车位置(公交站与进口道停车线的上游方向的距离)和公交车到站频率及公交车在站点停靠时间等因素影响,其取值会相应地降低。

5.3.5 分析关键流向

关键车流是指那些能够对整个交叉口的通行能力和信号配时设计起决定作用的车流。由关键车流的定义可知,只要给予关键车流足够的绿灯通行时间,满足其在通行能力上的要求,那么其他各方向车流的通行要求就都自然得以满足,因此关键车流也就是交通状况相对较差的车流,可以等价看作交通流量或流量比最大的车流。关键车流主要是根据各车流所要求的必要通行时间的对比结果来判定。关键车流的确定可通过分析寻找"信号相位与车流对应关系"来获取。对于采用相位阶段式的结构以及 NEMA 的环-栅式结构,寻找关键流向的方法略有差异。

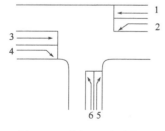

图 5-4 T 形交叉口各流向图

1)相位阶段式结构的关键流向识别

相位阶段式的结构可通过寻找"信号相位与车流对应关系图"中的最长闭合路径来获取,以一个 T 形交叉口为例来进行说明。假设交叉口共有 6 股不同流向的车流(分别标识为 1、2、3、4、5、6)经过,每股车流都具有一条以上的专用车道;采用三相位(分别标识为 A、B、C)的信号控制方案,其平面结构与信号相位设计如图 5-4 所示,所采用的信号相位如图 5-5 所示。

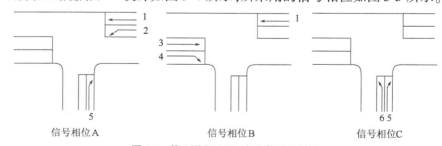

图 5-5 某 T 形交叉口三相位信号控制图

如图 5-5 所示,在信号相位 A 中,获得通行权的车流有 1、2、5;在信号相位 B 中,获得通行权的车流有 1、3、4;在信号相位 C 中,获得通行权的车流有 5、6。车流 1 与车流 5 在一个以上的信号相位中获得通行权,又称为搭接车流。车流2、3、4、6只在一个信号相位中获得通行权,故又称为非搭接车流。为了便于分析,可以将信号相位与各车流的对应关系用"信号相位与车流对应关系图"来表示,如图5-6所示。图中圆圈中的序号表示所对应的信号相位的起始时刻,圆圈之间的箭头连线代表获得通行权的车流。

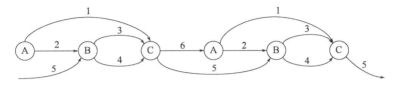

图5-6 信号相位与车流对应关系图

可以看出,一个信号周期既可以表示为各信号相位时间之和,也可以表示为"信号相位与车流对应关系图"中任意一条相邻的同一名称的圆之间的路径。从圆A起始到圆A结束来看,共存在3条不同路径(1→6、2→3→6、2→4→6),即T形交叉口的信号周期 = 车流1的通行时间 + 车流6的通行时间 = 车流2的通行时间 + 车流3的通行时间 + 车流6的通行时间 = 车流2的通行时间 + 车流4的通行时间 + 车流6的通行时间;从圆B起始到圆B结束来看,又存在2条不同路径(3→5、4→5),即T形交叉口的信号周期 = 车流3的通行时间 + 车流5的通行时间 = 车流4的通行时间 + 车流5的通行时间;从圆C起始到圆C结束来看,不再存在不同路径。因此关键车流也将在1→6、2→3→6、2→4→6、3→5、4→5这五组车流组合中产生。值得注意的是,各向车流的通行时间t_i(由若干个相位时间组成)不单单包括其绿灯显示时间t_{Gi},也包含绿灯间隔时间I_i,通行时间也可表示为该向车流获得的有效绿灯时间g_i与该向车流的损失时间l_i之和,即式(5-18):

$$t_i = t_{Gi} + I_i = g_i + l_i \tag{5-18}$$

为了满足各向车流通行能力的要求,各向车流的通行能力应满足式(5-19):

$$t_i \geq t_{\min,i1} = g_{\min,i} + l_i = C \cdot \lambda_{0i} + l_i \tag{5-19}$$

式中:$t_{\min,i1}$——为满足车流i通行能力要求所必要的通行时间;

$g_{\min,i}$——为满足车流i通行能力要求所必要的最短有效绿灯时间;

λ_{0i}——为满足车流i通行能力要求所必要的最小绿信比;

C——周期时长,s。

其中,λ_{0i}又取决于对该流向车流饱和度的实际要求,即饱和度实用限值的大小,λ_{0i}由式(5-20)给出:

$$\lambda_{0i} = \frac{y_i}{x_{pi}} \tag{5-20}$$

式中:x_{pi}——车流i对应的饱和度;

y_i——车流i对应的交通流量比。

由于各向车流的交通流量比y与损失时间l基本固定,可以推断,当对某向车流的通行能力Q提出一定的要求时,也就是对其饱和度实用限值与最小绿信比给予了一定的限制,此时该向车流的通行时间也应大于某一数值。

为满足各向车流安全通行的要求,各向车流的通行时间还应满足式(5-21):

$$t_i \geq t_{\min,i2} = t_{G\min,i} + I_i = G_{\min,i} + I_i \tag{5-21}$$

式中：$t_{\min,i2}$——满足车流 i 安全通行要求所必要的通行时间；

$t_{G\min,i}, G_{\min,i}$——满足车流 i 安全通行要求所必要的最短绿灯显示时间。

综合通行能力与安全通行两方面的因素考虑，各向车流的通行时间最终应满足式(5-22)：

$$t_i \geq t_{\min,i} = \max\{t_{\min,i1}, t_{\min,i2}\} \tag{5-22}$$

式中：$t_{\min}$——综合考虑了通行能力与安全通行要求后车流 i 的必要通行时间。

对于该例，通过比较 $t_{\min,1} + t_{\min,6}, t_{\min,2} + t_{\min,3} + t_{\min,6}, t_{\min,2} + t_{\min,4} + t_{\min,6}, t_{\min,3} + t_{\min,5}, t_{\min,4} + t_{\min,5}$ 的大小，可以找到对于必要通行时间要求最高的一组车流，该组车流即为关键车流。信号周期各指标对应关系表见表 5-7。

信号周期各指标对应关系表　　表 5-7

$t(C, l, x_p, S)$	$t_{\min,1} + t_{\min,6}, t_{\min,2} + t_{\min,3} + t_{\min,6}, t_{\min,2} + t_{\min,4} + t_{\min,6}, t_{\min,3} + t_{\min,5}, t_{\min,4} + t_{\min,5}$
$\lambda_0(x_p, S)$	$\lambda_{01} + \lambda_{06}, \lambda_{02} + \lambda_{03} + \lambda_{06}, \lambda_{02} + \lambda_{04} + \lambda_{06}, \lambda_{03} + \lambda_{05}, \lambda_{04} + \lambda_{05}$
$y(S)$	$y_1 + y_6, y_2 + y_3, y_2 + y_4, y_6, y_3 + y_5, y_4 + y_5$
q	$q_1 + q_6, q_1 + q_6, q_2 + q_3, q_5, q_2 + q_4, q_6, q_3 + q_5, q_4 + q_5$

此外，值得注意的是：①为满足车流通行能力要求所必要的通行时间与信号周期的大小有关，因此对于不同的信号周期，其所对应的关键车流有可能不同；②在忽略 I_i 与 x_{pi} 的差异时，关键车流的判定可以简化为对 y_i 的综合比较判断，信号周期的取值大小将不会影响关键车流的判定；③当关键车流的通行时间区位满足其安全通行要求所必要的通行时间时，其通行时间将视为过渡时间加到交叉口的总损失时间之中，与其对应的交通流量比和绿信比则不应包含在交叉口总的交通流量比和总的有效绿信比之中。

因此，在应用相位阶段形式的相位时，关键车流判定的一般程序为：

①确定进行关键车流判定必需的已知数据，对于每股车流必须给出如下各项基本数据，以便进行关键车流的判定。所需的基本数据包括：信号相位的划分以及各向车流在每个信号相位中通行权的获得情况；绿灯间隔时间 I（由基本间隔时间和附加路口腾空时间构成）；最短绿灯显示时间 $G_{\min}$（由车流状况和行人交通状况决定）；损失时间 l（通过 $l = I - 1$ 估算或者通过 $l = I - t_{BC} + t_{FL}$ 实测计算）；交通流量 q；饱和流率 S；饱和度实用限值 x_p（根据实际要求确定）。

②关键车流判定的基本步骤主要有五个，分别为：编制"关键车流判定表"（根据所有已知数据计算各向车流所需必要通行时间的表格）；绘制"信号相位与车流对应关系图"（完整地反映所有流向车流的通行区段）；非搭接车流的处理（对于每一个信号相位中所包含的非搭接车流，在求出其各自所需要的必要通行时间 $t_{\min}$ 以后，比较这些 $t_{\min}$ 值，并选择 $t_{\min}$ 值最大的那股车流作为该信号相位的代表性车流，同时将其余未被选中的车流淘汰）；搭接车流的处理（与非搭接车流的处理方式相似，对于具有相同通行区间的搭接车流，通过对其必要通行时间进行对比，找出要求必要通行时间最长的车流）；关键车流的确定（找出对于必要通行时间要求最高的一组车流，该组车流即为关键车流）。

需要特别说明的是，由于交叉口的信号配时需要事先确定好关键车流，根据关键车流的基本数据进行；而关键车流的确定又与信号周期的大小有关，因此关键车流的确定与信号配时关系密切，需要同步进行。通常采用的思路是：先假设一个初始信号周期，试探性地确定好关键车流，再按关键车流进行信号配时，并重新校核关键车流。初始信号周期的大小既可以通过经验估计，也可以通过实用信号周期公式估算。

2) NEMA 环-栅式结构的关键流向识别

在应用 NEMA 的环-栅式相位结构时,可根据实际相位设计的形式采用如下方法识别关键流向。现采用下述两个案例说明在采用 NEMA 相位时如何识别关键流向。假设两个交叉口分别采用了保护型左转相位和单边轮放型相位(次路)设计,具体相位设计和所调查的流量如图 5-7 所示。

关键流向分析

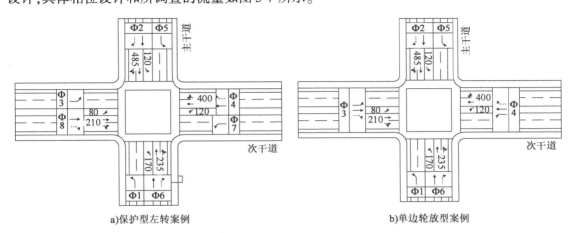

a) 保护型左转案例　　　　　b) 单边轮放型案例

图 5-7　关键流向识别案例的相位设计和交通需求

识别关键流向首先要调查交叉口各进口道在高峰小时的交通需求/流量。在调查过程中需要注意高峰小时系数的应用(常利用根据观测交通流率最高的 15min 数据进行计算)、重型车辆调整系数的应用和车道不均衡系数的应用。其次要识别关键相位对,此步骤跟相位设计的形式有关。在采用保护型左转相位时,可根据图 5-8a)填写各流向对应的交通需求,并按照图 5-8b)确定关键相位对。在有相位采用单边轮放相位时,可根据图 5-9 确定关键相位对。在识别出关键相位对后,可根据关键相位直接计算出关键流向的流量,如保护型左转案例中的交叉口关键流量为主路的 655pcu 加上次路的 480pcu,共 1135pcu;而单边轮放型案例中的关键流量为主路的 655pcu 加上次路两个方向的 400pcu 和 210pcu,共 1265pcu。通过以上两个案例可以发现,虽然两个案例中交叉口的交通需求是一样的,但采用单边轮放型相位设计时,每个周期需要服务的交通需求要更高,这就意味着需要更长的周期时长,所以在此案例中,采用单边轮放相位设计的控制效率要低于保护型左转相位设计。

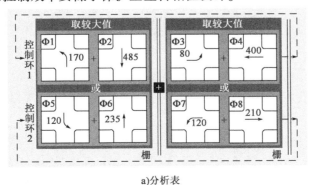

a) 分析表

图 5-8

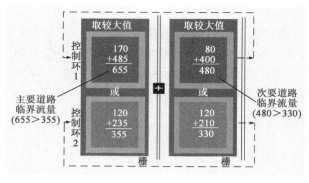

b) 计算过程

图 5-8 保护型左转相位设计的关键相位对识别过程

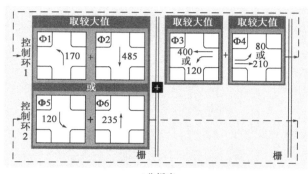

a) 分析表

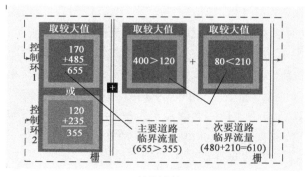

b) 计算过程

图 5-9 单边轮放型相位设计的关键相位对识别过程

5.3.6 流量比

1) 相位流量比的计算

(1) 各进口道的流量比

在计算了各进口道饱和交通流率(以及交通通过量)后,应依次计算各进口道的流量比,以及与此相关的各相位的流量比和交叉口的流量比,再讨论设定的相位方案能否满足交通需求(设计交通量)。

首先,应用式(5-23)计算相位 i 进口道 j 的流量比 λ_{ij}。

$$\lambda_{ij} = \frac{q_{ij}}{s_{ij}} \tag{5-23}$$

式中:λ_{ij}——进口道 j 在相位 i 的流量比;

　　q_{ij}——进口道 j 在相位 i 的设计交通量,辆/h;

　　s_{ij}——进口道 j 在相位 i 的饱和交通流率,辆/单位绿灯时间。

如式(5-24)所示,相位 i 的流量比 λ_i 是在该相位中各进口道饱和度中的最大值。

$$\lambda_i = \max\{\lambda_{i1}, \cdots, \lambda_{ij}, \cdots, \lambda_{in}\} \tag{5-24}$$

式中:λ_i——相位 i 的流量比;

　　n——相位 i 能同时服务的进口道数量(不同流向交通流混合通行时,将其视为一个交通流)。

(2)左转专用相位的流量比

在设置左转专用相位的情况下,计算左转专用车道 k 的流量比 λ_{Lk} 时,如果左转车辆能在左转专用相位前的绿灯信号过程中驶过停车线,进入交叉口,需计算相位切换时能从左转专用车道 k 通过的车辆数 K_{EL},并在设计交通量 q_{Lk} 中减去该值。此时,左转专用相位的流量比 λ_{Lk} 可通过式(5-25)计算。

$$\lambda_{Lk} = \frac{q_{Lk} - K_{EL} \times 3600/C}{s_L} \tag{5-25}$$

式中:q_{Lk}——设置左转专用相位时左转专用车道 k 的设计交通量,辆/h;

　　K_{EL}——相位显示切换时所通过的车辆数(1~2 辆);

　　C——周期时长,s;

　　s_L——左转车道的饱和交通流率,辆/单位绿灯时间。

2)交叉口流量比的计算与讨论

交叉口流量比是各相位流量比的总和,用式(5-26)计算:

$$\lambda = \sum_i \lambda_i \tag{5-26}$$

交叉口的流量比 λ 显示了通过所有方向进入交叉口的交通需求(设计交通量)所需最低限度的有效绿灯时间的比例。因此,如果该值大于 1,则不可能在绿灯时间内通过设计交通量,此时需讨论改善交叉口的几何构造、实施交通管理、变更交通控制方法等措施。另外,考虑到相位切换时会产生交通流不能有效通行的时间(如损失时间,关于损失时间的介绍可参见5.3.7 节)及车辆到达的随机变动等因素,当交叉口流量比达到 0.9 以上时,实际就很难通行设计交通量。此时会发生严重的交通拥堵,各进口道的排队逐渐增加,交通延误增大。因此,必须重新对相位方案的设计方案、车道数和车道构成的设计等进行调整,使得交叉口饱和度小于 0.9。

上述讨论主要面向机动车交通,也应对行人交通进行讨论。关于行人交通的讨论详见5.3.10 节。

5.3.7　黄灯及全红时间的设计与损失时间

信号相位切换时,为保证此前拥有通行权的车流能安全、顺利地停止以及已经进入交叉口的车辆能顺利通过交叉口冲突区域所需的时间称为相位切换及清空时间,其一般由黄灯时间和全红时间构成。下面分别对清空时间计算方法的原理、黄灯时间、全红时间和损失时间的计算进行介绍。

1)清空时间的推导

(1)清空距离

清空时间原则上由黄灯时间和全红时间组成。在考虑全红时间时,必须考虑清空距离。清空距离是相位切换时,前一个相位车辆和行人到达与后一个相位的机动车和行人流线相交会的位置所必需移动的距离。图 5-10 给出了一个未考虑行人过街影响的简单交叉口中对清空距离的定义。

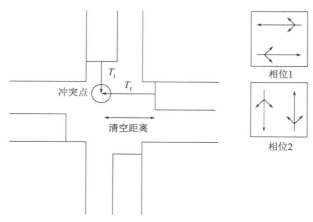

图 5-10 清空距离的计算方法

T_f-通过停车线的车辆以驶入速度移动清空距离所需要的时间;T_1-下个相位的车辆到达冲突点所需要的时间

在信号相位切换时,相位 1 所赋予通行权的交通流线与相位 2 所赋予通行权的交通流线的交叉点称为"冲突点"。此时,从当前具有通行权相位(相位 1)的流线对应的停车线到冲突点间的距离称为清空距离。交叉口一般存在多个冲突点,为达到规避冲突、保证安全的目的,在计算此交叉口清空时间时,应选用到最远冲突点的清空距离进行计算。

设黄灯结束前通过停车线的车辆继续以到达速度通过清空距离所需的时间为 T_f,下一绿灯相位开始后进入交叉口的车辆到达冲突点的时间为 T_1,两者的时间差为 $\Delta T = T_f - T_1$。为使车辆能顺利通过冲突点,在切换当前相位的过程中,从当前相位最后一辆车通过停车线开始,到下一相位的第一辆车通过停车线的时刻,必须至少保留 ΔT 的余裕时间。此段时间内所有冲突相位都不显示绿灯,即全红时间。

在典型的十字交叉口两相位控制中,多数信号交叉口的人行横道紧靠停车线设置在交叉口内侧,此时行人流线与机动车流线的冲突点在图 5-10 所示冲突点的交叉口更外侧,对于向右行驶的交通流为最远的冲突点。由于冲突点的位置靠近对向驶入车流的停车线,清空距离实际上近似等于停车线间的距离(交叉口相对的两个进口道停车线间的间距)。考虑到行人和车辆冲突的安全性,一般可认为 $T_1 = 0$。对应的清空交叉口所需的全红时间可通过清空距离和驶入车速之比来获取估算值。

未设置行人过街横道的交叉口和实行人车分离式信号控制的交叉口中不存在行人与车辆的冲突,只存在车辆间的冲突。此时,在计算清空距离时必须考虑 T_1,甚至存在 T_1 与 T_f 时长相仿的可能性,此时清空所必需的全红时间不能简单考虑清空距离与驶入车速之比,还要考虑让

T_1 尽可能短。

在设置左转专用相位时,交叉口的交通流线一般比较复杂,并采用多相位控制。在下个相位的冲突点对应的清空距离 T_1 确定后,需审视其清空交叉口所需的全红时间。如图 5-11 所示,在左转专用相位后的清空过程中,所研究的交通流线与下一相位的交通流线的冲突点有 5 个。其中,由于与过街行人流冲突点的清空距离很短,且过街行人到达冲突点所需的时间较长,因此清空所需的全红时间可视为 0。对于其他四个冲突点,到达下一相位交通流线冲突点的清空距离相差不大,而此时 T_1 则比清空距离更大。如果需考虑上述全部因素的话,清空一个相位车流所需的全红时间越短越好。

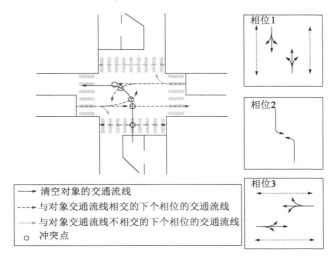

图 5-11　左转专用相位和下个相位的流线冲突示例

（2）相位切换时的车辆行为

面对黄灯信号时,车辆原则上需在停车线前停车;但当车辆无法安全在停车线前停车时,交通信号配时方案应保证车辆可保持到达速度安全地直接通过交叉口;当信号灯显示红灯时,不得越过停车线。因此,驾驶人在看到黄灯时,需判断能否在停车线前安全停车,在不能安全停车的场合,需预测并判断能否在红灯信号开始前通过停车线。如果驾驶人无法很好地进行上述预测,将会发生紧急制动和突然转向(流线交织时)等情况。困境区域(Dilemma Zone)、决策区域(Option Zone)、冲突区域(Conflict Zone)及驶离区域(Escape Zone)等状态领域范围可用于评价是否存在上述状态,并可用于计算清空时间。

（3）困境区域和决策区域

困境区域指车辆见到黄灯信号后,以通常的减速度停车时,无法在停车线前安全停车,但以正常速度行驶又无法通过停车线的(停车线)上游区域。决策区域指既可以正常减速度安全停车,也可直接通过停车线的上游区域。上述两个概念均与车辆位于交叉口进口道上游的位置和车辆经过该区域的速度相关。

能在与停车线平齐的位置安全停车的车辆,在黄灯开始时其位于停车线上游的距离至少应大于式(5-27)所示的距离 L_1:

$$L_1 = \tau V + \frac{V^2}{2d} \tag{5-27}$$

式中：τ——驾驶人的反应时间（从黄灯开始到开始制动时的有效时间），s；

V——黄灯开始时车辆的到达速度，m/s；

d——从制动开始生效到停车为止的平均减速度，m/s²。

能在红灯开始前通过停车线的车辆，在黄灯开始时其位于停车线上游的距离至少应小于式(5-28)所示的 L_2：

$$L_2 = YV \quad (5-28)$$

式中：Y——黄灯时长，s；

V——黄灯开始时车辆的到达速度，m/s。

式(5-27)中的 τ 和 d 对于每辆车来讲均有差异，为简化分析过程，此处将其视为定值，假设 L_1 只与 V 相关。

如图 5-12 所示，横坐标表示黄灯开始时车辆的位置（以与停车线平齐的位置作为原点向进口道上游方向为正），纵坐标表示该时刻车辆的到达速度，根据式(5-27)和式(5-28)分析困境区域和决策区域之间的关系。当 $L_2 > L_1$ 时，车辆所处的区域是困境区域；当 $L_1 > L_2$ 时，车辆所处的区域是决策区域。τ 和 d 的值恒定，此时各区域范围根据黄灯开始时车辆的到达速度和黄灯时长的不同而改变。

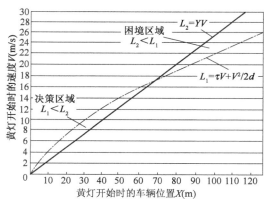

图 5-12 困境区域和决策区域

(4) 冲突区域和驶离区域

冲突区域指车辆处于停车线上游的某个区域，其在黄灯期间能通过停车线进入交叉口，但无法在全红时间结束前驶出交叉口。驶离区域指车辆处于停车线上游的某个区域，其在红灯开始后才通过停车线进入交叉口，但在全红时间结束前就能够完全驶出交叉口的区域。类似地，这两个区域也与车辆位于交叉口进口道上游的位置和车辆经过该点的到达速度相关。

能在红灯开始前通过停车线的车辆，在黄灯开始时其位于停车线上游的距离至少应小于式(5-28)所示的 L_2。

为使车辆在全红时间结束前能驶出交叉口，黄灯开始时车辆位于停车线的距离需小于式(5-29)所示的 L_3：

$$L_3 = (Y + AR)V - W \quad (5-29)$$

式中：AR——全红时间长度，s；

W——清空距离，m，即图 5-13 冲突区域和驶离区域中"交叉口内"所示的距离。

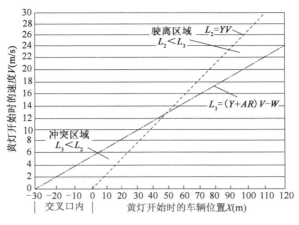

图 5-13 冲突区域和驶离区域

如图 5-13 所示，横坐标表示黄灯时间开始时车辆所处的位置，纵坐标表示该时刻车辆的到达速度。根据式(5-28)和式(5-29)所示的关系，在同一个图中分析冲突区域和驶离区域之间的关系，$L_3 < L_2$ 时的区域为冲突区域，$L_2 < L_3$ 时的区域为驶离区域。上述区域的范围随黄灯开始时的车辆位置、该时刻车辆的到达速度以及黄灯和全红的时长而变化。

2）黄灯时间的设定

最佳黄灯时长 Y 应尽量减少困境区域和决策区域的范围。令式(5-28)的 L_1 与式(5-29)的 L_2 相等，可得到式(5-30)：

$$L_1 = L_2$$
$$\tau V + \frac{V^2}{2d} = YV$$

所以

$$Y = \tau + \frac{V}{2d} \tag{5-30}$$

交叉口实测的平均减速度小于 3.0m/s^2，但道路上车辆的一般减速性能要比此值高，存在紧急制动等危险行为。综上所述，使用平均减速度为 3.0m/s^2，反应时间 0.7s，利用式(5-30)计算的黄灯时间如图 5-14 所示。根据图 5-11 所示的结果，黄灯时间与车辆到达速度相关：到达速度越高，最优黄灯时间越长。

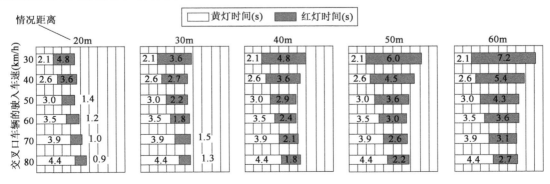

图 5-14 清空时间的理论计算值

3) 全红时间的设定

最优全红时间 AR 应尽可能缩短冲突区域和驶离区域的范围,令式(5-29)的 L_2 与式(5-30)的 L_3 相等,可得式(5-31)。

$$L_2 = L_3$$
$$YV = (Y + AR)V - W$$

所以

$$AR = \frac{W}{V} \tag{5-31}$$

使用式(5-31)所得的全红时间如图 5-14 清空时间的理论计算值所示。全红时间与清空距离及到达速度相关:其随着清空距离的增大而增大,随着到达速度的增加而降低。对于需要大于标准全红时间的低速车辆,其可在标准黄灯时间内安全停车(不处于困境区域范围内),因此可不将其作为研究对象。

4) 损失时间的计算

损失时间通常指为清空交叉口内部车辆的清空时间及绿灯相位开始时车流无法以饱和交通流率出发的启动损失时间之和,是在相位切换时车辆无法有效利用的时间。因此损失时间越长,交叉口的整体通行能力(交通容量)就会越低。

精确地说,黄灯相位中紧随绿灯相位的一部分时间里,车辆可继续前进并通过停车线,此部分时间应作为有效绿灯时间。简单来说,黄灯时间中可有效使用的时间和绿灯开始后启动损失的时间可相互抵消,从而认为有效绿灯时间和实际绿灯时间相等。因此,可将损失时间和清空时间等同考虑。

但在为确保安全而引入全红时间后,黄灯时间中的清空时间部分被延长,因此启动延误时间会有缩短的倾向,而黄灯时间中作为有效绿灯时间使用的比例会有变大的倾向。例如,当法律规定车辆在黄灯时间内可驶过停车线时,黄灯时间的一半可作为有效绿灯时间。在黄灯时间较长时,则不能满足上述抵消条件,此时可认为实际的损失时间比黄灯时长和全红时间之和要短。英国道路研究所的研究成果显示:当黄灯时间在 3s 以上时,损失时间要比黄灯时长和全红时间之和短 1s。根据上述材料,在黄灯时间大于 4s(含 4s)且加上全红时间大于 5s 时,相位切换时的损失时间应考虑将黄灯时长和全红时间之和缩短 1s。因此,下部分中信号周期时长计算公式中所用的损失时间 L 秒应为各相位清空时间(黄灯时长 + 全红时间)之和,在信号相位切换设置满足上述条件时,要减去切换相位的次数 n,如式(5-32)所示。

$$L = \sum_{j}^{n}(Y_j + AR) - n \tag{5-32}$$

式中:n——黄灯时间在 4s 以上,且黄灯时间加全红时间在 5s 以上的情况在相位切换时发生的次数(一个周期内)。

此外,在采用相位搭接设计时,饱和度较小的交通流先切换交通信号,当下一相位的交通流被连续赋予通行权时,这两个相位间的黄灯时间是所控制交通流可有效利用的时间,不应包含在损失时间中。

5.3.8 确定周期时长

信号交叉口的实际通行能力及车辆通过交叉口时受阻滞程度都直接受配时方案的影响。

因此,改善配时设计方法,设法寻求一个最优配时方案便成了提高交叉口运行效率的关键。

信号配时的主要设计参数有信号周期时长与各相位的绿信比。此外,对于实行干道协调控制和区域协调控制的区域路网,相邻交叉口之间的相位差也是一个相当重要的控制参数。其中,信号周期时长的选取是配时方案设计的关键所在,它受关键车流判定的影响,会影响到各相位绿信比的分配;它还是协调控制的指挥棒,对协调控制的效果具有关键作用。在正常情况下,适当增大信号周期时长可以提高整个交叉口的通行能力、降低车辆平均停车次数,但会使车辆平均延误时间有所增加,因此信号周期时长的选取应建立在设计者的期望控制效果之上。下面针对几种不同的期望控制效果,介绍其相应的信号周期时长计算公式。

1) 受通行能力条件制约的最小周期时长

就满足交叉口通行能力要求而言,信号周期时长的选择有一个底线,即信号周期时长无论如何都不能低于这个限值,否则将不能满足通行能力的要求。将上述最低限值称为最短信号周期时长。在理想情况下,当交叉口的信号周期运行至最短信号周期时长时,一个周期内到达交叉口的车辆将恰好在一个周期内被放行完,既无滞留车辆,也无剩余绿灯时间。因此,最短信号周期 C_m 应当恰好等于一个周期内全部关键车流总的绿灯损失时间加上对应到达车辆以各自进口道饱和流量放行通过交叉口所需时间之和,即

$$C_m = L + \frac{q_1 \cdot C_m}{S_1} + \frac{q_2 \cdot C_m}{S_2} + \cdots + \frac{q_n \cdot C_m}{S_n} \tag{5-33}$$

式(5-33)经整理可得:

$$C_m = \frac{L}{1 - \sum_{i=1}^{n} \frac{q_i}{S_i}} = \frac{L}{1 - \sum_{i=1}^{n} y_i} = \frac{L}{1 - Y} \tag{5-34}$$

式中:L——全部关键车流总的绿灯损失时间,s;

Y——全部关键车流总的交通流量比。

2) Webster 公式

如果采用最短信号周期时长作为交叉口信号控制周期,交叉口的饱和度将保持为1,随机平均延误时间将显著增加,控制效果很不理想;如果交叉口信号周期过长,相位平均延误时间将随之增长,控制效果也不尽如人意,故必存在一个最佳信号周期时长,使得关键车流平均延误时间最小。Webster 经过理论推导,得到了以交叉口关键车流平均延误时间最小为目标的最佳信号周期时长计算公式,因而将之命名为韦氏最佳信号周期时长。因 Webster 是在英国道路交通研究所(Transport Road Research Lanoratory,TRRL)的报告中建立的此方法,所以此方法也称为 TRRL 法。

显然,韦氏最佳信号周期时长对应于交叉口处于未饱和交通状态,故由稳态理论可知,交叉口关键车流平均延误时间 d 可用式(5-35)表示:

$$d = \frac{\sum_{i=1}^{n}(d_i \cdot q_i \cdot C)}{\sum_{i=1}^{n}(q_i \cdot C)} = \frac{\sum_{i=1}^{n}\left\{\left[\frac{C \cdot (1-\lambda)^2}{2(1-y_i)} + \frac{x_i^2}{2q_i(1-x_i)}\right] \cdot q_i\right\}}{\sum_{i=1}^{n} q_i} \tag{5-35}$$

式中:d_i——第 i 股关键车流所对应的车辆平均延误时间,s;

q_i——第 i 股关键车流所对应的车辆到达率,pcu/h。

Webster 公式的简易推导方法

用交叉口关键车流平均延误时间 d 的计算公式对信号周期 C 求导,并令一阶导数 $\mathrm{d}d/\mathrm{d}c$ 等于 0,便可得到韦氏最佳信号周期的理论计算公式。经过反复近似计算,得到韦氏最佳信号周期时长的简化公式为

$$C_0 = \frac{1.5L + 5}{1 - Y} \tag{5-36}$$

关于韦氏最佳信号周期时长的详细推导可扫描二维码阅读。

3) 实用信号周期时长

实用信号周期 C_p 是保证所有车道饱和度均低于其饱和度实用限值 x_p 的信号周期时长,可以推导出:

$$C_p = \frac{L}{1 - \sum_{i=1}^{n} \lambda_{0i}} = \frac{L}{1 - U} \tag{5-37}$$

式中:λ_{0i}——满足第 i 股关键车流饱和度低于其饱和度实用限值 x_{pi} 时,第 i 股关键车流所要求的最小绿信比;

U——满足所有关键车流饱和度均低于其饱和度实用限值时,交叉口所要求的总的最小绿信比。

由式(5-37)可知,只要 $\sum_{i=1}^{r} \lambda_{0i}$ 小于 1,则总存在信号周期 $C(C \geq C_p)$ 和一组 λ_i,使得 $\lambda_i \geq \lambda_{0i}$,$x_i \leq x_{pi}$;倘若 $\sum_{i=1}^{n} \lambda_{0i}$ 大于或等于 1,则无论信号周期取何值都无法使得所有车道饱和度均低于其饱和度实用限值 x_p。此外,最短信号周期 C_m 其实就是实用信号周期 C_p 的一个特例而已。

4) Akçelik 的周期时长法

为解决 Webster 法无法处理饱和度接近于 1 和大于或等于 1 的情况,澳大利亚道路研究会(Australian Road Research Board, ARRB)的 Akçelik 等对 Webster 法进行了修正,所以此方法也称为 ARRB 法。

通过引入停车补偿系数,将其与车辆延误结合在一起,并综合考虑了交叉口停车线前的排队长度和停车率等指标,从而优化信号周期时长,因此 ARRB 法可看作对 Webster 法的修正和补充。Akçelik 假设在交叉口间的路段上,信号配时对车辆自由行驶的整个行程没有任何影响。x 越接近 1,Webster 延误公式计算出的延误越不准确,ARRB 法考虑了过饱和的情况,将式(3-17)改为

$$d = \frac{C(1 - \lambda)^2}{2(1 - y)} + N_0 x \tag{5-38}$$

式中:N_0——滞留车辆数。

ARRB 法将停车次数和延误时间结合在一起,作为评价配时方案的综合指标 P,即

$$P = D + kH \tag{5-39}$$

式中:P——综合运行指标;

D——延误;

k——停车补偿系数;

H——每小时完全停车次数。

考虑停车因素和油耗因素,得到最佳周期时长,如式(5-40)所示:

$$C_a = \frac{(1.4+k)L + 6}{1-Y} \tag{5-40}$$

式中:C_a——Akçelik 单点定周期交叉口最佳信号周期时长近似值;
　　L——交叉口总损失时间;
　　Y——交叉口关键相位流量比之和。

停车补偿系数 k 的参考值为:当要求油耗最低时,取 $k=0.4$;当要求运营消费(包括机械磨损和轮胎磨损、延误、时间损失等)最小时,取 $k=0.2$;当要求车辆延误时间最小时,取 $k=0$。

5) HCM 法

与前面讲述的以车辆延误最小为优化目标的周期时长求解方法不同,HCM 法是以均衡交叉口各关键车道的饱和度为优化目标的算法。需要注意的是,美国的《信号配时手册(第2版)》(Signal Timing Manual 2nd edition)中,在计算协调控制关键交叉口的周期时推荐了 Webster 的 TRRL 法,而针对过饱和状态,其提供了若干实际的处理方法。2022 版的 HCM 法中在推荐单点定时控制周期时依然沿用了下述方法。当相位数和信号控制形式确定时,可用式(5-41)计算信号控制周期时长。

$$C_h = \frac{Lx_c}{x_c - Y} \tag{5-41}$$

式中:C_h——HCM 法给出的单点定周期交叉口信号周期时长;
　　x_c——交叉口关键相位的饱和度。

HCM 法的适用条件为:要求选择合适的 x_c,并且当计算周期公式即式(5-41)的分母可能出现等于 0 的情况时,需要根据 $x_c=1$ 得到的最小周期时长估算合适的信号周期。

6) 简易周期估计方法(FHWA/HCM 法)

在采用 NEMA 相位计算出关键流向的流量(该方法在 1985 版 HCM 中提出)时,FHWA 给出了一种采用每个周期有效绿灯时间可通行的车辆数方法估计周期时长的方法。如表 5-8 所示,根据每个周期交叉口可服务的最大车辆数,可以选择该配时方案下(根据对应的关键流量)所对应的周期时长(60~120s)。根据一个周期内绿灯时间、黄灯时间、全红时间和损失时间的关系可知,有效绿灯时间近似等于实际绿灯时间,此时可假设交叉口通行能力为 1400 辆/h,每个相位的损失时间为 5s。在 5.3.5 节中的保护左转案例中,关键流量为 1135 辆/h,此时选择周期时长 110s 即可满足控制的要求。

根据关键流量估计周期时长(8 个 NAME 相位的情况)　　　　　　表 5-8

周期时长 (s)	每小时周期数	每周期损失时间 (s)①	每周期有效 绿灯时间 (s)	每周期通过 车辆数②	每小时最大 通过车辆数②
60	60	20	40	16	933
70	51	20	50	19	1000
80	45	20	60	23	1050
90	40	20	70	27	1089
100	36	20	80	31	1120

续上表

周期时长（s）	每小时周期数	每周期损失时间（s）①	每周期有效绿灯时间（s）	每周期通过车辆数②	每小时最大通过车辆数②
110	33	20	90	35	1145
120	30	20	100	39	1167

注：①本表格中假设交叉口是由 8 个 NEMA 相位控制的（每个控制环 4 个相位），每个相位会有 5s 的损失时间，所以总损失时间为 20s。当交叉口相位数更少的时候，损失时间也会变少。
②实际通过的车辆数可按照车辆的车头时距为 2.5s 的情况计算，此车头时距是根据城市和郊区的一般情况统计得出的。

因为交叉口的交通需求并不是影响周期时长的唯一因素，计算出来的配时方案也不一定总和交通控制目标相一致，所以当仅使用流量估计周期时长时，交通工程师需要对信号配时方案进行核实。例如，平均路段长度、街道等级、左转相位设计、行人相位设计、控制目标等均可能会影响最优周期时长。如果路段较长，选择较长的周期并提升主路交通优先级可能更合适，反之亦然。

需要注意的是，每个周期的绿灯时间长，交叉口进口道排队后侧车辆到达停车线的车头时距会变大，这会使每个周期实际的有效绿灯时间变少、损失时间变大。但如果能维持车头时距的大小，选用长的周期，则是通过大量车辆的有效方法。交叉口的排队空间、上下游瓶颈和车流的密度均对车辆通过信号交叉口有重要影响，在选择周期时长的时候需要关注上述因素。

5.3.9 相位绿灯时间的计算

1) 计算方法

相位绿灯时间的分配通常是以平均车辆阻滞延误最小为原则，按照这一原则，要求各股关键车流的饱和度应大致相等，相位绿信比与相位交通流量比应大致成正比，即

$$\frac{\lambda_j}{y_j} = \frac{\lambda_k}{y_k} \tag{5-42}$$

由式(5-42)进一步推导得：

$$t_{EGj} = \sum_{i=1}^{n} t_{EGi} \cdot \frac{y_j}{\sum_{i=1}^{n} y_i} = (C - L) \cdot \frac{y_j}{\sum_{i=1}^{n} y_i} \tag{5-43}$$

相位绿灯时间的分配也可以参照饱和度实用限值进行，此时相位绿信比将与满足该相位通行能力要求所必要的绿信比成比例，即

$$\frac{\lambda_j}{\lambda_{0j}} = \frac{\lambda_k}{\lambda_{0k}} \tag{5-44}$$

式中：$\lambda_{0j} = \frac{y_j}{x_{pj}}$，$\lambda_{0k} = \frac{y_k}{x_{pk}}$。由式(5-44)进一步推导得：

$$t_{EGj} = \sum_{i=1}^{n} t_{EGi} \cdot \frac{\lambda_{0j}}{\sum_{i=1}^{n} \lambda_{0i}} = (C - L) \cdot \frac{\dfrac{y_j}{x_{pj}}}{\sum_{i=1}^{n} \dfrac{y_i}{x_{pi}}} \tag{5-45}$$

由式(5-46)可得第 i 个相位的绿灯显示时间 t_{Gi}：

$$t_{Gi} = t_{EGi} - t_{Yi} + t_{Li} \tag{5-46}$$

2)注意事项

为保证交通安全,各相位的绿灯时长应满足以下原则:对于包含直行流向的主要交通流向,机动车绿灯时长一般应在15s以上;对于左转专用相位对应的次要交通流,一般应保证5s以上的机动车绿灯时长。

在以式(5-46)计算的绿信比无法确保车用最小绿灯时间或无法确保行人最小绿灯时间时,需对有效绿灯时间和周期时长进行修正,以保证最小绿灯时间。

设绿灯时间不满足必要的最小绿灯时间要求的相位为 i,根据必要的最小绿灯时间,将对应的周期时长和各相位的有效绿灯时间用式(5-47)进行修正。

$$G'_i = G_i^{\min}$$

$$C' = \frac{\lambda}{\lambda_i} G_i^{\min} + L$$

$$G'_j = (C' - L) \times \lambda_j / \lambda \quad (j \neq i) \tag{5-47}$$

式中:$G_i^{\min}$——相位 i 必要的最小有效绿灯时间($G_i^{\min} > G_i$);

G'——该相位修正后的有效绿灯时间;

C'——必要的最小周期时长(修正后的新设定值);

λ_i——相位 i 的流量比。

此处得到的必要周期时长 C' 存在过大的可能性。如果其比先前设定的周期时长增加过多(增加10s以上),建议从相位方案的设计开始重新讨论交通信号控制方案的设计。

在原绿灯相位的不足时间(和最小绿灯时间的差)为 1~3s 或更少,而其他相位存在富余时间时,可采用从有富余时间的相位中划分出不足秒数直接加在绿灯时间不足相位的简便方法。更简便的方法为直接在周期时长上延长必要的秒数,加在绿灯时间不足的相位,但应用此简便方法时需重新确认整个相位交通通行量的能力。

5.3.10 行人相位的设计

1)行人相位组成

行人专用相位是为了解决行人与左转、直行和右转车辆相互干扰问题提出来的。根据行人通行方式的不同,行人专用相位分为两种:①单进口的行人专用相位,即在该进口行人通行时,与其冲突的车流禁行;反之,相冲突的机动车通行时,行人禁行。②整个交叉口的行人专用相位,即交叉口4个进口的行人在1个独立的相位里同时通行,机动车全部禁行;反之,机动车通行时,所有流向的行人禁行。

完整的行人相位包括行人绿灯(PG)、闪烁灯(PF 或 FDW)和行人红灯(PR 或 DW)3 部分。在行人绿灯时间里,行人离开路缘石或路肩进入人行横道,按照指示的方向穿过道路;在闪烁灯时间里,没有进入人行横道的行人不再允许进入人行横道,而已经进入人行横道的行人可以继续通过人行横道或者到达安全岛,因此闪烁灯时间也称作行人清空时间,闪烁灯可以以绿闪灯、闪烁手势灯等形式显示;显示持续红灯时,不允许任何行人通行。

当行人与右转车辆冲突时也可用闪动的绿灯信号代替绿灯,行人相位通行时间包括行人绿灯时间和行人清空时间两部分。一般来说,行人绿灯时间和行人清空时间会同相应的机动车相位一起设计,所以行人相位的设置会影响机动车相位的最小绿灯时间,即机动车相位的最小绿灯时间必须满足设置行人相位的需求。当行人相位总时间超过机动车最大绿灯时间时,应延长机动车的绿灯时间,直至行人相位时间结束。

(1) 行人绿灯时间的计算

行人绿灯时间应该使得在一个周期内所有等待的行人离开路缘石,进入交叉口。行人绿灯时间包括两部分:行人反应时间和人群通过路缘石进入人行横道的时间,即

$$t_{walk} = t_p + \frac{N_P}{S_P W_P} \tag{5-48}$$

式中:t_{walk}——行人绿灯时间,s;

t_p——行人反应时间,s;

N_P——行人绿灯信号开始时等待的人数,一般等于一个周期行人的到达量,人;

S_P——行人流率,即单位时间单位宽度内通过某一断面的人数,人/(m·s);

W_P——人行横道的有效宽度,m。

行人过街步行速度受行人的性别、年龄、人行横道形态、过街时间段等因素的影响。美国的 MUTCD 规定,行人绿灯时间至少为 7s。在行人流量大的区域[如学校、中央商务区(CBD)或体育及活动场所],应考虑更长的行人绿灯时间。美国规定的行人绿灯时间典型值可参见表 5-9。上述值根据 MUTCD 和交通控制设备手册确定。

美国规定的行人绿灯时间典型值　　　　表 5-9

条件	步行时间(s)
行人流量大的区域(如学校、CBD 或体育和活动场所)	10~15
典型的行人流量和较长的周期时长	7~10
典型的行人流量和较短的周期时长	7
可忽略的行人流量和其他周期时长	4

表 5-9 还给出了一种设置为 4s 的行人绿灯时间值,此设置仅能在行人流量很少,不能满足设置通用的 7s 及以上行人绿灯时间的情况。但 MUTCD 同时规定行人清空时间需能使行人以 3.5ft/s(约 1.06m/s)的步速通过整个路段或者以 3ft/s(约 0.91m/s)的步速在行人绿灯时间加上行人清空时间内,通过整个路段加上按钮至道沿的距离(通常为 6ft,约 1.83m),具体如图 5-15 所示。

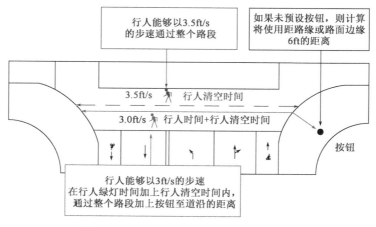

图 5-15　非协调控制下交叉口行人配时计算

日本要求在设置人行横道时必须确保行人安全穿过人行横道所必需的时间,因此设置人行横道时,交通信号控制周期时长的最小值受此因素制约。行人过街所需时间是指以某一步行速度从人行横道的一端开始步行,直到完成过街的距离时步行所需的时间,此段时间为行人相位时间的最小值。行人相位时间应包括行人绿灯时间和行人绿闪灯时间。

行人过街步行速度受行人的性别、年龄、人行横道形态、过街时间段等因素的影响。以日本都市区内约1.2万人为对象的调查结果显示,10%位步行速度(全体中90%的行人均能达到的步行速度)约为1m/s,可将其作为一般设计值使用。但若以老年人或残疾人为对象来设定人相位时间,需进行必要的实测调查后才能够确定期望设计值。例如,上述调查结果中,66位男性高龄行人的10%位步行速度是0.75m/s,而78位女性高龄行人的10%位步行速度为0.8m/s,均低于1m/s。另外,对116位视力残疾的行人过街行为的调查结果显示,其15%位步行速度为0.8m/s。

如式(5-49)所示,当每周期等待过街的行人较多时,行人相位时间需相应地增加行人排队等待过街的时间。

$$t_P = \frac{L_P}{V_P} + \frac{P}{S_P \times W} \tag{5-49}$$

式中:t_P——行人相位时间的最小值,s;

L_P——人行过街横道的长度,m;

P——行人绿灯相位开始时等待过街的行人数量,人;

S_P——每单位人行横道宽度(m)过街行人的交通流率,人/(m·s);

V_P——过街步行速度,m/s;

W——人行过街横道的宽度,m。

日本目前并未对过街行人的饱和交通流率给出推荐值,但调查结果显示,在通勤、购物、出游、集会等不同步行目的下,行人流显示了不同的特性。表5-10 信号交叉口人行横道行人的饱和流率中给出了存在30~60人的行人等待过街量(大型集会时会到30~120人)的情况下,各类行人的平均交通流率的调查结果。由此可根据式(5-49)计算行人相位时间,其中过街行人饱和交通流率S_P的值应根据该交叉口对应的特性参考表5-10确定。

信号交叉口人行横道行人的饱和流率　　　　表5-10

步行目的	流率[人/(m·s)]	步行目的	流率[人/(m·s)]
通勤	0.92	出游	0.72
购物	0.69	集会	0.52

在同一相位中需要同时通行机动车和过街行人时,日本为保证右/左转车流的通行,可将行人相位时间设定得比机动车相位时间短。虽然从车辆通过量增大的角度考虑,从行人相位结束到机动车相位结束的时间差(行人红灯、车辆绿灯相位时间PR)越长越好,但此相位时间长度也应对应合理的右、左转交通需求。在此相位时间过长时,会引起行人的不满情绪,助长行人无视信号的行为。一般地,PR可取1~5s。如果相对应的右、左转交通量较大,也可视情况取较长的值。

人行横道距离除以步行速度的值或由式(5-49)所得的行人量大时的行人相位时间的最小值,减去绿闪时间PF所得的时间为行人绿灯时间PG的最小值。当最小行人绿灯时间长度不足 5s 时,行人绿灯时间按 5s 计,此时行人相位时间会增加,只有万不得已的情况下才能缩短绿闪时间。在考虑行人绿灯相位开始后的反应延迟时,需确保一定程度的行人绿灯相位时间(推荐值为 5s)。

(2)闪烁灯时间的计算

闪烁灯起到清空行人的作用,使得在行人绿灯时间末尾进入人行横道的行人可在冲突的车流获得绿灯显示前完全通过街道(部分国家和地区计算的依据是通过机动车流和行人流的冲突点,或者是到达有充足空间的路中行人等候区)。闪烁灯的时长可通过式(5-50)计算得出。

$$t_{\mathrm{FDW}} = \frac{L_{\mathrm{c}}}{S_{15}^{\mathrm{P}}} \tag{5-50}$$

式中:t_{FDW}——闪烁灯的时间,s;
　　　L_{c}——行人需穿越的长度,m;
　　　S_{15}^{P}——行人 15 位平均步行速度(或规定的步速,如美国采用的步速为 3.5ft/s,即 1.07m/s),m/s。

在部分街道设置有图 5-16 所示的按钮式行人检测设备,此时如果对应的信号机具备按按钮后能获得额外行人通行时间的功能,采用的步速可进一步提升从而测试闪烁灯时间是否足够,如美国在此情况下可将计算用的步速值提升为 4ft/s(1.22m/s)。在采用 3.5ft/s 的步行速度时,对应不同行人过街距离的行人净空时间的典型值见表 5-11。

图 5-16　步行时间延长按钮指示牌

行人清空时间计算值(基于 3.5ft/s 步行速度)　　　　　表 5-11

行人过街距离		行人清空时间(s)
40(ft)	12.19(m)	11
60(ft)	18.29(m)	17
80(ft)	24.38(m)	23
100(ft)	30.48(m)	29

我国在进行行人相位设计时,采用了持续行人绿灯、行人绿闪和持续行人红灯的形式。为保证机动车获得通行权时行人信号灯变为红灯,常将行人红灯时间的设置与该进口道机动车绿灯信号协调控制。我国的行人相位时间大部分为绿灯时间,行人绿闪(行人清空)时间只有 3s 左右。我国道路交通安全法规定:行人绿灯亮时,准许行人通过人行横道;行人红灯亮时,禁止行人进入人行横道,但是已经进入人行横道的,可以继续通过或者在道路中心线处停留等候。这就造成了在绿灯末尾进入人行横道的行人,因清空时间不足而不能安全通过人行横道,被"卡在"行车道上,进退不得,造成严重的安全问题,并阻碍了车辆的运行。在实际中,3s 内到达的行人在未接到绿灯即将结束的提醒下,继续沿人行道前行,在绿闪期间,激进的行人会选择快速前行,保守的行人会选择在道路行车道中间等待,当红灯信号过长时,有些行人会选择闯红灯的过街方式。对于该部分行人来说,其本身就丧失了得到提示及选择的权利,过街安全性得不到保障。

日本的闪烁灯采用了行人绿闪的形式,其一般设置在行人绿灯相位后。绿闪时间在法律规定上(绿闪的意义)需要确保行人能通过人行横道距离一半的所需时间。据此规定,如果行人绿闪灯启亮时,行人还未到达路中,则需退回道路,而当行人已经通过路中线,则可继续通过该路段。因此,需确保已经进入人行横道的行人有通过人行横道或到达最近的人行横道端点所必需时间的最短值。具体来说,假设行人通过人行横道的速度为 1.0m/s,绿闪时间的设定值多采用人行横道距离一半的平均值。当行人通过人行横道的速度为 1.5m/s 时,其绿闪时间也必然会随之变短。绿闪时间越短,行人相位时间结束后实际滞留在人行横道的行人就越多。绿闪时间越长,越会助长行人无视绿闪信号而重新开始行走的倾向,因此有必要设定恰当的绿闪时间 PF。

2)行人相位时间与机动车相位时间的关系

行人相位时间等于行人绿灯时间和行人绿色闪烁灯时间之和,即

$$g_P = t_{walk} + t_{FDW} \tag{5-51}$$

由于机动车相位时间 T 等于相位绿灯显示时间和该相位的绿灯间隔时间之和,绿灯间隔时间包括黄灯时间和全红时间,但有时候只有黄灯时间,即

$$T = g + I = g + Y + AR \tag{5-52}$$

式中:g——机动车绿灯信号显示时间;
  I——机动车绿灯间隔时间;
  Y——机动车黄灯信号时间;
  AR——机动车全红信号时间。

在交叉口进行必要的信号控制,在同时设置机动车信号控制和行人信号控制的情况下,机动车相位不能小于行人相位最小时间 g_P^{min}。

根据行人清空时间和相位间隔时间的关系,将行人相位时间和机动车相位时间的关系分为以下两种基本情况:

(1)机动车相位间隔时间不用作行人清空时间:

如图 5-17 所示,在该信号控制情况下,禁止行人在机动车相位间隔时间通行,行人只能利用机动车相位的绿灯显示时间清空,即行人绿闪时间与机动车绿灯显示时间同时结束,行人红灯和机动车黄灯同时亮起。

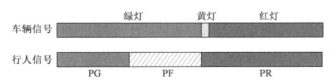

图 5-17 行人相位不利用机动车相位的绿灯间隔时间

(2)机动车相位间隔时间用作行人清空时间:

如图 5-18 所示,在该信号控制情况下,相位间隔时间内可以清空行人,即行人绿闪时间与机动车全红(黄灯)时间同时结束,行人红灯和机动车红灯同时亮起。

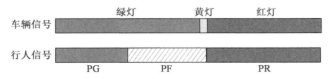

图 5-18 行人相位利用机动车相位的绿灯间隔时间

通常情况下,行人信号灯是依据机动车信号设置进行调整的,即在确定了交叉口各相位的机动车信号配时方案之后,再进一步确定行人信号相位方案。行人通行时间初步通过交叉口行人交通流量确定,在此基础上根据机动车绿灯显示时间 g 与最小行人相位时间 g_P^{min} 的相对大小进行行人相位方案的调整。

当机动车相位绿灯显示时间不小于最小行人相位时间时,即 $g \geqslant g_P^{min}$,如果机动车相位时间足够长,且行人相位时间可与机动车绿灯时间同时结束,也可以与全红时间同时结束。因此,可以采用图 5-17 和图 5-18 所示的相位设置方案。如果 $g = g_P^{min}$,不需要对行人信号配时做调整;当 $g > g_P^{min}$ 时,需要对行人绿灯时间进行调整。图 5-17 中的情况调整方式为

$$t_{walk} = g - t_{FDW} = g - \frac{L_c}{s_{15}^P} \tag{5-53}$$

当最小行人相位时间介于机动车相位绿灯显示时间与机动车相位绿灯显示时间和绿灯间隔时间的和之间时,对于图 5-14,行人可以利用黄灯以及全红时间通行,所以可利用时间包含黄灯和全红时间,因此,当 $g < g_P^{min} \leqslant g + Y + AR$ 时,对行人绿灯时间的调整方式为

$$t_{walk} = g + Y + AR - t_{FDW} = g + Y + AR - \frac{L_c}{s_{15}^P} \tag{5-54}$$

一般情况下,机动车配时要满足绿灯时间不小于行人相位最小时间的要求,只有在相位时长受到限制时,才可以将相位间隔时间用作行人清空时间。

当机动车相位绿灯显示时间和绿灯间隔时间的和小于行人相位最小绿灯时间时,即 $g_P^{min} > g + Y + AR$,机动车相位时间不能满足行人通行的需求,一般只能延长信号周期和相位时长,满足行人通行最小相位的要求。如果是采用感应控制方式,可以通过安装行人按钮信号灯给予行人通行权的调整。

【习题与思考题】

1. 阐述定时信号控制配时的操作流程。
2. 当关键流率比总和 $Y \geqslant 0.9$ 时,如何处理?
3. 当绿灯时间不满足行人过街需求时,如何处理?
4. 当某相位绿灯时间不满足行人过街需求时,为什么不能直接延长该相位的绿灯时间?
5. 交叉口为两相位放行,第一相位为东西放行,第二相位为南北放行。各相位黄灯 3s,全红时间 4s,启动损失 3s,PHF=0.9,V/C=0.9,各方向流量见表 5-12。试对交叉口进行配时。

交叉口各进口的交通需求和饱和流率　　　　表 5-12

指标(pcu/h)	北进口	南进口	东进口	西进口
小时流量 V	600	640	320	300
饱和流率 S	2400	2400	1000	1000

6. 已知高峰小时流量系数 PHF 为 0.95,设计目标 V/C 为 0.95,驾驶人反应时间为 1.0s,所有进口道的坡度均为 0,设计达到车速限制均为 40km/h,行人过街步速为 1.2m/s,行人过街

流量中等,人行过街横道宽度为3m,交叉口几何条件与流量条件如图5-19、图5-20所示。试为该交叉口进行信号控制方案设计。(直行车道基本饱和流率为1650pcu/h)

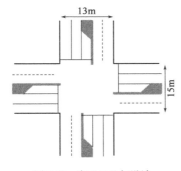

图5-19 交叉口几何设计

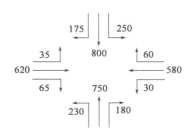

图5-20 交叉口交通需求(单位:pcu/h)

7. 某信号控制交叉口的其中一进口道为左直右混行一车道。经观测:总流量为800pcu/h,其中,大车:小车=2.5:7.5,大车和小车的饱和车头时距分别为5.0s和2.0s,周期时长为60s。设基本饱和流量为1440pcu/(h·ln),如果该进口道每周期恰好能全部通过这些车辆,试计算该进口道上平均每辆车的均匀到达延误和有效绿灯时间。

8. 一个两相位信号控制交叉口,各进口道的交通量和饱和流量见表5-13,绿灯间隔时间为7s,黄灯时间为3s,启动损失时间为3s,试计算该交叉口的信号配时。

各进口道的交通量和饱和流量 表5-13

指标(pcu/h)	北进口	南进口	东进口	西进口
交通量 q	580	710	410	430
饱和流量 s	2000	2200	1000	1000

9. 一个交叉口的进口道(只有一条车道)的交通流量为500pcu/h,饱和流率为1500pcu/h,周期长为90s,有效绿灯时间为55s,则该情况下的车辆平均延误为多少?

10. 一两个相位信号控制的交叉口,已知相位A关键进口道的高峰小时车流到达率 $q=540$pcu/h,相位B关键进口道的高峰小时车流到达率 $g=324$pcu/h,各进口道的高峰小时系数 $PHF=0.75$,各相位的饱和流率均为 $s=1440$pcu/h,各相位黄灯时间均为4s,各相位全红时间均为1s,各相位启动停车损失时间 l 均为4s。求:

(1)路口此时信号控制所需的周期;
(2)各相位的最佳绿信比;
(3)各相位的有效绿灯时间;
(4)各相位的显示绿灯时间和显示红灯时间。

第6章
单点感应信号控制

6.1 单点感应信号控制方式和原理

定时信号控制是根据交叉口历史的交通情况,预先设定信号周期和相位绿灯时间等参数。预先设定的参数在整个时间段内都是固定不变的,即定时信号控制的配时参数不会随着实际交通情况的变化而变化。只有当实际交通状况与设计时采用的交通状况相符时,才能取得预期的控制效果。然而在现实中,此条件并不会常常发生,造成定时信号控制并不能适应实际交通的要求,其结果是车辆延误时间增大,或者是造成某些相位绿灯放行时,其对应的放行车道较长时间内无车辆通过,而另一些相位红灯禁止通行时,却有大量车辆排队等候。为使信号控制能够根据交叉口实际交通状况做出反应,出现了感应信号控制。

感应信号控制是根据车辆检测器检测到的路口车辆到达状况,使路口各个方向的信号显示时间适应于交通需求的控制方式,其工作原理如图 6-1 所示。感应信号控制对车辆随机到达的适应性较大,可使车辆在停车线前尽可能少地停车,从而达到交通畅通的效果。

感应信号控制是一个反馈控制过程。从理论上讲,此控制方法可取得良好的控制效果。但是实践表明,如果主要道路和次要道路上的交通流量都很大,甚至接近饱和状态,感应控制的效果和定时控制的效果差异不大。

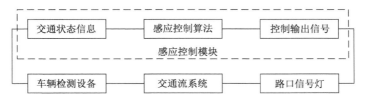

图 6-1 感应信号控制工作原理框图

感应信号控制根据车辆检测方式可分为单点检测器与存在型检测器。单点检测器控制的基本工作原理是：绿灯启亮时，先给出一段最小绿灯时间，在这一段最小绿灯时间结束前，如果检测到有车辆到达，则相应延长一段绿灯时间，如果其后又检测到有车辆到达，则再相应延长一段绿灯时间，以此类推，直到当绿灯时间累计达到预定的最大绿灯延长时间或在绿灯时间内没有车辆到达时，才切换到下一信号相位。存在型检测器控制的基本工作原理是：检测交叉口进口道的监测区域内车辆或车队的存在情况，即信号机能获取当前交叉口停车线前车辆的排队情况，以启亮该进口道的绿灯或延长绿灯时间。一旦车队消失，便切换到下一信号相位。当然，单点检测器控制与存在型检测器控制对于检测器埋设位置的要求也有所不同。

典型感应信号控制的基本原理示意图如图 6-2 所示。某一相位启亮绿灯，感应信号控制机内预设一个"最小绿灯时间 G_{min}"，并且将最小绿灯时间划分为两个时段：初始时段和一个等于"单位绿灯延长时间 G_0"的时段。当在初始时段内检测到绿灯相位有车辆到达时，不需要延长绿灯时间，因为此时最小绿灯时间内尚有一个等于单位绿灯延长时间的时段；当在最小绿灯时间内的最后等于单位绿灯延长时间的时段内检测到绿灯相位有车辆到达时，则需要在当前时刻的基础上延长单位绿灯延长时间，如图 6-2 中的 t_1 时刻。如果在每个单位绿灯延长时间内检测器都检测到绿灯相位有后续车辆到达，则每检测到一辆车，绿灯时间便延长一个预置的单位绿灯延长时间。需要注意的是，单位绿灯延长时间的开始时刻是检测器检测到车辆的时刻，并不是在之前的单位绿灯延长时间的末期继续增加，相当于每次检测到车辆都重置一次倒计时。

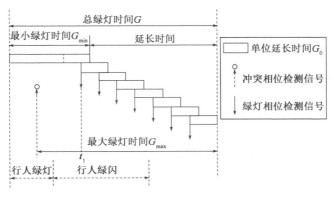

图 6-2 感应信号控制的基本原理示意图

感应控制的某相位绿灯结束的四个原因如下：

（1）达到最大绿灯时间：当某相位达到管理人员提前设定的本相位的最大绿灯时间时，本相位绿灯时间结束，放行下一相位；

(2)绿灯放行车流不再满足绿灯要求:当车头间距大于用于定义的阈值时,控制机将结束本相位绿灯而放行其他相位的交通需求;

(3)系统强制结束:当一个感应相位是一个协调系统的一部分时,系统将在信号周期内预先确定的时刻强制结束感应相位,以实现协调控制;

(4)强制优先信号:当一个有优先请求的车辆达到交叉口时,没有优先的绿灯相位可能被停止,以放行优先通行车辆。

前两种情况可以出现在单点感应控制中,即只要在预置的时间间隔内车辆中断,则改变相位;若连续有车,则绿灯连续延长。当绿灯一直延长到一个预置的"最大绿灯时间G_{max}"时,即使检测到后面仍有来车,也中断这个相位的通行权。

图6-2中并没有包括行人相位的激活,如果行人相位被激活的话,行人相位计时器(行人绿灯与绿闪)会与车辆相位同时计时。在图6-2所示的情况下,行人相位所需时间少于最大绿灯时间限制,如果持续检测到来车,那么行人信号灯会一直显示"行人禁止通行",直到车辆相位因为没有需求或是到达最大绿灯时间而终止。然而,如果行人相位所需时间大于最大绿灯时间,那么车辆相位会继续放行,直到行人绿闪时间结束。

感应控制的
信号配时过程

6.2 单点感应信号控制的基本参数

交通信号感应控制涉及的参数主要包括最小绿灯时间、单位绿灯延长时间、最大绿灯时间等,一些参数的概念如图6-3所示。

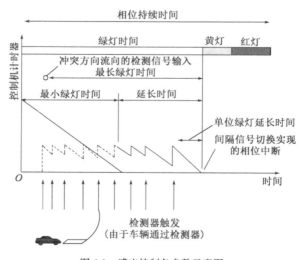

图6-3 感应控制各参数示意图

1)最小绿灯时间

最小绿灯时间的设置是保证无论本相位或其他相位是否有车,对本相位而言必须放完这段绿灯时间。因此,对于感应控制而言,所有的相位都必须设置有最小绿灯时间。设置最小绿灯时间的目的在于保证已经位于停车线的车辆能安全地通过交叉口。最小绿灯时间的长短主要取决于检测器的位置以及检测器到停车线之间可停放的车辆数。设置最小绿灯时间时应考虑以下几个因素：

（1）保证停在检测器和停车线之间的车辆全部驶出停车线所需的最短时间；

（2）当没有单独的行人信号时，最小绿灯时间要保证与显示绿灯同向的行人安全过街所需的时间；

（3）在我国还需考虑保证红灯时停在停车线后的非机动车安全过街所需的时间。

确定最小绿灯时间时需考虑的因素见表6-1。对一个直行方向的交通流，如果同时存在停车线检测器与行人过街按钮，考虑最小绿灯时间时只需考虑驾驶人期望，但是当没有行人过街按钮（同时行人需要在该交叉口过街）时，最小绿灯时间的确定需要同时考虑驾驶人期望以及行人过街时间。

确定最小绿灯时间时需考虑的因素　　　　　表6-1

相位	是否有停车线检测器？	是否有行人过街按钮？	以下因素在确定最小绿灯时间时是否考虑？		
			驾驶人期望	行人过街时间①	排队放空②
直行	是	是	是	否	否
	是	否	是	是（可能）	否
	否	是	是	否	是
	否	否	是	是（可能）	是
左转	是	不适用	是	不适用	否

注：①如果没有行人过街需求，则在最小绿灯时间的估计中就不需要考虑行人过街时间，否则应当考虑行人过街时间；
②只适用于如下相位：有一个或多个上游前置检测器、无停车线检测器、没有使用可变初始时间。

对某相位考虑最小绿灯时间时，需要对根据上述各个因素考虑所形成的最小绿灯时间进行定量化，最终的最小绿灯时间综合考虑上述因素来确定。

$$G_{\min} = \max\{G_e, G_p, G_q\} \tag{6-1}$$

式中：$G_{\min}$——最小绿灯时间，s；

G_e——满足驾驶人期望的最小绿灯时间，s；

G_p——满足行人过街时间的最小绿灯时间，s；

G_q——满足排队清空的最小绿灯时间，s。

最小绿灯时间应满足驾驶人的期望。交通工程师在确定满足驾驶人期望的最小绿灯时间时有不同做法，一些工程师认为在一些交叉口需要15s以上的最小绿灯时间，而另一些工程师使用的最小绿灯时间仅为2s。事实上，如果绿灯时间过短且与驾驶人期望不符，那么可能增加发生追尾事故的风险。表6-2中的值反映了对应特定相位与道路类型的最小绿灯时间的典型取值。每个取值范围内取值的上限适用于如下情形：①大型交叉口；②大型车比例较高；③进口道车速较高。

满足驾驶人期望的最小绿灯时间的典型取值　　　　表6-2

相位类型	道路类型	满足驾驶人期望的最小绿灯时间 G_e(s)
直行	主干路（限速超过60km/h）	10～15
	主干路（限速不超过60km/h）	7～15
	次干路	4～10
	支路	2～10

续上表

相位类型	道路类型	满足驾驶人期望的最小绿灯时间 $G_e(s)$
左转	所有类型	2~5

对于没有行人过街按钮但是有行人过街需求的直行相位而言,最小绿灯时间必须满足行人过街的需求。此情况的最小绿灯时间在必须考虑行人的情况下可使用式(6-2)计算。

$$G_p = W + PCI \tag{6-2}$$

式中:G_p——满足行人过街时间的最小绿灯时间,s;

W——行人过街时间段长度(行人绿灯时间),s;

PCI——行人清空时长,s。

最小绿灯时间也受到检测器位置与信号控制机运行特征的影响。该相位没有停车线检测器,但至少有一个上游检测器时,如果已知检测器的设计参数,并且不使用附加初值参数(Added Initial Parameter),那么最小绿灯时间就需要放空停车线与上游前置检测器之间的排队车辆,这一时间段的长度在表6-3中列出。如果该相位至少有一个上游前置检测器,没有停车线检测器,并且使用了附加初值参数,那么最小绿灯初值等于满足驾驶人期望的最小绿灯时间。

满足排队放空的最小绿灯时间的典型取值 表6-3

停车线与最近上游检测器之间的距离(m)	需要满足排队放空的最小绿灯时间 $G(s)$
0~7.6	5
7.9~15.2	7
15.5~22.9	9
23.2~30.5	11
30.8~38.1	13
38.4~45.7	15

注:1. 表中列出的最小绿灯时间只适用于有至少一个上游前置检测器、没有停车线检测器的情形,同时没有使用附加初值参数。

2. 满足排队清空的最小绿灯时间计算式为 $G_q = 3 + 2n(s)$,其中 n 是同一条车道停车线与最近上游前置检测器之间的车辆数;$n = D_d/7.6$,其中 D_d 为停车线与最近上游前置检测器的下游端边缘线之间的距离(m),7.6 为车辆平均排队长度(m),各个地区间会有差异。

最小绿灯时间的设置还需考虑检测器位置。针对检测器性质和位置的不同,最小绿灯时间的计算可以分为两类,分别针对点检测器和存在性检测器。

点检测器只能提供当前相位收到车辆触发的信号,而无法获得有多少辆车在排队的信息。因此,如果一个点检测器距离停车线为 d 的话,则需要假设这个长度内全部都停有等待红灯的车辆。因此,最小绿灯时间应当能够足以放行在该区域 d 内排队的车辆,计算方法如下:

$$G_{min} = l_s + 2.0 \times \text{Int}\left(\frac{d}{7.6}\right) \tag{6-3}$$

式中:G_{min}——最小绿灯时间,s;

l_s——启动损失时间,s;

d——点检测器到停车线之间的距离,m;

7.6——假设排队车辆的车头间距,m。

在此,取整是指要取近似的下一个整数,实际上是要控制在最小绿灯时间内能够放行排队时正好停在点检测器上的车辆。

若使用存在型检测器,则最小绿灯时间根据绿灯初期检测范围内的初始排队车辆来确定:

$$G_{\min} = l_s + 2n \tag{6-4}$$

式中:l_s——启动损失时间,s;

n——检测区域内的排队车辆数。

该计算方法有一个要求,即检测器的前端需要与停车线距离很近,如 0.5m 以内。如果存在型检测器的前端距离停车线较远,则需要考虑检测器前端与停车线之间的空间有车辆排队的情形。

2)单位绿灯延长时间

单位绿灯延长时间是最小绿灯时间结束前,在一定时间间隔内,测得有后续车辆到达时所延长的绿灯时间。如果在这段时间内没有测得来车,则被判为交通中断,结束绿灯,因此,单位绿灯延长时间也是判断车流是否中断的一个参数。单位绿灯延长时间对于感应信号控制的效率起决定性作用。单位绿灯延长时间设置过短,会使得感应相位的绿灯时间过早中断,未能更好地服务交通需求;如果单位绿灯延长时间设置过长,则会导致绿灯时间的浪费,使得其他相位的交通流延误增加。恰当的单位绿灯延长时间的设定需要考虑如下因素:每条车道的检测器的类型和数量、每个检测区域的位置、检测区域的大小、检测方式(点检测器还是存在型检测器)、进口道速度、分车道检测还是进口道整体检测等。

具体而言,确定单位绿灯延长时间时,应考虑以下几个方面:

(1)单位绿灯延长时间要设置得足够长,以使得密度较高的、以安全的车头时距运行的连续车流能够获得绿灯信号(在达到最大绿灯时间之前),不合理的单位绿灯延长时间(如过小的单位绿灯延长时间)会使得部分排队车辆无法得到绿灯服务而造成延误的不断增加乃至排队溢出。

(2)单位绿灯延长时间需能使车辆从检测器开始驶出停车线,当使用点检测器及其位置离停车线较远时,更需要注意这点。

(3)单位绿灯延长时间的设置长度应尽可能不产生绿灯时间损失。由于只要检测到的车辆间隔短于此绿灯延长时间,则绿灯将维持此相位。为提高车辆通行效率,单位绿灯延长时间应按实际需求定得尽可能短,应使单位绿灯延长时间尽可能只满足实际交通所需的长度,而不应等待不紧跟的车辆通过交叉口。合理的单位绿灯延长时间可以消除为等待少数车辆而浪费的绿灯时间,使绿灯延长时间高效运行,从而提高通行能力、降低延误。

(4)在确定单位绿灯延长时间时,必须注意被检测的车道数。对于多车道而言,由于在一个相位上的所有单个检测器通常都是串联在一起的,因此,信号控制机所接收到的车辆间隔远比实际的车辆间隔要小得多。

根据检测器类型的不同,单位绿灯延长时间的计算方法不同。

对于点检测器,检测器的长度可视为0。由于一辆车通过一个点检测器产生的脉冲只持续 0.1~0.15s。因此,对于点检测器,单位绿灯延长时间等于最大允许车头时距(Maximum Allowable Headway,MAH)。

图 6-4 显示了对于存在型检测器而言不同参数间的关系。关键参数是最大允许车头时距,即为一个车道检测器保持绿灯的最大间隙,如式(6-5)所示:

$$G_0 = \text{MAH} - \frac{L_v + L_d}{s_a} \tag{6-5}$$

式中：G_0——单位绿灯延长时间，s；
$\quad$ MAH——最大允许车头时距，s；
$\quad s_a$——进口道平均车速，m/s，$s_a = 0.88 \times s_{0.85}$，$s_{0.85}$ 为 85% 位车速；
$\quad L_v$——车辆长度，m，默认每车长为 6m；
$\quad L_d$——检测区域长度，m。

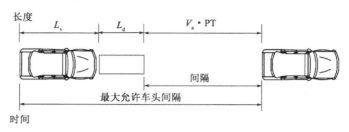

图 6-4 单位绿灯延长时间、间隔、最大允许车头时距之间的关系
V_a-车辆到达速度，km/h；PT-通过检测器时间，s

在图 6-4 中，单位绿灯延长时间是检测器未被占用的时间，此参数会被设置在信号机中以控制信号灯绿灯的切换。因此，一旦最大允许车头时距确定，则单位绿灯延长时间也可以相应地确定。

一般情况下，最大允许车头时距设置为 2.0~4.5s，较大值将产生较大的延误。当不使用间隙递减特性时，一般设置为 3.0s；当使用间隙递减特性时，则设置为 4.0s。

最小单位绿灯延长时间指无论采用哪种检测器，基于检测器的位置（停车线检测器）或者基于检测器的前端与停车线的距离（上游检测器）计算所得的单位绿灯延长时间的最小值，即单位绿灯延长时间必须能够满足一辆车以 15% 位的进口道速度从检测器（或者检测器的前端）行驶到停车线，即

$$G_{0\min} = \frac{d}{s_{0.15}} \tag{6-6}$$

式中：$s_{0.15}$——15% 位的进口道车速，m/s。

停车线检测器对应的单位绿灯延长时间汇总见表 6-4。如果检测器长度可调，则更倾向于采用长一点的检测区域，长一点的检测区域在识别何时能够消空排队方面很有效。

停车线检测器对应的单位绿灯延长时间汇总 表 6-4

最大允许车头时距 (s)	检测器长度 (m)	85% 位车速 (km/h)				
		32.2	40.2	48.3	56.3	64.4
		单位绿灯延长时间*（s）				
3	6.1	1.5	2.0	2.0	2.0	2.5
	12.2	1.0	1.0	1.5	1.5	2.0
	18.3	0.0	0.5	1.0	1.5	1.5
	24.4	0.0	0.0	0.5	1.0	1.0

注：* 用于线圈检测器的单位绿灯延长时间，对于视频检测器采用 0。

对于有左转专用车道的左转交通流,其85%位车速一般是32.2km/h。类似的,对于有右转专用车道的右转交通流,其85%位车速一般也是32.2km/h。

表6-4中的单位绿灯延长时间如存在下述情况需要增加1s:①进口道坡度较大;②大型车辆比例较大;③二者兼而有之。

如果使用视频检测器进行检测,则单位绿灯延长时间应当设置为0,且视频检测的有效检测长度需增加至使得最大许可车头时距为3s。一般而言,使用视频检测器的检测区域长度(单位为m)大概是1.47倍的进口道85%车速(单位为km/h)。

3) 最大绿灯时间

(1) 概述

最大绿灯时间参数表示当冲突相位检测到有车到达时,本方向绿灯信号能显示的最长时间。最大绿灯时间被用来限制其他方向车流的延误,同时将周期长度保持在最大值,也被用来防止持续不断的车流或者损坏的检测器造成过长时间的绿灯。理想情况下一般不会达到最大绿灯时间,因为检测系统会找到间隙来停止该相位。但是如果不断检测到来车,同时至少一个冲突方向也检测到来车,那么最大绿灯时间最终会终止该相位。过大的最大绿灯时间会导致交叉口时间浪费,而该值太小则会导致该相位通行能力无法满足交通需求,从而导致一些车辆在绿灯结束时仍没有被放行。图6-5显示了最大绿灯时间的功能示意图。

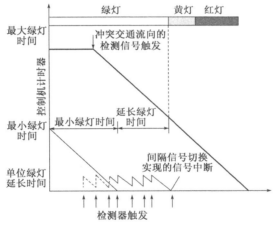

图6-5 最大绿灯时间的功能示意图

需要注意的是,最大绿灯时间是从冲突方向检测到有车辆到达的时刻开始计算,如果交叉口的交通流量较大,使得各个相位的车辆几乎是连续不断地到达,则最大绿灯时间的起始时刻将与绿灯时间的起始时刻相同,信号配时将被限制在最小绿灯时间与最大绿灯时间之间。

大多数新型信号控制机提供至少两个最大绿灯时间参数(MAX1和MAX2),它们根据一天的时间表或是外部输入(如输入的第2个最大绿灯时间值)被激发运行。如图6-5所示,当冲突方向检测到来车时,最长绿灯延长计时器开始计时;如果该相位检测到来车而冲突方向没有来车,则最大绿灯时间计时器会被重置,直到冲突方向检测到来车。通常,如果检测器发生故障,则会处于不断检测到来车的状态,这样的话,该相位在每个周期都会达到最大绿灯时间。

一旦达到最大绿灯时间,绿灯会强制结束,这可能会使得在此时刻后紧接的后续车辆突然遇到黄灯而被迫紧急制动。目前,改进的感应信号控制对最大绿灯时间做了改进,采用可变最大绿灯时间,如果最大绿灯时间末尾的流量超过一个预置的临界值,可使绿灯再延长,此预置临界值可不断提高,直到测得流量小于临界值时,才结束绿灯并转换相位。

许多新型信号控制机提供了延长最大绿灯时间的功能,当连续多次达到最大绿灯时间后,最大绿灯时间会增加至一个给定的峰值(或者从两到三个最大绿灯时间中选择),当该相位在未达到最大绿灯时间前被切断数次后,最大绿灯时间会自动减少到初始值。不同的厂家对于此功能使用方法及参数设置有所差异,该功能也被称为"动态最大绿灯时间"。

合理配置的感应信号控制在运行中不应经常出现最大绿灯时间,除非交叉口饱和度较高。当交叉口饱和度较高而各相位经常出现最大绿灯时间时,感应信号控制机实际上是在按定时信号机运行。此时应根据交通需求,按定时信号确定最佳周期长,而不该按感应信号控制的方式用任意变动的周期长。

（2）最大绿灯时间典型值

最大绿灯时间应该超过放空平均排队的绿灯时间,从而使得该相位能够适应周而复始的交通需求高峰值。如果在中低流量情况下相位频繁因为车头时距超过单位绿灯延长时间被切断,则表示可能是一个可选的最大绿灯时间的设置。表6-5列出了最大绿灯时间的典型取值范围。

最大绿灯时间的典型取值范围　　　表6-5

相位	道路类型	最大绿灯时间(s)
直行	主干路(限速超过60km/h)	50~70
	主干路(限速不超过60km/h)	40~60
	次干路	30~50
	支路	20~40
左转	所有类型	15~30

注:此范围假定了上游前置检测器提供困境区域保护,如果没有这种检测,那么最大绿灯时间范围通常是40~60s。

（3）最大绿灯时间确定方法

最大绿灯时间的确定方法一般有两种。这两种方法都会估算平均流量情况下所需的绿灯时间,然后将此值提高至可以满足周而复始的高峰需求的程度。两种方法都假设上游前置检测器不提供困境区域保护,如果上游前置检测器提供困境区域保护,那么两种方法得到的最大绿灯时间都需要略微增加,以确保控制器可以找到一个"安全"的时间来切断、停止相位。

第一种方法基于85%~95%概率的排队放空,且需要知道周期时长。对于感应控制而言可以使用周期时长适度平均。如果周期时长已知,即可从表6-6中得到此信号相位的最大绿灯时间设定值。

最大绿灯时间(作为周期时长与流量的函数)　　　表6-6

相位	周期时长(s)							
单车道流量 [pcu/(h·ln)]	50	60	70	80	90	100	110	120
	最大绿灯时间 G_{max}(s)							
100	15	15	15	15	15	15	15	15

续上表

相位	周期时长(s)							
单车道流量 [pcu/(h·ln)]	50	60	70	80	90	100	110	120
	最大绿灯时间 $G_{\max}$(s)							
200	15	15	15	15	16	18	19	21
300	15	16	19	21	24	26	29	31
400	18	21	24	28	31	34	38	41
500	22	26	30	34	39	43	47	51
600	26	31	36	41	46	51	56	61
700	30	36	42	48	54	59	65	71
800	34	41	48	54	61	68	74	81

注：*表中列出的数值计算如下：$G_{\max}(v \times C)/(1200n)+1$，其中 v 是该相位的设计小时交通量(pcu/h)，n 是该相位的放行车道数量，C 是周期时长(s)，且计算得到的数值不得小于15s。

表6-6中列举的数值是基于表格下方的公式计算得到的，由于该公式是估算得到的，所以对于表中列出的值，其真实的排队清空率为85%~95%。

第二种方法基于事先确定的等价最佳配时方案，此方法需要根据延误最小化的目标提前确定一套配时方案，然后将最小延误情况下的绿灯时间乘以一个1.25~1.50的放大系数，以此来获得最大绿灯时间的估计值。

针对高饱和度与低饱和度的情况，对于某一个相位的最大绿灯时间计算方法也不同。在低流量情况下，绿灯相位时间很少达到最大值，所以最大绿灯时间可以设置得较高(最多是该相位平均长度的1.7倍)，即可满足大多数情况下到达率的波动；当接近或到达饱和时，需要将最大绿灯时间设置为近似定时控制，可将绿灯时间根据关键车道流量进行分配。

从上述确定最大绿灯时间的方法中可以看出，最大绿灯时间的确定在不同情况下差异较大，最终导致了交叉口周期长度的较大变化。在大多数情况下，最大绿灯时间在一天内被设置为一个值，即不反映一天内不同时间段交叉口交通需求的变化。有时最大绿灯时间设定过长会导致周期过长而影响交叉口的有效运行。

如果已知交通流量，也可以使用下列方法来初步确定最大绿灯时间。

对于主要道路进口道的直行交通流，对应相位的最大绿灯时间可以如下估计：最大绿灯时间的数值(单位为s)等于该相位高峰期流量 v 的1/10且不小于30s，v 为高峰期该相位每车道每小时的流量值，即

$$G_{\max,\text{thru}} = \max\{30, G_{\min,\text{thru}}, 0.1 \times v\} \tag{6-7}$$

对于次要道路进口道的直行交通流相位的最大绿灯时间可以做如下估计：最大绿灯时间的数值(单位为s)等于该相位高峰期流量 v 的1/10且不小于20s，v 为高峰期该相位每车道每小时的流量值，即

$$G_{\max,\text{thru}} = \max\{20, G_{\min,\text{thru}}, 0.1 \times v\} \tag{6-8}$$

对于左转交通流相位的最大绿灯时间可以做如下估计:最大绿灯时间的数值(单位为 s)等于相邻直行相位最大绿灯时间的 1/2 且不小于 15s,即

$$G_{\max,\text{left}} = \max\{15, G_{\min,\text{left}}, 0.5 \times G_{\max,\text{thru}}\} \tag{6-9}$$

最大绿灯时间应当超出最小绿灯时间至少 10s。

4) 黄灯和全红的时间

感应控制的黄灯时间和全红时间与定时控制的黄灯时间和全红时间的计算方法一致,在此不再重复。

5) 临界周期

对于全感应控制而言,临界周期是指所有的感应相位都达到了最大绿灯时间的周期。对于半感应控制而言,临界周期是指支路的感应相位达到最大绿灯时间而主路的相位是最小绿灯时间。

感应相位的最大绿灯时间和非感应相位的最小绿灯时间可通过基于高峰分析期内的平均交通需求由定时控制的配时方法获得。

根据定时信号配时方法计算得到的各相位的绿灯时间能够满足分析小时内最高 15min 的流量需求,但是无法满足 15min 内部分周期的交通需求超过通行能力的情况。为了使得信号控制能够适应周期性波动,在计算得到的绿灯时间的基础上乘以 1.25~1.50 的系数作为感应相位的最大绿灯时间和非感应相位的最小绿灯时间。

因此,临界周期时长就等于感应相位的最大绿灯时间和非感应相位的最小绿灯时间之和再加上黄灯、全红的过渡时间段。

在实际的感应控制中,由于某些实际应用的需要会对前述计算的结果进行调整。尤其是在半感应控制中,当支路(感应相位控制)的交通流量较小时,计算得到的最大绿灯时间可能会小于最小绿灯时间。当然,在全感应控制中这种情况很少出现,但是如果全感应控制中包括保护型左转相位的时候也可能会出现这种情况。在这种情况下,最大绿灯时间就会被设置为最小绿灯时间加上 $2n$,n 为一个绿灯相位内能够被服务的最大车辆数。n 通常为平均每周期服务车辆的 1.5 倍。然而,为了保持各相位之间的均衡,其他相位的最大绿灯时间也会被调整。

6) 行人信号配时

与定时控制类似,感应控制中的行人配时也需要考虑行人安全过街的需要:

$$G_p = 3.2 + 0.27 \times N_{\text{peds}} + \frac{L}{s_p} \tag{6-10}$$

式中:G_p——最小行人绿灯时间,s;

L——人行横道长度,m;

s_p——行人步行速度,m/s,默认值为 1.2m/s;

N_{peds}——每周期人行横道平均过街行人数量,人。

考虑行人安全,如果允许行人在机动车绿灯、黄灯和全红时间内都可以在人行横道上,则

需要：

$$G_p \leq G + Y + \text{AR} \tag{6-11}$$

在感应信号控制的情况下，还需要额外考虑下列因素：①N_{peds}的值随着周期时长的变化而变化。对于感应控制，N_{peds}的值由临界周期时长来确定，实际取值是一个周期内过街行人数量的最大可能值。②由于绿灯时间在不同周期中是不同的，因此，上述公式在$G = G_{\min}$的时候才能够确保行人的安全。

对于定时控制，如果无法确保行人安全过街，可增加周期时长来适应行人绿灯时间需求或者设置行人过街按钮并安装行人过街信号灯。对于感应控制，基于最小绿灯时间确定的行人绿灯时间往往无法保证行人安全过街。在此情况下，在每个周期内增加最小绿灯时间，以为行人提供足够的绿灯时间并不是可行的选择，因为这将降低感应控制的效率。因此，当最小绿灯时间无法为行人提供安全的通行时间时，需要设置行人过街按钮并安装行人过街信号灯。

当设置行人过街按钮并安装行人过街信号灯时，行人信号将停留在"禁止过街"的指示状态。当行人按钮被按下，则下一个绿灯相位的最小绿灯时间将增加为

$$G_{\min,\text{ped}} = 3.2 + 2.7 N_{\text{peds}} + \frac{L}{s_p} - Y - \text{AR} \tag{6-12}$$

$$G_{\min,\text{ped}} = 3.2 + 2.7 N_{\text{peds}} + \frac{L}{s_p} - Y \tag{6-13}$$

$$G_{\min,\text{ped}} = 3.2 + 2.7 N_{\text{peds}} + \frac{L}{s_p} \tag{6-14}$$

上述三式需根据当地政策选择。

显示行人绿灯的时间为

$$\text{WALK} = 3.2 + 2.7 N_{\text{peds}} \tag{6-15}$$

行人清场时间（行人绿闪时间）为

$$G_{\text{flashing}} = \frac{L}{s_p} \tag{6-16}$$

6.3　日本的单点感应信号控制实践

日本道路交叉口的感应控制模式主要有两类：一是交通管控中心（包括副中心等）的中央控制模式，负责对大范围整体路网进行宏观控制；二是布设在路口的终端交通感应信号机，对交叉口周边的随机事件实施微观控制。中央与终端结合的设计能合理分配机能，实现相互之间的特征互补，从而达到最优的信号控制。表6-7简要整理了终端感应控制的各种功能。日本各种功能的终端感应控制的详细介绍可参见二维码，其中包括各种类型的控制方式、检测器设置、注意事项等。

日本的单点感应控制方式

日本终端感应控制概览

表6-7

控制机能	控制目的	控制方式	适用的交叉口	适用交通状态	感应位置	感应信息	动作间隔
间歇感应控制	在防止右转车辆溢流时,防止直行车辆拥堵,消除右转箭头信号的无用绿灯时间	在没有右车辆时,达到设定值(单位绿灯时间)时,切断绿灯信号	过饱和状态右转需求大的交叉口	平时	30~40m 右转车道	检测到车辆	0.1s (注)
困境感应控制	减少黄灯信号后的追尾事故以及车辆碰撞的危险性	困境区域及决策区域不存在车辆时切断绿灯信号	事故多发的交叉口	非饱和时	150m 所有车道	检测到车辆速度	0.1s
高速车辆感应控制	抑制高速行驶,减少因超速而产生的事故	检测到高速之停车辆的,应用红灯使之停车,缩短红灯绿灯时间或延长红灯信号	高速行驶车辆多的交叉口	交通量低时	400~600m 所有车道	速度	1s
公交感应控制	对于作为公共车辆等待信号的公交车,减少其等待信号时间,使其优先通行	感应到其公交车的时候,为了减少其等待车辆时间,延长绿灯时间,缩短红灯信号时间	公交车数量多的交叉口	平时	100~150m 公交车道	检测到公交	0.1s (注)
列车感应控制	对于接近铁路道口的列车口,确保在主道路通过过程中的道路交通安全	列车接近铁路道口的相应,车辆通过铁路道口的,赋予次路通行权,列车通过后,恢复正常行信号方案	接近铁路道口的交叉口	平时	—	检测到列车	1s
简易半感应控制	仅在次路有交通需求时赋予其通行权,使主道路车辆不必要的停车	通常赋予主路通行权,感应到次路行人及车辆时,赋予次路通行权	次路无交通需求的周期增多的交叉口	交通量低时	3~5m 次路	检测到车辆按压行人按钮	—
行人感应控制	当次路行无人时,缩短行人绿灯时间,缩短主路交通的等待时间	检测到行人时,缩短行人绿灯时间的等待时间	次路车辆很少,没有行人的周期增多的交叉口	交通量低时	人行横道前	检测到行人	—
行动不便人群的感应控制	为行动不便人群过街必要的延长人行绿灯时间,确保过街安全	感应到行动不便人群过街时,延长行人绿灯时间,候,延长行人绿灯时间	行动不便人群过街需求较多的交叉口	平时	人行横道前	检测到行动不便使用的按钮	—

6.4 美国的交通感应信号控制

美国的大多数交通信号控制采用了感应信号控制的方式,其信号控制交叉口通行能力的计算及平均相位时长的计算有一套成熟的方法。美国的各类标准中也对感应信号控制的方法进行了介绍,其中较为权威、完善和详尽的是美国道路通行能力手册介绍的内容。二维码内容为 2016 版《道路通行能力手册》中对美国交通感应信号控制方法优化过程的介绍,读者可根据需要自行参阅。

美国的单点感应控制计算方法

【习题与思考题】

1. 感应信号控制的原理是什么?
2. 感应控制中某相位绿灯在什么情况下结束?
3. 某交叉口四个方向均在停车线前 54m 处设置检测器,车辆运行速度为 56km/h,假设车辆启动时间为 4s,启动损失 3s,黄灯时间 3s,行人过街距离 16.5m,步行速度为 1.2m/s。试分析图 6-6 中全感应控制的主要参数。

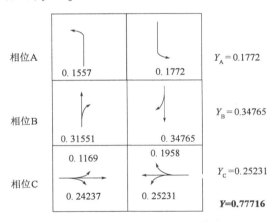

图 6-6 某交叉口各相位的运行状态

第 7 章
交通信号协调控制

7.1 交通信号协调控制基本理论

7.1.1 交通信号协调控制的定义及基本参数

交通信号协调
控制概述

城市路网中相邻的交叉口往往相互关联、相互影响,只关注某个交叉口的交通信号控制无法解决整个路网的交通问题。为使车辆减少在各个交叉口的延误时间、停车次数等,交通工程师常对交通关联度较高的交叉口进行协调控制。

最初的交通信号协调控制针对的是交通干道,其对应的交通信号协调控制系统称为干线交通信号协调控制系统(简称线控系统)。随后,交通信号协调控制的范围逐步扩展到整个道路网络,其交通信号控制系统便可称为区域信号控制,简称为面控系统。线控系统和面控系统均是交通信号协调控制,但面控系统的对象范围更大,优化难度也更高。

交通信号协调控制有三个基本参数,分别为公共周期时长、绿信比和相位差。此外,相序对交通信号协调控制的效果也有很大影响,在配时优化过程中应加以关注。公共周期时长与绿信比两个基本参数同单点信号控制中的确定方法稍有不同,下面主要介绍它们在交通信号协调控制中特别需要注意的地方。

1) 公共周期时长

在交通信号协调控制系统中,为使各交叉口的交通信号控制方案能保持良好的协调状态,各交叉口的周期时长一般需要相等,此周期时长被称为公共周期时长。因此,需在被协调控制的交叉口中,根据系统中各交叉口的渠化及交通流向、流量识别出影响系统交通信号协调控制效果的最关键交叉口,再按照单点定时信号配时方法计算其最优周期时长,并将其作为此协调控制系统的公共周期时长,其他交叉口均需采用此周期时长进行控制。

在实际的控制系统中,存在一些交通量较小的交叉口,其周期时长选为公共周期时长的一半效果更好时,可采用双周期控制。实施双周期交叉口主要是为了减少延误时间(尤其是次要街道),但同时,由于双周期交叉口的周期时长仅为公共周期时长的一半,车队常常在这样的交叉口被截断成两部分,可能破坏绿波效果。另外,也可使用整倍数周期的方式实现协调,如120s和90s(4∶3)。

2) 绿信比

在交通信号协调控制系统中,各个信号的绿信比根据各交叉口各方向的交通流量比来确定,因此,各交叉口的绿信比不一定相同,但在优化交通信号协调控制方案时可为增加绿波带宽度等目的对绿信比进行调整。

3) 相位差

相位差(参考3.1.2节)是交通信号协调控制中特有的信号控制参数,会在很大程度上影响交通信号协调控制的效果。交通信号协调控制的常用目标为减少延误和停车次数,但因交通流状态多变,求解延误和停车次数最小时的相位差非常困难,因此,相位差设定时常使用带宽最大化的方法。

绿波带指在时空图描述车辆行驶轨迹时,车辆能完全以绿灯信号通过所有信号交叉口的时间段。绿波带越宽,直觉上就会感觉"容易通过",因此,绿波带带宽也被用于评价系统运行效率。综上所述,使绿波带带宽对应周期时长的比例最大化是优化相位差的最初思路。

但由于绿波带带宽和交通流的延误与停车次数没有直接联系,现在广泛认为绿波带的带宽不一定是评价系统控制效率的合适标准。交通仿真的方法也可用于优化相位差设计,在实际应用过程中,一般是利用仿真生成一个初始方案,然后对比仿真交通流延误和停车次数的变化状态,选择适当的相位差。当确定推荐交通信号协调配时方案后,再根据现场实际运行效果进行微调,最终实现主干道停车和延误最佳。需要注意的是,协调配时方案应保证非主街相位尽量不能出现饱和。

7.1.2 交通信号协调控制中的时空图

时空图是一种帮助交通工程师分析协调控制策略和修改交通信号配时方案的可视化工具,其可以展示交叉口间距、信号配时和车辆轨迹之间的关系。本节以北美的环-栅式相位结构为例来说明时空图的绘制和分析方法。对于采用相位阶段式相位结构的配时方案,也可按同样的准则进行绘制。

交通信号协调控制和时空图

时空图一般把交通信号配时绘制在横轴,把协同控制的各交叉口间的间距绘制在纵轴。信号配时方案的两个控制环分别位于平行于横轴的道路中线的上下方,各个相位的位置仅绘制协调控制相位在此相位时显示的灯色。图中轨迹线的斜率表示交通干线的运行车速,曲线的二阶导数为加速度。通过带的宽度表示绿波带内可供车辆行驶的时间间隔,在此时段内行驶的车辆将在到达下游交叉口时遇到绿灯。当时空图与特定交通信号配时优化软件一起使用时,还可以用于车流运行性能的度量(Measure of Effectiveness,MOE),如停车时间、绿灯到达率和排队长度等。

时空图需按比例绘制,以便在分析车辆行驶过程时保持时间和距离之间的准确关系。如图7-1中,利用时空图显示了三个交叉口组成的路网中车辆的运行状态。假设所分析道路是一条南北方向的道路,相位2和相位6是协调控制相位。采用协调控制道路的信号配时方案被绘制在横轴,其中绿黄红分别代表对应相位的绿灯、黄灯或红灯。暗红色表示全红时间,亮红色表示其他不协调的相位正处于绿灯、黄灯和全红相位(在本例中为相位4和相位8,也就是协调控制的道路正显示红灯)。图中的斜线表示车流行驶的轨迹线,所有由北向南的车流均按上侧控制环方格的上方顶点算经过交叉口中线的时间,而由南向北的车流则以下侧控制环方格的下侧顶点处为参照点。

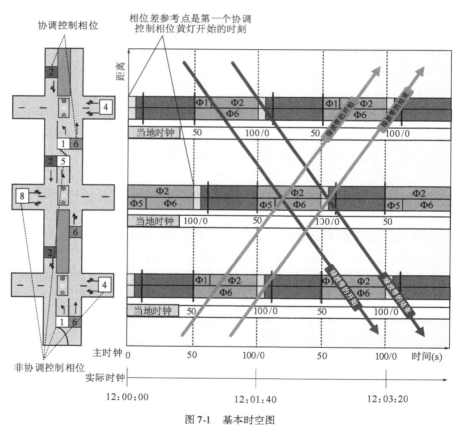

图7-1 基本时空图

时空图上也应同时表示协调控制道路的左转相位的配时信息。如图7-2所示,左转相位会按照实际交通信号配时方案的相序标注在对应的控制环中。受保护的左转相位用阴影表示,最北端的交叉口相位1左转方向与相位6向北行驶的直行方向可同时放行。因为南行的相位2通过车辆的轨迹会在相反的方向。当显示相位1时,向南行驶的车流将不能通过该交叉口。当两个受保护的左转阶段同时出现时(如图7-2中最南端的交叉口),只能放行南北进口的左转车流,其他方向车流均不可通行。左转相位对相位差的具体设计可参见7.3.3节。

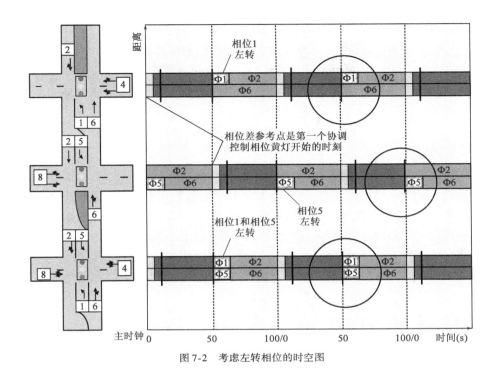

图 7-2 考虑左转相位的时空图

7.2 干道协调控制的类型

由于城市各交叉口之间距离不等和双向行驶等,只有在特定的交通条件下,才可能实现理想的干道协调控制。根据交通信号控制的原理,干线协调控制可分为定时式干道协调控制和感应式干道协调控制,其中定时式干道协调控制又可分为单向干道协调控制和双向干道协调控制。

交通信号协调控制的运行机制

7.2.1 定时式单向干道协调控制

定时式单向干道协调控制是指以单方向交通流为优化对象的线控方式。单向干道协调控制常用于单向交通、变向交通或两个方向交通量相差悬殊的道路,因其只需顾及单方向的交通信号协调,所以相位差很容易确定。相邻交叉口的相位差可按式(7-1)确定:

$$O_f = \frac{s}{v} \tag{7-1}$$

式中:O_f——相邻交叉口的相位差,s;
s——相邻交叉口停车线间的距离,m;
v——线控系统中车辆可连续通行的车速,m/s。

7.2.2 定时式双向干道协调控制

定时式双向干道协调控制按控制方式可分为同步式干道协调控制、交互式干道协调控制、续进式干道协调控制和整体优化的干道协调控制。

1) 同步式干道协调控制

在同步式干道协调控制中,连接在一个系统中的全部信号在同一时刻对干道协调相位车流显示相同的灯色。当车辆在相邻交叉口间的行驶时间等于信号周期时长的整数倍时,即相邻交叉口的间距符合式(7-2)时,这些交叉口正好可以组成同步式干道协调控制,车辆可连续地通过相邻交叉口。

$$s = nvC \tag{7-2}$$

式中:n——正整数;

C——信号交叉口周期时长,s。

当相邻交叉口间距相当短,而且沿干道方向的交通量远大于相交道路的交通量时,可把相邻的交叉口看成一个交叉口,绿灯启亮时刻也相同,组成一个同步式协调控制系统,改善干道的车辆通行;或者当干道流量特别大,高峰小时交通量接近通行能力,下游交叉口红灯车辆排队有可能延长到上游交叉口时,将这些交叉口组成同步式协调系统,可避免多米诺现象的发生。当然,这种系统本身在使用条件上也有很大的局限性,而且由于前方信号显示均为绿灯,驾驶人常常加速赶绿灯信号,降低了交通安全性。

2) 交互式干道协调控制

交互式干道协调控制系统与同步式干道协调控制系统恰好相反,即在交互式干道协调控制系统中,连接在一个系统中的相邻交叉口干道协调相位的信号灯在同一时刻显示相反的灯色。当车辆在相邻交叉口间的行驶时间等于信号周期时长一半的奇数倍时,即相邻交叉口的间距符合式(7-3)时,采用交互式干道协调控制。

$$s = \frac{mvC}{2} \tag{7-3}$$

式中:m——奇数。

3) 续进式干道协调控制

在续进式干道协调控制系统中,根据道路上的要求车速与交叉口的间距,确定合适的相位差,用以协调干道各相邻交叉口绿灯的启亮时刻,使在上游交叉口绿灯启亮后驶出的车辆以适当的车速行驶,可正好在下游交叉口绿灯期间到达,如此,进入该控制系统的车辆可连续通过若干个交叉口。

续进式干道协调控制可分为简单续进式干道协调控制系统和多方案续进式干道协调控制系统。简单续进式干道协调控制系统只使用一个公共周期时长和一套配时方案,使得沿干道行驶的车队可在各交叉口间以设计车速连续通行。该系统存在一些弊端,如在为干道信号系统确定配时方案时,往往会遇到交通流变化的问题,一个给定的配时方案只能适应特定的交通条件,当这些条件发生变化时,此配时方案就不再适用。多方案续进式干道协调控制系统是简单续进式干道协调控制系统的改进系统,可对应不同的交通条件给出不同的协调方案,以适应交通流的变化。

4) 整体优化的干道协调控制

目前,干线协调控制方法主要有最小延误法和最大绿波带法。与最小延误法相比,最大绿波带法所需的条件较少,可以更加直观地反映出协调控制效果,应用较广泛。绿波带宽最大化算法一般基于混合整数线性规划模型实现,应用最广泛的模型包括MAXBAND模型(Maximum

Bandwidth Traffic Signal Setting Optimization Program)和 MULTIBAND 模型(Variable-Bandwidth Progression Optimization Program)。

MAXBAND 模型或 MULTIBAND 模型都是以干道上各交叉口采用同一个信号周期(公共信号周期)为前提的。MAXBAND 模型是一种混合整数线性规划模型,其以双向带宽最大为优化目标,以信号周期、行驶速度、相位相序、相位差等为决策变量,用来求解绿波信号协调问题。MAXBAND 模型在不同路段之间生成的带宽是相同的,但实际情况下,不同路段的交通流量与饱和流量是不相同的,因此,针对 MAXBAND 模型存在的局限,可变绿波带宽模型——MULTIBAND 模型被提出,该模型能够在不同路段之间生成不同的绿波带宽。关于 MAXBAND 模型和 MULTIBAND 模型的具体介绍见 7.3.1 节。

7.2.3 感应式干道协调控制

在干道上交通量相当小的情况下,为确保干道少量车辆的连续通行而维持线控系统时所产生的总延误很可能比不采用协调控制还大。为避免这一问题,在线控系统中使用感应式信号控制机,配合车辆检测器,通过相位召回(Recall)等设置方式,可实现主路绿灯常亮,在次路有车辆请求时则切换绿灯相位至次路的交通控制方式。虽然此方案相当于未按协调控制方案运行,但能极大地提升主路的通行效率,也不影响次路的通行。在此模式下运行的交通信号控制系统本质上是未进行协调的感应控制。

在正常交通需求下的交通信号协调控制中,如果也采用感应控制技术,则必须解决公共周期时长的问题。因感应控制在美国应用较为广泛和成熟,所以应用 NEMA 相位形式来对感应协调控制进行说明。感应控制是一种基于规则的交通控制,每个周期的时长并不一定相同,这就无法满足交通信号协调控制对所有交叉口周期时长必须相等的要求,此时需增加强制退出点(Force-off)来保持相位的绿信比,从而保持上下游交叉口的协调控制关系。

强制退出点指一个周期中某非协调控制相位必须停止的时间点,无论此时此相位是否还有持续到达的请求。通过设置强制退出点,可保证协调控制相位在规定的时间点之前启亮。如图 7-3 所示,相位 4 和相位 8 虽然有持续的请求,但也不会为这些相位继续延长时间。但若相位 4 和相位 8 没有对应的请求,其会提前结束,从而转至相位 1、相位 2 和相位 6。多数现代交通信号机是通过预设的时间点或周期时长的经过比例来计算强制退出点的。需要注意的是,强制退出点的优先级低于清空时间和最小绿灯时间,即必须优先满足最小绿灯时间和清空时间的要求后,才可启用强制退出点。如果出现此情况,除非下个非协调控制相位可提供额外的绿灯时间给协调控制相位,信号机均需重新通过相位迁移(Phase Transmission)返回之前的协调控制方案。

强制退出点有浮动强制退出点(Floating Force-offs)和固定强制退出点(Fixed Force-offs)两种,其决定了非协调控制相位相对于预分配绿灯时间而得出的未使用的绿灯时间是如何被分配到后续的相位中去的。浮动强制退出点限制了一个相位所预分配的时间。如果一个非协调控制相位存在未使用的绿灯时间,接下来的非协调控制相位均不能使用这些绿灯时间,所有未使用的绿灯时间均将分配至协调控制相位。在固定强制退出点模式中,只是确定了一个周期中某个相位必须结束的时间点,如果前序未协调控制相位有未使用的绿灯时间,那接下来的非协调控制相位可在超过自身分配绿灯时间的基础上继续使用前序相位未使用的绿灯时间,但最多只能至固定强制退出点处,也就是无论有多少需求,所有未协调控制相位均必须在其固定强制退出点处结束,后续的非协调控制相位可使用前序相位的未使用绿灯时间。两种强制退出点的比较可参见图 7-4。

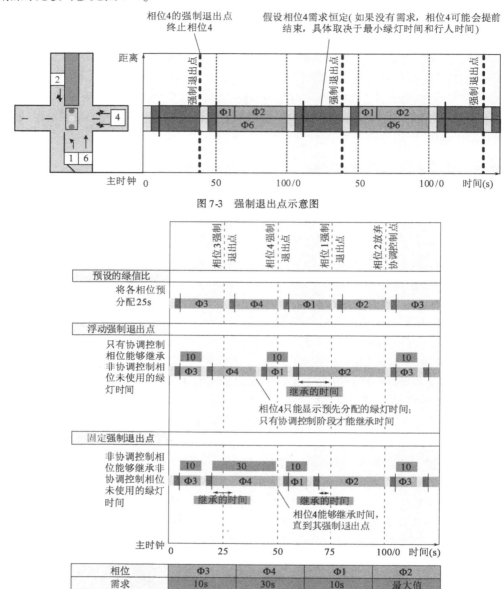

图 7-3 强制退出点示意图

图 7-4 浮动强制退出点和固定强制退出点对比图

图 7-4 应用了以相位 2 为协调控制相位的单环交通信号控制为例说明两种强制退出点的不同。图最上方一行表明所有的相位均有足够的需求,这样非协调控制相位(相位 1、相位 3、相位 4)均应在强制退出点结束,而协调控制相位(相位 2)可在放弃协调控制点(Yield Points)结束,此时所有的 4 个相位绿灯时间均为 25s(含黄灯和全红)。因在感应协调控制中,协调控制相位会有比较高的权限,所以需要设置许可退出协调控制模式(Permissive),在此情况下才可放弃协调控制点提前结束协调控制相位。

若相位 3 和相位 1 均存在未使用的绿灯时间,则两种强制退出模式会产生不同的结果。

在浮动强制退出模式下，虽然相位 4 还有额外的交通需求，但其最多只能显示其预设的时间长度，即相位 4 最多只能显示 25s（含一次黄灯和全红），相位 1 和相位 3 未使用的绿灯时间均会分配至协调控制相位 2。在固定强制退出模式下，因相位 4 有持续的需求，其可以继承相位 3 未使用的绿灯时间，从而使其实际显示的绿灯时长达到 30s，此时相位 2 只能继承相位 1 中未使用的绿灯时间。

许可退出协调控制时段指的是允许交通信号控制机结束协调控制相位而服务其他未协调控制相位的时间窗，也就是其定义了非协调控制相位在每个控制环中最早和最晚能开始的时间。当许可退出协调控制模式被激活后，交通信号机会按相序服务第一个有需求的未协调控制相位，此时如果前面有未协调控制相位没有需求，其将会被跳过。一旦协调控制相位被提前退出，所有后续有需求的非协调控制相位都将被服务，许可退出协调控制在本周期内也不会再被激活。许可退出协调控制模式主要会受到行人控制和许可退出协调控制的类型影响。

需要注意的是，许可退出协调控制的时段一般不能在交通信号机中定义，大多数信号机会基于实际交通状态自动计算许可退出协调控制的时段并选取其最大值。尽管许可退出协调控制不能通过信号机定义，其仍可分为同步式（Simultaneous）和次序式两种（Sequential）。同步式在许可退出协调控制时段后同步开始下一个周期的许可退出协调控制的时段。次序式则只有在一个许可退出协调控制时段退出后才可开始下一个许可退出协调控制时段。同步式的优点在于如果相位次序是相位 1、相位 2、相位 3、相位 4，在相位 4 没有需求时可直接跳过相位 4，进入下个周期的相位 1。

放弃协调控制点是许可退出协调控制时段的开始点，其决定了可退出协调控制相位，而服务非协调控制相位的最早时间。放弃协调控制点在每个控制环的协调控制相位都存在。除去用于决定终止协调控制相位的时间，其还可用于切换一天中的各个交通信号配时方案。

感应协调控制中另一个重要的参数是相位差参考点（Offsets Reference Point）。相位差参考点通过定义协调控制周期的开始时间点（相对于主时钟）来确定协调控制中各交叉口时间关系结构，其在定时交通信号控制中也可应用。相位差参考点可在一个周期中的多个时间点选择，假设相位 2 和相位 6 为协调控制相位，可能的相位参考点如图 7-5 所示。

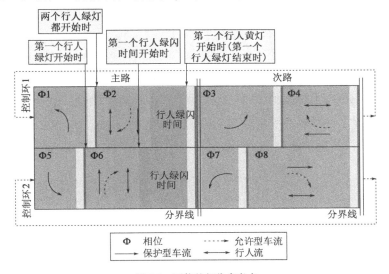

图 7-5　可能的相位参考点

现代交通信号机中一般可采用以下时间点作为相位差参考点：
(1) 第一个协调控制相位绿灯时间开始的时刻；
(2) 两个协调控制相位（双环结构）绿灯时间开始的时刻；
(3) 第一个协调控制相位行人绿闪时间（FDW）开始的时刻；
(4) 第一个协调控制相位黄灯时间开始的时刻（该相位绿灯结束的时刻）。

相位差参考点在采用不同的相位设计方案时会变得很重要，如协调相位的时间长度不同或左转的相序不同等。例如，因为相位差参考点被认为是周期的开始，如果相位差参考点是第一个协调控制相位黄灯时间开始的时刻，则所有前序未使用的绿灯时间都将分配至本周期的协调相位上，而如果相位差参考点是第一个协调控制相位绿灯时间开始的时刻，这些绿灯时间相当于被分配到了下个周期的绿灯时间。虽然不同的相位差参考点可以相互计算，但在一个系统中使用多个相位差参考点时会导致不好的结果。因为第一个协调控制相位黄灯时间开始的时刻这类相位差参考点的理解会比较简单，所以北美一般采用这种方式作为相位参考点，而在欧洲一些国家，如德国，则采用第一个协调控制相位绿灯时间开始的时刻作为相位差参考点。

7.3 干道信号协调控制的配时设计

7.3.1 定时式干线协调控制的关键步骤

线控配时所需的数据包括干道资料、干线交通状况、干线交叉口的相位相序安排等。道路资料包括整个控制区范围内的路网结构的详细调查数据，含交叉口数目、交叉口之间的距离（通常计算上下游两条停车线间的距离）、车道划分及每条车道的宽度、路口渠化情况等。干线交通状况包括各交叉口的每一进口方向车辆到达率、转弯车流的流量及流向、每条进口道的饱和流量、行人过街交通量、路段上车辆的行驶速度、车辆延误时间及交通量波动情况、干道上交通管理规则（限速、限制转弯、是否限制停车等）。

线控配时的步骤包括计算线控系统的公共周期时长、计算线控系统中各交叉口的绿灯时间、计算相位差等，具体计算过程如下。

1) 计算线控系统的公共周期时长

分别根据干道交叉口的各自交通信息，利用单点配时方法确定各交叉口的周期时长，选其中最大者作为公共周期时长，即

$$C_m = \max\{C_1, C_2, \cdots, C_j, \cdots\} \tag{7-4}$$

式中：C_m——线控系统公共周期时长；

C_j——线控系统中交叉口 j 的周期时长。

2) 计算线控系统中各交叉口的绿灯时间

干道协调控制下，计算绿信比时，关键交叉口绿信比的计算方法与单点优化绿信比的计算

方法相同,非关键交叉口的算法不同,要根据关键交叉口进行调整,具体步骤如下:

(1)确定关键交叉口协调控制相位最小绿灯时间

各交叉口协调控制相位所必须保持的最小绿灯时间就是关键交叉口协调相位的绿灯显示时间,t_{EGm}为取整后所得:

$$t_{EGm} = (C_m - L_m) \cdot \frac{y_m}{Y_m} \tag{7-5}$$

式中:t_{EGm}——关键交叉口协调控制相位的最小绿灯时间;

C_m——公共周期时长;

L_m——关键交叉口总损失时间;

y_m——关键交叉口协调控制相位关键流向的流量比;

Y_m——关键交叉口各相位关键流向流量比之和。

(2)确定非关键交叉口非协调控制相位最小有效绿灯时间

非关键交叉口非协调控制相位交通饱和度在满足实用限值x_p(一般取$x_p = 0.9$)时,存在等式$C_m \cdot q_n = S_n \cdot t_{EGn} \cdot x_p$所示的关系,则非关键交叉口非协调相位最小有效绿灯时间的实用值为

$$t_{EGn} = \frac{C_m \cdot q_n}{S_n \cdot x_p} = \frac{C_m \cdot y_n}{x_p} \tag{7-6}$$

式中:t_{EGn}——第n个非关键交叉口非协调控制相位的最小有效绿灯时间;

C_m——公共周期时长;

q_n——第n个非关键交叉口非协调控制相位关键车流的流量;

S_n——第n个非关键交叉口非协调控制相位关键车道的饱和流量;

x_p——非关键交叉口非协调相位的实用饱和度值;

y_n——第n个非关键交叉口非协调控制相位关键车流的流量比,$y_n = \frac{q_n}{S_n}$。

(3)确定非关键交叉口协调相位的有效绿灯时间

干道协调控制子区内的非关键交叉口的周期时长应采用子区的公共周期,其协调控制相位的绿灯时间不应短于关键交叉口协调控制相位的绿灯时间。为满足此要求,非协调控制相位的最小有效绿灯时间按式(7-6)确定后,盈余有效绿灯时间全部调给协调控制相位,以便形成最大绿波带。

非关键交叉口协调控制相位的有效绿灯时间可按式(7-7)计算得到:

$$t_{EG} = C_m - L - \sum_{n=1}^{k} t_{EGn} \tag{7-7}$$

式中:t_{EG}——非关键交叉口协调控制相位的有效绿灯时间;

C_m——线控系统的公共周期时长;

L——非关键交叉口总损失时间;

t_{EGn}——第n个非关键交叉口非协调控制相位的最小有效绿灯时间;

k——非关键交叉口非协调相位的相位总数。

　　(4)计算各交叉口各相位的绿灯时间

　　通过以上三个步骤已经求出了各交叉口各相位的有效绿灯时间,随后可按照5.3.9节中的公式求出各相位的绿灯时间。

　　3)计算相位差

　　相位差是进行干道协调控制的关键技术,它直接影响系统的控制效果。相位差优化通常采用的两种方法是:最大绿波带法和最小延误法。以最大绿波带为目标的相位差优化方法主要有图解法和数解法。

　　(1)图解法

　　图解法是确定线控系统相位差的一种传统方法,其基本思路是:通过几何作图的方法,利用反映车流运动的时空图初步建立交互式或同步式协调系统。然后对通过带速度和周期时长进行反复调整,从而确定相位差,最终获得一条理想的绿波带,即通过带。图7-6给出了应用图解法优化未设置左转相位的简化相位差优化示例。

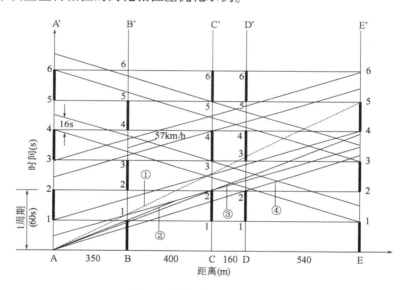

图7-6　相位差优化图解法示例

　　(2)数解法

　　数解法是确定线控系统相位差的另一种方法,它通过寻找使得系统中各实际信号位置距理想信号位置的最大偏移量最小来获得最优相位差控制方案。基本计算思路是相位差应等于两交叉口间的距离同指定带速的比值,再优化双向带宽。基于数解法的干道协调控制相位差优化流程图可参见图7-7。

　　(3)相位差优化算法

　　相位差优化的常见算法有MAXBAND系列模型和MULTIBAND系列模型。MAXBAND模型最早由John Little、Mark Kelson和Nathan Gartner于1981年提出,是以绿波带带宽最大为目标的相位差优化算法。Edmond Chang、Stephen Cohen、Charles Liu和Nadeem Chaudhary在MAXBAND的基础上建立了MAXBAND-86模型,考虑了左转的相序。Nathan Gartner、Susan

Assmann，Fernando Lasaga 和 Dennis Hou 于 1990 年进一步提出了 MULTIBAND 模型，其绿波带宽和带速可以变化。Chronis Stamatiadis 和 Nathan Gartner 提出的 MULTIBAND-96 模型则考虑了网络状态下的相位差优化，下面对以上模型进行简要介绍。

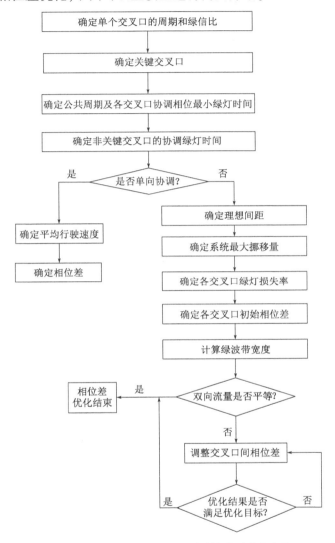

图 7-7　基于数解法的干道协调控制相位差优化流程

①MAXBAND 模型。MAXBAND 模型的特点有：a. 从给定范围自动选择周期时间；b. 允许设计速度在给定误差范围内变化；c. 从指定集合中选择左转相位的提前或滞后模式；d. 允许有在红灯时间内累积的排队消散时间；e. 接受使用者指定每个方向绿波带的权重。此模型可以通过信号周期、相位差、速度和左转相位的顺序来得到最大绿波带宽的加权组合。

图 7-8 为计算 MAXBAND 模型对应的时空图，MAXBAND 模型以及参数定义如下。由式(7-8)可知，MAXBAND 为一个数学规划模型，选用相应的求解器求解即可得到符合其设置条件的相位差等控制参数值。

$$\max \quad b$$

$$\text{s.t.} \begin{cases} \bar{b} = b \\ w_i + b \leq 1 - r_i \\ \bar{w}_i + \bar{b} \leq 1 - \bar{r}_i \\ (w_i + \bar{w}_i) - (w_{i+1} + \bar{w}_{i+1}) + (t_i + \bar{t}_i) + \Delta_i - \Delta_{i+1} \\ \quad = -(1/2)(r_i + \bar{r}_i) + (1/2)(r_{i+1} + \bar{r}_{i+1}) + (\bar{\tau}_i + \tau_{i+1}) + m_i \quad (i = 1, \cdots, n-1) \\ m_i \text{ 为整数} \\ b, \bar{b}, w_i, \bar{w}_i \geq 0 \quad (i = 1, \cdots, n) \end{cases}$$

(7-8)

式中： $b(\bar{b})$——上行(下行)方向的绿波带宽；

S_i——第 i 个交叉口；

$r_i(\bar{r}_i)$——交叉口 S_i 上行(下行)方向的红灯时间；

$w_i(\bar{w}_i)$——上行(下行)方向绿波带左(右)侧边缘至交叉口 S_i 相近红灯右(左)侧边缘的时间；

$t(h,i)[\bar{t}(h,i)]$——上行(下行)方向车队从交叉口 S_h(交叉口 S_i)到交叉口 S_i(交叉口 S_h)的行驶时间；

$\phi(h,i)[\bar{\phi}(h,i)]$——上行(下行)方向交叉口 S_h(交叉口 S_i)红灯中心时刻点至交叉口 S_i(交叉口 S_h)红灯中心时刻点的时间；

Δ_i——交叉口 S_i 下行方向红灯中点至其相近上行方向红灯中点的时间；

$\tau_i(\bar{\tau}_i)$——排队消散时间。

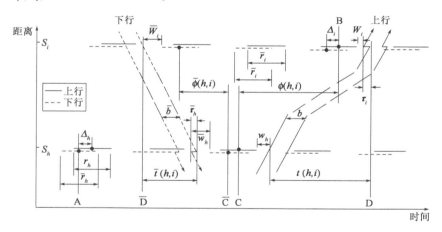

图 7-8 计算 MAXBAND 模型对应的时空图

②MAXBAND-86 模型。MAXBAND-86 模型由一个主程序和 INPUT、MATGEN、MPCODE、OUTPUT 等四个主要子模块组成，主程序控制这些子模块的执行。INPUT 模块控制数据读取、进行错误检查和执行计算，包括利用使用者给出的权重来获得绿波带宽比和目标函数系数。MATGEN 模块将问题转化为混合整数线性程序，并将公式写为文件。此时，模块 MPCODE 读取由模块 MATGEN 编写的文件，并开始优化。在 MPCODE 模块结束时，程序转移到 OUTPUT 模块，该模块完成最终解决报告。MAXBAND-86 模型与最初的 MAXBAND 模型的整体结构是

一样的。对于子模块,MPCODE 模块是唯一一个没有实质性修改的模块。其他模块的变化在程度和特征上各不相同。这些变化包括变量维度的扩展、新变量的添加、新子程序的添加以及子程序的修改,从而处理更一般的问题。一个主要的补充是子程序 LGEN 及其支持的子程序。它们的目的是识别独立的循环集合,并以 MATGEN 模块来编写和存储关于循环集合的信息。以下为模型的目标函数:

$$\max \sum_{i=1}^{n} c_i b_i + \bar{c}_i \bar{b}_i \tag{7-9}$$

式中:n——路网中干线交叉口的数量;

$c_i(\bar{c}_i)$——上行(下行)方向第 i 个交叉口的目标函数权重;

$b_i(\bar{b}_i)$——上行(下行)方向第 i 个交叉口的绿波带宽度。

③MULTIBAND 模型。MULTIBAND 模型是在 MAXBAND 模型的基础上改进而来的,其允许不同路段、不同带宽,以满足信号控制实时性的要求。图 7-9 为 MULTIBAND 模型对应的时空图和目标函数。MULTIBAND 模型对应的数学规划模型如式(7-10)所示。

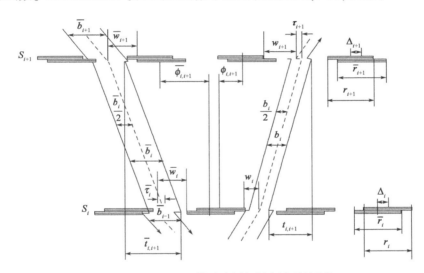

图 7-9　MULTIBAND 模型对应的时空图和目标函数

$b_i(\bar{b}_i)$-交叉口 $i(1,2,\cdots,n)$ 与 $i+1$ 之间上行(下行)方向绿波带宽度;$r_i(\bar{r}_i)$-交叉口 i 上行(下行)红灯时长;$w_i(\bar{w}_i)$-干扰变量,表示上行(下行)交叉口 i 处红灯结束(开始)时刻到绿波带中心线的时间;$\tau_i(\bar{\tau}_i)$-交叉口 i 上行(下行)排队清空时间,用来清空红灯期间主路上的排队车辆;$\phi_{i,i+1}(\bar{\phi}_{i,i+1})$-上行(下行)交叉口 i 与 $i+1$ 之间的相对相位差,指交叉口 i 上行(下行)方向红灯中点到最近的交叉口 $i+1$ 上行(下行)红灯中点的时间,若交叉口 $i+1$ 红灯时间在交叉口 i 红灯时间的右侧(左侧),则值为正,否则为负;Δ_i-红灯时长 r_i 中心到最近的 $\bar{r}_i$ 中心的距离,当 r_i 中心在 $\bar{r}_i$ 右侧时,取值为正;$t_i(\bar{t}_i)$-交叉口 i 到 $i+1$($i+1$ 到 i)的行程时间;m-整数变量

$$\max B = \frac{1}{n-1} \sum_{i=1}^{n-1} (a_i b_i + \bar{a}_i \bar{b}_i)$$

$$a_i = \left(\frac{V_i}{S_i}\right)^p, \bar{a}_i = \left(\frac{\bar{V}_i}{\bar{S}_i}\right)^p$$

$$\text{s.t.} \begin{cases} (1-k_i)\bar{b}_i \geqslant (1-k_i)k_i b_i, i=1,2,\cdots,n-1 \\ 1/C_{\max} \leqslant z \leqslant 1/C_{\min} \\ b_i/2 \leqslant w_i \leqslant (1-r_i) - b_i/2 \\ b_i/2 \leqslant w_{i+1} + \tau_{i+1} \leqslant (1-r_{i+1}) - b_i/2 \\ \bar{b}_i/2 \leqslant \bar{w}_i + \tau_i \leqslant (1-\bar{r}_i) - \bar{b}_i/2 \\ \bar{b}_i/2 \leqslant \bar{w}_{i+1} \leqslant (1-\bar{r}_{i+1}) - \bar{b}_i/2, i=1,2,\cdots,n-1 \\ (w_i + \bar{w}_i) - (w_{i+1} + \bar{w}_{i+1}) + (t_i + \bar{t}_i) + \delta_i l_i + \bar{\delta}_{i+1}\bar{l}_{i+1} \\ \quad = (r_{i+1} - r_i) + (\bar{\tau}_i + \tau_{i+1}) + \bar{\delta}_i \bar{l}_i + \delta_{i+1} l_{i+1} + m, i=1,2,\cdots,n-1 \\ (d_i/f_i)z \leqslant t_i \leqslant (d_i/e_i)z \\ (\bar{d}_i/\bar{f}_i)z \leqslant \bar{t}_i \leqslant (\bar{d}_i/\bar{e}_i)z, i=1,2,\cdots,n-1 \\ (d_i/h_i)z \leqslant (d_i/d_{i+1})t_{i+1} - t_i \leqslant (d_i/g_i)z \\ (\bar{d}_i/\bar{h}_i)z \leqslant (\bar{d}_i/\bar{d}_{i+1})\bar{t}_{i+1} - \bar{t}_i \leqslant (\bar{d}_i/\bar{g}_i)z, i=1,2,\cdots,n-2 \\ b_i, \bar{b}_i, z, w_i, \bar{w}_i, t_i, \bar{t}_i \geqslant 0 \\ m_i \text{ 为整数} \\ \delta_i, \bar{\delta}_i \text{ 为 0/1 变量} \end{cases} \quad (7\text{-}10)$$

式中：$a_i(\bar{a}_i)$——交叉口 i 处上行（下行）绿波带宽比例系数；

$V_i(\bar{V}_i)$——交叉口 i 处上行（下行）流量；

$S_i(\bar{S}_i)$——交叉口 i 处上行（下行）饱和流量；

p——常数，通常取值为 0、1、2、3、4，可以根据实际情况进行确定；

k_i——上行（下行）的带宽需求比例，通常等于上行（下行）总流量之比；

z——信号频率，等于周期时长的倒数；

$C_{\min}, C_{\max}$——信号周期时长的最小值和最大值；

$d_i(\bar{d}_i)$——交叉口 i 与 $i+1$ 上行（下行）之间的距离；

$e_i, f_i(\bar{e}_i, \bar{f}_i)$——上行（下行）方向速度的下/上限值；

$g_i, h_i(\bar{g}_i, \bar{h}_i)$——上行（下行）方向速度变化量的下/上限值。

④MULTIBAND-96 模型。与 MULTIBAND 模型相比，MULTIBAND-96 模型优化了信号控制变量，包括周期时长、相位差、相位时长和相位序列，并在路网中的不同干线上生成可变的绿波带宽。MULTIBAND-96 模型为干线设计提供了极大的灵活性，从而显著提高了性能指标，并且这些优势通过 MULTIBAND-96 模型扩展到路网层次。MULTIBAND-96 模型可根据每个主干道上每个单独路段的交通需求和通行能力制定最佳方案。使用者可以使用不同加权方案

来满足多种流量目标。MULTIBAND-96 模型在减少延误和停车以及提高行驶速度方面有很大贡献。

图 7-10 给出了 MULTIBAND-96 模型的时空图。

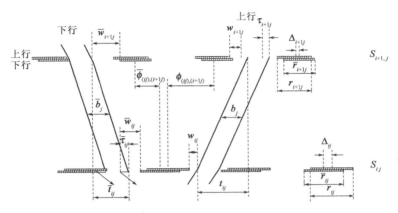

图 7-10　MULTIBAND-96 模型的时空图

$b_j(\bar{b}_j)$-交叉口 j 上行（下行）方向绿波带宽度；$r_{ij}(\bar{r}_{ij})$-交叉口 S_{ij} 上行（下行）方向红灯时长；$w_{ij}(\bar{w}_{ij})$-干扰变量，表示上行（下行）方向交叉口 S_{ij} 处红灯结束（开始）时刻到绿波带中心线的时间；$\tau_{ij}(\bar{\tau}_{ij})$-交叉口 S_{ij} 上行（下行）排队清空时间，用来清空红灯期间主路上的排队车辆；$\phi_{ij,kl}(\bar{\phi}_{ij,kl})$-上行（下行）两个交叉口之间的相对相位差，其中 kl 代表另外一个交叉口，如 $(i+1,j)$；Δ_{ij}-红灯时长 r_{ij} 中心到最近的 $\bar{r}_{ij}$ 中心的距离

与 MULTIBAND 模型相比，MULTIBAND-96 模型考虑了网络状态下的相位差优化，因此，MULTIBAND-96 模型的目标函数变更为式（7-11）所示的形式。

$$\max B = \sum_{j=1}^{m}\sum_{i=1}^{n_j}(a_{ij}b_{ij} + \bar{a}_{ij}\bar{b}_{ij})$$

$$a_{ij} = \left(\frac{V_{ij}}{S_{ij}}\right)^p, \bar{a}_{ij} = \left(\frac{\bar{V}_{ij}}{\bar{S}_{ij}}\right)^p \tag{7-11}$$

式中：$b_{ij}(\bar{b}_{ij})$——干线 j 上路段 i 处上行（下行）方向绿波带宽度；

$a_{ij}(\bar{a}_{ij})$——干线 j 上路段 i 处上行（下行）方向绿波带宽比例系数；

$V_{ij}(\bar{V}_{ij})$——干线 j 上路段 i 处上行（下行）方向流量；

$S_{ij}(\bar{S}_{ij})$——干线 j 上路段 i 处上行（下行）方向饱和流量；

p——常数，通常取值为 0、1、2、3、4，可根据实际情况进行确定。

7.3.2　相位差调整的注意事项

相位差的设置会给交通信号协调控制效果带来显著影响，本节将对相位差调整时应注意的事项进行介绍。

1）基本相位差的调整

（1）对到达交通流产生交叉口排队的考虑

基本相位差是在假定全部车辆均为直行的单一车流的情况下得到的，而实际交通环境是复杂的，需考虑各种因素来对基本相位差进行修正。

在交叉口相交道路进入车辆或路段中交通需求较高时,路段下游交叉口产生排队现象,并向上游延伸,此时宜采用从排队队尾车辆在绿灯通过停车线后到上游交叉口放行车队先头到达下游交叉口的时间作为相位差。相位差可通过无排队时的相位差减去通行排队所需的时间来计算。例如,饱和交通流率通常约为 0.5 辆/(s·ln),如果每车道的排队长为 N 辆,相位差应比基本相位差小 $2N$ 秒。

(2) 同步式相位差的问题

在交叉口间距短的连续路段上采用协调控制时适合平等式的基本相位差,此时应用同步式相位差应为连续的。在交通量较少时,各个交叉口统一显示绿灯信号的时段内,因车辆希望不停车行驶得更远,所以会有超速的倾向。为防止此危险倾向(为控制行驶速度),在夜间等交通需求低的时段,在距离相对较长的路段宜采用交互式相位差或某几个路段区间采用某一方向优先的相位差(系统全体采用双向平等的相位差)。

(3) 过饱和状态时的相位差(拥堵时的相位差)

过饱和状态指一次绿灯时间中有无法通过交叉口的滞留排队的状态。一般的相位差很难提升过饱和状态交叉口的交通通行能力,甚至在某些路段长度较短的情况下,还存在相位差降低交叉口通行能力的情况。因此,在优化过饱和状态相位差时,为使交叉口通行能力不会降低到一定范围,应优先考虑非饱和的方向。

当路段的存储容量比过饱和交叉口一个周期通过的交通量小时,相位差的设置对交叉口通行能力没有影响。对路段存储容量比其大的路段,相位差的可接受范围如图 7-11 所示。当相位差超过此范围时,过饱和交叉口的通行能力会变低。

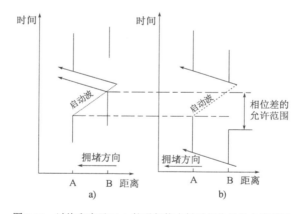

图 7-11 过饱和交叉口 A 的通行能力低时相位差的允许范围

图 7-11 给出了 A 为过饱和交叉口时 AB 间相位差的可接受范围。图 7-11a) 指将交叉口 A 的启动波传播到上游交叉口 B 时其绿灯结束,从而获得其相位差,图 7-11b) 指交叉口 A 的启动波传播到交叉口 B 的时间和交叉口 A 的绿灯结束时间确定相位差的允许范围,这里应考虑从 B 向 A 的行驶速度。如果相位差不在上述范围,会发生交叉口 A 绿灯时间内无车辆到达的情况,使得通过能力更低。

在过饱和状态时,如果路段相位差在上文所述范围内,过饱和交叉口的交通通过量不变,该方向延误也不变。因此,可以对所示方向的反方向(非饱和方向)赋予优先相位差,使该方向和系统整体延误最小化。

当上游交叉口 B 的相交道路向交叉口 A 方向进入交通流较多时，可通过调整相位差促进或者抑制该交通流。图 7-12b) 为抑制进入的相位差，图 7-12c) 为促进进入的相位差示例，两者都在前述的相位差容许范围内。

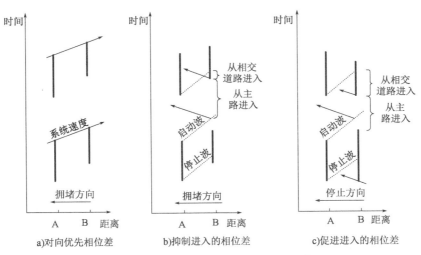

图 7-12 过饱和状态时不同控制目标下的相位差

上述相位差的容许范围是指上游交叉口到达下游交叉口的车辆数为当前路段的存储容量所需的时间。在路段长度较短且需增加单位时间的进入交通量时，应考虑缩短周期时长。

2) 闭环及其网络的问题

(1) 闭环

如图 7-13a) 所示，闭环指在设定网格状路网的系统路径时，该系统路径是封闭的状态。如果使系统路径中各路段的相对相位差独立，系统路线不能为闭环，而需为图 7-13b) 所示的树状道路网。

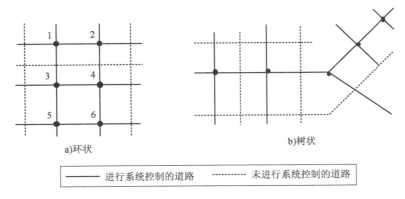

图 7-13 环状和树状道路网

(2) 闭环相关的相位差闭合条件

当路网形成闭环时，包含该环的路段的相对相位差将由其余路段的相对相位差自动确定。相反地，路段沿环一周的相对相位差合计的值需满足为周期时长的整数倍的闭合条件。如图 7-13a) 所示，当路段 12、24、34 的相对相位差设定后，路段 13 的相对相位差就会自动确定。

在系统中仅存在单个闭环的情况下,将环的闭合条件作为系统优化的制约条件,会较为容易地确定各路段的相位差,从而使整个环的性能达到最优。但在网格状路网中含有多个环的时候,各个环的相位差还需满足闭合条件,此时全部路段的性能同时达到最优非常困难。

(3) 树状网络的构成

根据上文所述,在设定沿面扩展的道路网的相位差时,一般会构建不含闭环的树状网络。构建树状网络时的注意事项如下:

① 当一个周期的交通量超过路段存储容量时,因可能产生非系统性的拥堵,此时该路段将成为树状网络的构成要素。

② 双向行驶路段的往返出行时间和系统性能的关系见表7-1,树状网络由整体系统性能高的路段依次构成。往返出行时间相等的两个路段,当交通量较大时,双向交通量差距大的路段系统效率较高。

双向行驶路段的往返出行时间和系统性能的关系　　　　表7-1

路段的往返出行时间	0	$\frac{C}{4}$	$\frac{C}{2}$	$\frac{3C}{4}$	C
系统性能	高	中	低	中	高

(4) 根据闭合条件调整相位差

未构成树状路网的路段的相对相位差由环的闭合条件自动决定。尽管路段较短的系统效率较高,对于其他相关但未构成树状网络的路段将由闭合条件决定相位差。在延误显著增加时,需调整环内各路段的相对相位差。

7.3.3　左转相位的影响

在设置左转专用相位时,交叉口一个进口道的通行时间可分为直行绿灯时间和左转绿灯时间。左转相位的设置显著影响交叉口的总体延误和通行能力,且左转相位的设置形式会对绿波带产生不同的影响,所以在交通信号协调控制系统中,需仔细处理信号控制交叉口左转相位的设置。需要注意的是,当左转交通流较大或需要额外配时的时候,左转流向也可被设置为协调控制相位。

相位的有效利用程度取决于绿灯放行时该相位交通流是否位于停车线后排队。在交通信号协调控制系统中,如果上游交叉口放行交通流尚未达到下游交叉口的停车线时,其绿灯就开始启亮,将会形成绿灯空放的现象。此时宜推迟放行该流向对应的相位。另外一种情况则可能是上游车流到达下游交叉口的时刻过早,此时需要提前放行该相位。调整某相位绿灯的启亮时间最常用的方法是相位差,但在相位差无法调节或绿信比锁死且设置了专用左转相位的情况下,通过调节左转相位启亮的顺序也有可能增加绿波带的宽度和绿灯时间的有效利用程度。

如图7-14所示的干线交通信号协调控制系统中,所有的交叉口均采用了NEMA的双环控制结构,协调控制相位为相位2和相位6,共有周期时长为100s。因美国的交通控制配时规范中推荐,在设置专用左转相位时,宜先放行左转相位,此时搜索到的绿波带带宽如图7-14a)所示。从图中可见,直行交通流明显地受到了左转相位设置的影响。然而如果将中间交叉口的南进口对应相位的次序交换(相位5和相位6),则原来相位5的绿灯时间可全部增加到由南向北的绿波带中[图7-14b)],即通过调换中间交叉口相位5和相位6的启亮顺序,可使整个交通信号协调控制系统由南向北方向的绿波带增加相位 5 的时间长度。同理,调整两边交叉口相位 1 和相位 2 的顺序,也可使由北向南的绿波带增加相位 1 的时间长度。由此可见,通过调整相位的顺序的确可以调整绿波带的宽度。

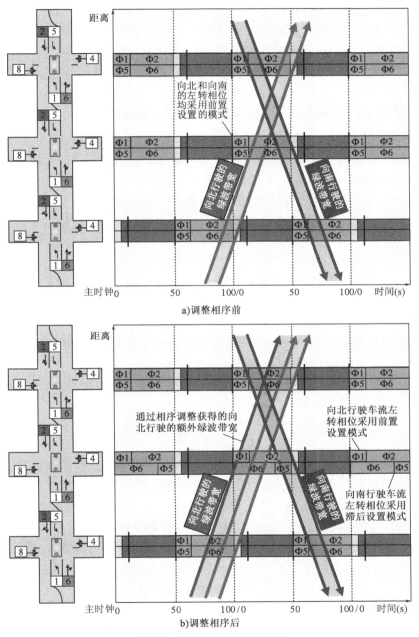

图 7-14 相序对绿波带宽的影响

前置-后置左转相位的益处还可以进一步通过设置保护-许可型的前置-后置相位得到提高。通过允许车辆在许可型相位期间左转,所需要的左转相位时间减少,从而可以将更多的绿灯时间分配给协调相位。在协调控制的干线交叉口,两个方向连续运行的车队没有在同一时间到达该交叉口时,应用此方法尤其能更好地提升交通运行效率。

7.3.4 感应式干线协调控制参数的优化方法

协调控制配时方案编制指南

因为在感应式干线协调控制模式下,信号机也需要维持特定的周期时长,以保证各交叉口间协调控制关系的成立,所以感应式干线协调控制的基准配时方案跟定时式干线协调控制的方法基本相同,只是在基准配时方案生成后通过应用若干规则,使得在应用感应控制方式的基础上也能满足交通信号协调控制的要求。因此,只要能获取各交通控制参数的关系,交通工程师即可应用时空图等工具生成感应式干线协调控制的基准配时方案。以下主要介绍在感应协调控制模式下主要交通协调控制参数的设置方法和注意事项。

1) 周期时长

在实际运用中,交通工程师需结合各交通需求的起讫点和行走路径来确定协调控制相位,为周期时长的优化做准备。周期时长、绿信比和相位差共同确定了整个干线协调控制系统中各交叉口之间的关系。在确定协调控制车速后,某些特定的周期时长会使整个系统的运行效率更佳。同定时式干线协调控制相同,感应式干线协调控制的共有周期时长也是由关键交叉口确定的,其一般是干线中交通量最大的交叉口。在实际应用过程中,需注意以下事项。

交通工程师需要慎重考虑超长周期的使用,尤其是同其他交叉口相对独立的交叉口,即不会存在排队溢出的影响,这些交叉口宜采用单点交通信号控制。过长的周期时长不仅不会降低拥堵,很多时候还会增加拥堵的程度,因为主路和次路的车流均需经历较长的等待时间。在以下情境下,长周期会造成交通拥堵:

(1) 上游交叉口因为长周期放行的车辆超过了下游交叉口的通行能力;
(2) 当设置左转专用车道时,容易造成左转排队溢出;
(3) 当排队车辆从直行车道驶入转向车道时,会造成车头时距增加;
(4) 当感应绿灯时长存在较大变异性的时候。

长周期一般会导致次路绿灯时间存在较大变化,从而使主路协调控制相位早亮,这样主路车辆会比预期更早地到达下游交叉口,从而降低绿灯到达率。

确定协调控制周期时长的方法有很多,很多方法是基于计算机软件的算法,但基于计算机的算法要求拥有足够的数据和好的优化模型才能有效发挥作用。在上述条件不适用时,交通工程师多根据实践经验采用人工的方法选择周期时长和相位差。此时,参数多根据街区长度来计算。

表7-2给出了一个根据经验人工确定协调配时方案的例子。此案例中,协调控制的车速(绿波带的波速)本质上是由街区长度除以1/2、1/4和1/6周期时长来获得的,分别对应每1、2和3个交叉口异步交换相位的系统(图7-15),该系统被称为交换协调控制系统。

人工确定协调配时方案示例　　　　表7-2

街区长度 (m)	绿波带速(mph/kph)								
	周期时长60s			周期时长90s			周期时长120s		
	单交换	双交换	三交换	单交换	双交换	三交换	单交换	双交换	三交换
100	8/13	15/24	23/37	5/8	10/16	15/24	4/6	8/13	11/18
200	15/24	30/48	45/72	10/16	20/32	30/48	8/13	15/24	23/37
400	30/48	60/96	90/145	20/32	40/64	60/96	15/24	30/48	45/72
800	60/96	120/193	180/290	40/64	80/129	120/193	30/48	60/96	90/145

第7章 ▸ 交通信号协调控制

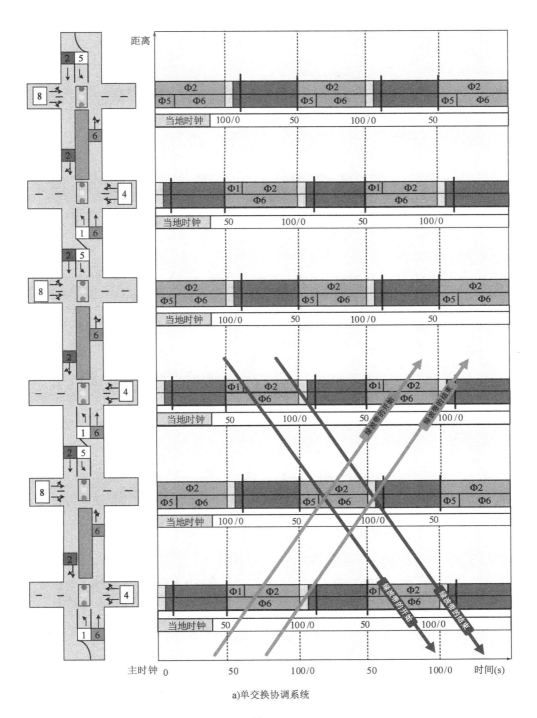

a)单交换协调系统

图 7-15

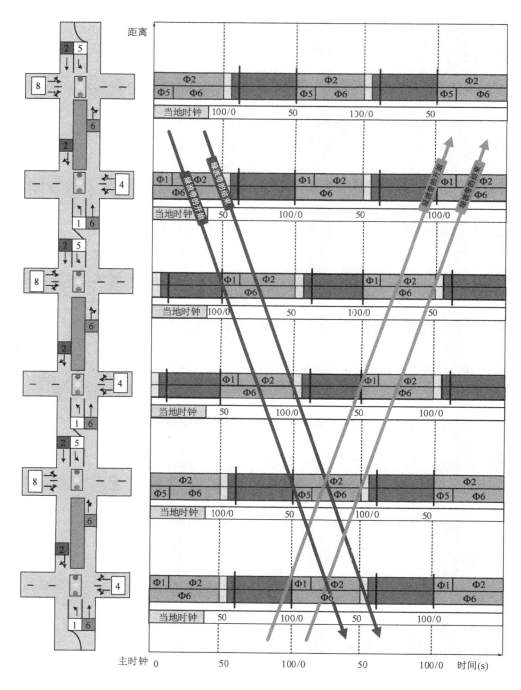

b) 双交换协调系统

图 7-15

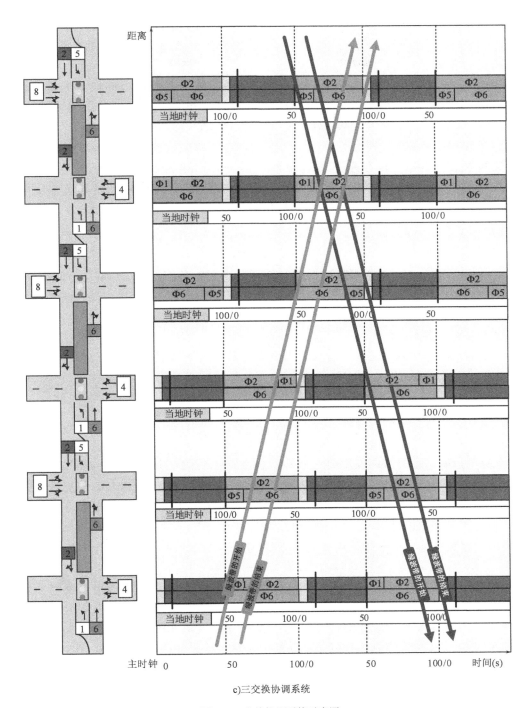

图 7-15 交换协调系统示意图

确定周期时长的传统方式是将非饱和状态下的关键交叉口周期时长直接作为整个系统的共有周期时长,这种方法能很好地保证关键交叉口在非饱和交通状态下的运行效率。非饱和交通状态下的常用方法包括 Webster 法、ARRB 法和 HCM 法等。此方法的周期时长是根据单点交叉口的周期时长确定的,所以其对于系统内其他的交叉口可能并不是最优的。此外,此方法也有很多不足,如未考虑交叉口关于损失时间、饱和流率等约束,存在绿灯空放,未考虑行人、自行车和公交等等问题。此方法也仅适用于非饱和状态,过饱和状态下的交通信号协调控制需有特定的考量。

在进行路网中多个交叉口的周期时长优化时,一般采用基于车流的模型进行计算。因为模型计算一般较为复杂,所以多采用交通信号配时软件进行计算。常用的软件有 SYNCHRO、PASSER、TranSync 等。而英国的 SCOOT 系统和澳大利亚的 SCATS 系统等自适应控制系统也可对路网的配时方案进行优化。上述模型、软件或自适应控制系统一般根据各个交叉口的特性、V/C 值、路段车速、交叉口间距等信息计算和优化协调控制环境下的周期时长。在计算过程中,一般要求在优化前确定好特定的配时策略、优化策略和选择配时方案的准则,并确定好各参数的取值范围。一些优化模型还需要输入一个初始方案才能进行计算。

2)绿信比

确定各相位绿信比的方法也有很多,总体来说是通过给各相位分配足够的绿灯时间,使其不至于发生过饱和状态,但在一个分析时段(15min 或 1h),各相位的绿信比应保持一致,不能违背本时段配时优化的目标。例如,优化目标为停车次数最小化时,其在当前分析时段内,主路应比次路分配更多的绿灯时间。

分配绿信比的一个方法是在所有次路均能满足最低的通行能力要求后,将其余所有的绿灯时间分配给协调控制相位。另外一个常用的方法是使所有关键流向的绿信比近似相等。需要注意的是,各个交通信号控制参数相互作用较为复杂,在分配绿灯时间时需注意行人、公交和绿波带的需求是否被满足。

3)强制退出点

感应协调控制与定时协调控制的一个显著不同是引入了强制退出点来维持协调控制的周期时长。一般来说,具备感应协调控制功能的交通信号机均具备根据预设绿信比计算强制退出点的能力。一些信号机会允许交通工程师对强制退出点进行设置,如设置具体强制退出点的值或类型。但在设置中需注意,根据强制退出点的定义,除协调控制相位也采用感应控制的情况,协调控制相位的下一个相位无法从前序相位中获取额外的绿灯时间。因此,协调控制相位后第一个相位的强制退出点(或绿信比)需要慎重选择。

强制退出点的类型需根据协调控制的优化目标选择,因为浮动强制退出点模式不允许非协调相位插入绿灯时间,其会分配更多的绿灯时间给协调控制相位。固定强制退出点模式能根据各相位的交通需求情况,给非协调控制相位也分配一定的额外绿灯时间。同时,此模式也可在一定程度上避免协调控制相位的早返绿灯(Early Return to Green,将在 7.3.5 节进行详细介绍)情况,从而降低主路的延误。

强制退出点的设置还可能会导致协调控制相位超过最大绿灯时间,此时需要在信号机上设置最大插入时间(Inhibit MAX),使协调控制相位在收到前序相位绿灯时间,且超出最大绿灯时间时不至于提前结束该相位。

4)相位差及相位差参考点

相位差参考点是根据相位相序确定的恒定的点,其并不会根据感应控制的绿灯时间而移动,也不会影响各相位的实际绿灯时间。相位差参考点本质上是为交通工程师提供的一组相互协调控制信号的参考点,其一般通过信号机或其固件进行设置。相位差参考点虽然有很多类型,但其本质上是一样的,也可以相互转换。如果已经获取一个相位差参考点,可根据相应的规则计算出其他的相位差参考点。

在美国的交通运输通信协议(National Transportation Communications for Intelligent Transportation System Protocol,NTCIP)中,相位差参考点被定义为第一个协调控制相位绿灯时间的开始,这也是欧洲交通信号控制中常用的相位差参考点定义方式。但在实际应用中,非协调控制相位可能会提早结束,这就造成此时的相位差参考点会比预定的时间更早到达,因此,相位差参考点模式并不容易被理解。如果采用此相位差参考点模式,可认为将非协调控制相位未使用的时间返回到了上周期的协调控制相位。

与之相比,选择协调控制相位的黄灯开始时间可更好地理解感应协调控制中未使用绿灯时间的分配。在此相位差参考点模式下,所有未使用的绿灯时间均在同一周期内移动,且协调控制相位结束的时间均相同,因此,在实践中选择此相位差参考点的较多。唯一例外的情况是相位差也感应控制的情况,此时仅可选择绿闪时间的开始作为相位差参考点,但此情况为非常规情况,并不多见。

相位差应该根据交叉口间实际或期望的行程车速、交叉口间距和交通量进行计算。在理想的交通信号协调控制系统中,相位差应使在上游交叉口绿灯时间开始时离开的车队在下游交叉口绿灯开始(或次路的车辆排队刚好消散)时到达。

相位差在实践中应根据实际交通状态不断调节,然而交通工程师很难根据实际观测情况来调整相位差。例如,某协调控制系统的周期时长为100s,此时1h内仅有36个周期,且一个周期内的交通状况很难作为下一个周期的参考。因此,比起仅应用实际观测的交通状况或软件仿真的结果,交通工程师更应该综合应用现场观测结果和时空图来综合优化系统配时。目前,一些高级的信号机已经具备通过观测绿灯时间到达情况来优化协调配时方案的能力。

7.3.5 感应式协调控制中需要注意的情况

1)早返绿灯

感应协调控制存在的一个潜在问题是早返绿灯问题。非协调控制相位在感应控制中的未使用绿灯时间会最终汇总到协调控制相位,从而使协调控制相位比预定时间提早开始。此时,车队到达下游交叉口的时间也会早于预期的时间点,从而无法实现预定的绿波,此情况称为早返绿灯。早返绿灯会降低感应控制的交叉口延误,但可能会造成下游交叉口停车次数增加,给出行者带来负面影响。当然,早返绿灯不会提前放行车辆或会在放行到达车队前消散排队时,也可能带来积极的效果,因此需从系统层面分析早返绿灯带来的影响。

图7-16应用时空图分析了早返绿灯的情况,如果图中的协调控制相位提前开始,车辆在重新进入绿波带前可能会在一个或多个下游交叉口处停车,所以早返绿灯的协调配时方案会使人感觉到效果很差。实际应用中的早返绿灯很难预防,也很难做到在不影响感应控制带来好处的情况下消除早返绿灯。一种常用的方法是在利用率较低的次路相位分配较多绿灯时间时(可能为满足行人相位的需求),通过调整相位差来降低可能发生的早返绿灯情况。

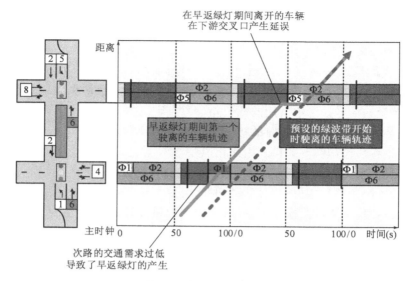

图 7-16 早返绿灯情况示意图

2）次路交通需求大的情况

在感应协调控制环境下，交通需求大的次路配时会影响到主路直行的协调控制相位的运行效率。在很多时候，这些额外的交通需求会变成交通协调控制系统中下游交叉口交通需求的重要组成部分。然而上述次路进入的车辆一般并不在之前优化绿波带中，此时需对下游交叉口的配时重新优化，以应对从次路进入系统的大量交通需求，从而减少停车的情况。在次路存在早返绿灯的情况下，此情况可不考虑。

3）设置转向拓宽的情况

设置转向待行区会在交通信号控制过程中直接影响交叉口的有效通行能力。此情况主要发生在转向交通需求大于停车待行区存储能力或直行车流过长阻挡转向车辆进入待行区的状况。转向待行区发生溢流的时候会影响协调控制中的直行交通流，从而造成车队到达下游交叉口的状态发生变化，影响协调控制的结果。因待行区发生溢流的情况意味着该交叉口处于过饱和状态，此时应采用过饱和状态的交通信号控制策略。

4）关键交叉口的交通控制

干线或网络协调控制的一个主要挑战就是需为主要交叉口提供足够的通行能力，同时使次要的交叉口不至于造成不必要的延误。理想状况下，所有参加协调控制的交叉口均应采用相同的周期时长。但因为各次路的交通信号设置不同（如无左转、相位复杂、左转需求或行人需求多变等），所有交叉口很难采用相同的周期时长。此时，可采用如下技术来确定各交叉口的周期时长。

（1）所有交叉口均采用关键交叉口的周期时长。此方法可保证协调控制系统中所有交叉口均能维持协调控制状态，然而此方法在一些次要交叉口会造成较大的额外延误。

（2）所有交叉口均采用关键交叉口的周期时长或其时长的一半。这种技术通常被称为"双周期"（次要交叉口的周期频率是主要交叉口的两倍）或"半周期"（次要交叉口的周期时长为主要交叉口的一半）。次要交叉口也可采用两个不相等的周期时长的模式，此时不一定要服务所有的相位或使每个相位的绿信比保持一致。应用这些方法时可有效降低次要交叉口的延误。然而,此类设置会使干线双向协调控制更难达成,从而造成主路(协调控制方向)的停车次数更多。

(3) 主要交叉口不进行协调控制(自由控制),次要交叉口应用较短的周期时长协调控制。因为主要交叉口是自由控制,所以找到传统的绿波带是不可能的。此时,主要交叉口车辆的到达和离去是随机的,主路的车流更易在主要交叉口和下游交叉口停车。此类技术通常通过增加主路车流的停车次数来实现系统总体延误的降低。然而应用此方法时,各相位的绿灯时间不必按照固定的绿信比分配,也不必因行人相位等因素而提升周期时长,此时关键交叉口相位失效的次数也有可能更少。

7.4 区域信号协同控制

7.4.1 概述

对区域信号控制的概念有狭义和广义两种理解。狭义上的区域信号控制,是将关联性较强的若干个交叉口统一起来,相互协调的信号控制方式,即所谓的区域信号协调控制;广义上的区域信号控制,是指在一个指挥控制中心的管理下,监控区域内的全部交叉口,对单个孤立交叉口、干道多个交叉口和关联性较强的交叉口群进行综合性的信号控制。

在城市交通指挥控制中心,设计者必须从区域信号控制的广义概念出发,构建整个区域信号控制系统。建立这样的区域信号控制系统,首先,要有效实现区域的整体监视和控制,将任何地点发生的交通问题和设备故障在较短的时间内检测出来,在整个路网上实时收集所需的各种交通状态数据;其次,可根据区域内各交叉口的实际情况,因地制宜地为它们选取最合适的控制方式;最后,能方便地实现交叉口所采用的信号控制方式的转变,有效适应城市信号控制未来发展的需要。

7.4.2 区域交通信号控制系统分类

1) 按控制策略分类

区域交通信号控制系统按其控制策略的不同,可分为定时式脱机控制系统和自适应式联机控制系统。

定时式脱机控制系统将利用交通流历史及现状统计数据进行脱机优化处理,得出多时段的最优信号配时方案,并将其存入控制器或控制计算机,对整个区域交通实施多时段的定时控制。这种控制系统具有简单可靠、效益投资比高的优点,但不能及时响应交通流的随机变化,特别是在交通量数据过时、控制方案老化后,控制效果将明显下降,此时需要消耗大量的人力重新做交通调查,以制订新的优化配时方案。

自适应式联机控制系统是一种能够适应交通量变化的"动态响应控制系统"。这种控制系统通过在控制区域交通网中设置检测器,实时采集交通数据,再利用配时优化算法,实现区域整体的实时最优控制。它具有能较好地适应交通流随机变化、控制效益高的优点,但其结构复杂、投资较大,对设备可靠性要求较高。然而,自适应式联机控制系统在应用中的实际效果有时并不如定时式脱机控制系统,造成这种局面的主要原因是目前的自适应式联机控制系统不能做到完全实时、迅速地对交通变化作出反应,优化算法的收敛时间过长,交通量的波动性与优化算法计算时延可能致使实际控制效果很不理想。

2) 按控制方式分类

区域交通信号控制系统按其控制方式的不同,可分为方案选择式控制系统和方案生成式控制系统。方案选择式控制系统通常需要根据几种典型的交通流运行状况,事先求解出相应的最佳配时方案,并将其储存在计算机内,待到系统实际运行时再根据实时采集到的交通数据,选取最适用的控制参数,实施交通控制。这种控制系统具有设计简单、实时性强的优点。方案生成式控制系统则根据实时采集到的交通流数据,利用交通仿真模型与优化算法,实时计算出最佳信号控制参数,形成配时控制方案,实施交通控制。这种控制系统具有优化程度高、控制精度高的优点。

3) 按控制结构分类

区域交通信号控制系统按其控制结构的不同可分为集中式控制系统和分层式控制系统。

集中式控制系统是利用一台中小型计算机或多台微机连接区域内所有交叉口的路口信号控制机,在一个控制中心直接对区域内所有交叉口进行集中信号控制,其结构如图7-17a)所示。这种控制系统的控制原理与控制结构较为简单,具有操作方便、研制和维护相对容易的优点,但同时由于大量数据的集中处理及整个系统的集中控制,需要庞大的通信传输系统和巨大的存储容量,因此,系统存在实时性差、投资与维护费用高的缺点。当需要控制的交叉口数目很多,并分散在一个很大的区域内时,设计采用集中式控制系统必须特别谨慎。

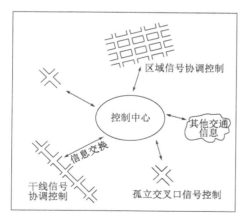 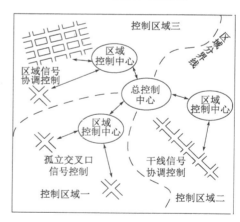

a) 集中式控制结构　　　　　　　　　　b) 分层式控制结构

图 7-17　控制结构

分层式控制系统通常将整个控制系统分成上层控制与下层控制,其结构如图7-17b)所示。上层控制主要接受来自下层控制的决策信息,并对这些决策信息进行整体协调分析,从全系统战略目标考虑修改下层控制的决策;下层控制则根据修改后的决策方案,再做必要的调整。上层控制主要执行全系统协调优化的战略控制任务,下层控制则主要执行个别交叉口合理配时的战术控制任务。

分层式控制结构一般又分为递阶式控制结构与分布式控制结构两种。递阶式控制结构的最大特点是同一级控制单元间的信息交换必须通过上一级控制单元进行,其控制结构呈树形结构;分布式控制结构的最大特点是每一级控制单元除了可与其上一级控制单元进行信息交换之外,也可与同一级其他控制单元进行信息交换,其控制结构呈网状结构。分层式控制系统的控制方法和执行能力比较灵活,能实现降级控制功能,并具有实时性强、可靠性高、传输与维护费用低的优点,但也存在控制程序与通信协议复杂、所需设备多、现场设备的维护烦琐的不利因素。

7.4.3 区域协调控制系统

1)定时式脱机操作系统

区域协调控制系统最早为根据历史交通数据离线计算定时交通信号配时方案的系统。其中,最早出现的为1966年英国TRRL提出的脱机优化网络信号配时程序TRANSYT(Traffic Network Study Tool,交通网络研究工具)。TRANSYT是一种脱机操作的定时控制系统,主要由仿真模型及优化计算两部分组成,其基本原理如图7-18所示。

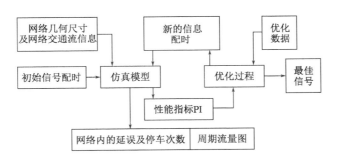

图7-18 TRANSYT的基本原理

TRANSYT仿真模型可对不同控制方案下的车流运行参数(延误时间、停车率、燃油消耗量等)做出可靠的估算。系统首先将网络的几何尺寸、交通信息及初始交通信号控制参数送入系统的仿真部分,然后通过仿真得出系统的性能指标,即PI(Performance Index)值作为优化控制参数的目标函数。

TRANSYT将仿真得到的性能指标PI送入优化程序,作为优化的目标函数;以网络内的总行车油耗或总延误时间及停车次数的加权和作为性能指标;用"爬山法"优化,产生优于初始配时的新控制参数,然后把新的信号控制参数送入仿真部分,反复迭代,最后取得PI值达到最小的系统最佳信号控制参数。TRANSYT优化过程的主要环节包括相位差的优化、绿信比的优化、控制子区的划分及信号周期时间的选择四部分。

TRANSYT系统本质上做的是线控层面的优化。TRANSYT导入美国后的版本TRANSYT-7F曾是美国主要的配时软件。与PASSER不同的是,TRANSYT-7F没有相序的优化。在Synchro等软件面世后,上述软件已经逐步退出了美国市场。

2)自适应控制系统

由于定时式脱机操作系统有不能适应交通随机变化的缺点,随着计算机自动控制技术的发展,产生了交通信号网络的自适应控制系统。英国、澳大利亚、日本、美国等国家作了大量的

常用自适应控制系统简介

研究和实践,用不同的方式建立了各有特色的自适应控制系统。归纳起来就是方案选择式系统与方案形成式系统两类。方案选择式系统以澳大利亚 SCATS 系统(Sydney Coordinated Adaptive Traffic System)为代表;而方案形成式系统以英国的 SCOOT 系统(Split Cycle Offset Optimization Technique)为代表。SCOOT 系统、SCATS 系统、OPAC 系统及 RHODES 系统的介绍可参见二维码。

7.5 车路协同环境下的协同控制

车路协同系统是基于无线通信、传感探测等技术进行车路信息获取,通过车车、车路信息交互和共享,并实现车辆和基础设施之间、车辆与车辆之间的智能协同与配合,达到优化利用系统资源、提高道路交通安全、缓解交通拥堵的目标。

车路协同系统的研究最早是为了满足提升交通安全的需求。因道路交通事故多是超速、追尾及偏离车道等原因造成的,如能在车辆行驶过程中对两车车间距小于一定阈值、超速、偏离车道等情况进行实时警告,可大幅降低交通事故的发生。因此,可通过车-车间的通信来实现上述目的,从而有效提升行车安全,更进一步预防事故发生,大大降低由人为疏失所造成的行车事故。由此研发出了前方碰撞预警系统(Forward Collision Warning System, FCWS)、协同式车间碰撞警示系统、车道偏离警示系统(Lane Departure Warning System, LDWS)等。研究表明"前方碰撞预警系统"可达到保持车距的目的,能减少 80% 因超速引发的事故;"协同式车间碰撞警示系统"可降低城市行车中的 38% 及高速公路中的 75% 后端碰撞事故;"车道偏离警示系统"则可避免 16%~20% 偏离车道所导致的交通事故。

上述系统的信息对于道路交通管理及控制也意义巨大,随着通信技术的发展,车载系统的信息逐渐演变成车与外部的联结(Vehicle to X, V2X),透过使用车用环境无线存取技术(Wireless Advanced Vehicle Electrification, WAVE)/专用短距通信(Dedicated Short Range Communications, DSRC)已备受重视,延伸出车与车(Vehicle to Vehicle, V2V)、车与设施(Vehicle to Infrastructure, V2I)、车与人(Vehicle to Pedestrian, V2P),同时提升了行车安全、效能与残障辅助(Handicap Assistance),可运用无线宽频多样性应用服务。其中有代表性的研究有美国的车辆基础设施一体化项目(Vehicle Infrastructure Integration, Ⅶ)及后续的智能驾驶(Intelli Drive),欧盟的车路协同系统(Cooperative Vehicle-Infrastructure System, CVIS),日本的车辆信息通信系统(Vehicle Information and Communication System, VICS),以及我国的智能车路协同系统(Intelligent Vehicle Infrastructure Cooperative Systems, IVICS),等等。

如图 7-19 所示,车路协同环境下优化交通信号控制主要需要以下几个组成部分:
(1)路网及几何 GIS 信息,可由图中的黄色点代表的 GNSS 坐标点表示;
(2)接收无线信息的路侧单元(Road Side Unit, RSU);
(3)采集车辆运行信息的传感器和负责传输上述信息的车载单元(On Broad Unit, OBU);
(4)能处理路侧单元信息的智能交通信号机;
(5)路侧单元间的有线信息传输网络和车载单元与路侧单元之间的无线传输网络。

车路协同的关键技术有无线数据传输技术及实时数据处理技术等,其中无线传输技术是该系统的核心。应用于车路协同系统的无线传输技术总体可分为两类:应用 4G 或 5G 等移动数据技术或短程自组织网络技术。目前,实际应用的技术多为第二类,第一类仍在研究过程中。第二类技术主要以基于 IEEE 802.11p 协议(网络底层同无线局域网类似,但若干层级协议针对车联网特性进行了调整)的专用短距通信技术为主。目前,其规范主要包括美国的 NTCIP 1202、1211,电气工程师协会的 IEEE 802.11p、1609 和 SAE(Society of Automotive Engineers)的 J2735 以及 ISO TC204。

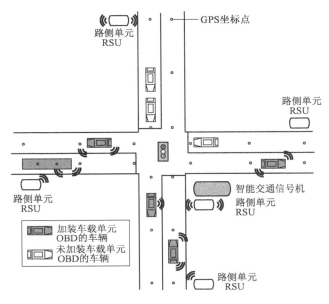

图 7-19　车路协同环境下的信号控制交叉口示意

因目前的车路协同系统还多处在试验和局部测试阶段,未能使所有车辆均能互通互联,所以交通信号控制仅能结合已有装载车载单元的车辆信息进行优化。目前,在交通信号控制方面的典型应用为交通信号优先控制。图 7-19 所示的信号控制交叉口说明车路协同环境下交通优先控制的过程。

准备步骤:与智能交通信号机相连的路侧单元每秒钟为单位向周边广播地图及相关 GNSS 信息。

步骤 1:携带车载单元的紧急救援车辆到达交叉口,向信号机的路侧单元发出请求及自身车辆位置和速度信息。

步骤 2:路侧单元收到请求后,结合当前交通信号显示状态及紧急救援车辆的请求信息,评估方案的调整方法。

步骤 3:如果此时在冲突方向还有其他装载车载单元的紧急救援车辆到达交叉口并发出请求,路侧单元会结合各车辆的位置及到达时间更新交通信号配时的调整方案。

步骤 4:各携带车载单元的紧急救援车辆会相互通信,通报彼此所在位置,并对另一辆车辆的驾驶人给出预警。

步骤 5:路侧单元评估交通信号完毕,给出各方向的优先级,并将信号配时的变更方案发送至智能信号机,同时将各车辆的行驶建议返回至各个车辆。

步骤 6:交通信号机根据路侧单元的变更方案显示相应的交通信号,各车辆通过交叉口。

步骤 7:交通信号机切换回正常信号配时方案。

车路协同环境下的交通控制还可通过路网中车辆/车队的位置及车流信息等优化协调控制的交通配时参数,对到达交叉口的车辆进行诱导,防止其闯红灯等。车路协同环境下的交通信号控制仍是当前研究的热点,读者可根据车路协同环境下的信息和交通控制原理思考新的交通控制方法。

除车路协同系统外,自动驾驶汽车(Autonomous Car)也是近期研究的热点。相比于传统车辆,自动驾驶车辆能提供更多的车辆及道路交通信息,同时具备车辆互联互通的功能。如果路网中的多数或全部车辆均为自动驾驶汽车,其一般会以车队(Platoon)的形式驾驶,此时交叉口的交通信号控制将具备更多新特性。可以展望,在车辆全部为中央联网的自动驾驶汽车时,道路可能无须设置信号灯,但车辆会运行得更加高效、安全而有序。

7.6 各国的交通信号协调控制系统

虽然交通信号协调控制基本理论相同,但各国在应用上还有一定的差异。本节以德国、日本、美国和法国为例介绍各国的交通信号协调控制系统状况,具体参见二维码。

各国交通信号协调
控制系统简介

【习题与思考题】

1. 交通信号协调控制的基本参数有哪些?其与单点信号控制中的确定方法有何不同?
2. 干道协调控制的类型有哪些?
3. 感应式干线协调控制参数的优化方法有哪些?
4. 区域交通信号控制系统可分为哪几类?
5. 简述车路协同环境下交通优先控制的过程。
6. 简要概括本章中各个国家采用的主要交通信号协调控制方法。
7. 根据图 7-20 和表 7-3 绘制协调控制的时空图,假定车辆的行驶速度是 15m/s,请估计绿波带宽度和协调控制的效率;分别计算向北和向南行驶的车队中不停车通过的车辆数。

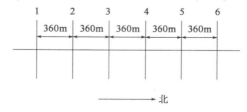

图 7-20 各交叉口空间布局情况

交通信号协调配时参数 表7-3

信号交叉口	相位差 (s)	周期时长 (s)	主次道路时间分配比例
6	16	60	50/50
5	16	60	60/40
4	28	60	60/40
3	28	60	60/40
2	24	60	50/50
1	—	60	60/40

注:表中的时差都是相邻交叉口之间的相对时差,所有的信号交叉口都是两相位。每个方向都有两条车道。车头时距 $h=1.9\text{s/pcu}$。

第 8 章
交通信号配时优化实践

8.1 交通信号控制的运用及管理

交通信号控制的运用与道路使用者及沿途居民的生活密切相关,因此,交通信号控制的运用方式也会对社会产生很大影响。在城市中心设置大量交通信号灯可防止交通事故的发生,使交通运行更加顺畅,但也需考虑对环境的影响,可应用交通管理措施合理地分配交通需求。为使交通信号控制保持最佳状态,有必要对交通信号控制进行恰当的管理及优化。

本章内容是将前序章节中介绍的基本交通信号控制方法,根据实际交通状况去优化交通信号控制方式的实际案例,也是运用及改善交通信号控制的相关调查及对策的整理与建议。

8.1.1 交通信号配时中应注意的事项

交通信号控制的相位组合及控制参数在设计过程中必须与实际的交通状态相适应,具体应对应一天内不同时间段、一周内或不同季节的交通流特征变化等。

1)相位设计的注意事项

下文以相位方案设计的示例为代表进行说明。本节中的示例只是代表性案例,在实际运用过程中需根据现场实际状况对相位组合的方案进行审视。

（1）行人交通量大的十字交叉口

在行人交通量大而机动车需求率低的交叉口，应考虑设置行人专用相位，如图8-1所示。图8-2所示的行人专用相位称为行人保护时相，适用于行人交通量巨大但机动车交通量较小的情况（参考4.3.3节）。随着相位数的增加，一般斜向过街行人的步行距离会变长，对应的过街行人的行人绿灯时间 PG、行人绿灯闪烁时间 PF 等也会延长，从而使得周期时长有增大的倾向。在运用行人专用相位及行人保护时相等方式时，应设置相应的交通标志。

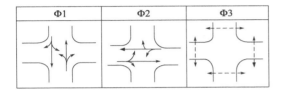

图8-1　行人专用相位

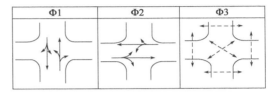

图8-2　行人保护时相

（2）两个方向左转需求较多的交叉口

当左转交通量较大且能设置左转专用车道时，可采用图8-3所示的左转专用相位的方案。在本例中，如果在如相位2和相位4所示的左转专用相位中同时增加相交侧道路的右转专用相位，可得到图8-4所示的相位组合。但该例仅可应用于存在过街天桥等行人交通与左/右转交通交织几乎不存在危险的情况，此时必须设置左转专用车道。需要注意的是，虽然在右转绿色箭头信号切换到圆形绿灯信号时，右转方向的通行权是连续的，但因在相位切换的同时行人也开始过街，所以应在切换时设置黄灯和全红相位。

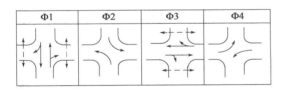

图8-3　左转专用相位

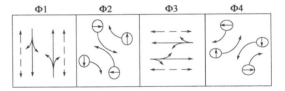

图8-4　同时显示右转信号的左转专用相位示例

（3）单方向左转需求多的十字交叉口

当交叉口主路及次路往返单向左转交通需求强，但不能设置左转专用车道时，可以通过设置圆形绿灯显示的搭接信号相位进行处理，如图8-5所示。此时，为确保过街行人的安全，应设置行人信号灯，搭接相位时的通行车辆应与行人相分离。为使道路使用者了解所采用的搭接信号信息，需设置搭接信号的标志板。为防止搭接信号中断导致左转交通流方向交通事故，应设置禁止该方向左转的措施，如Φ2及Φ4中被取消通行权的流向应该禁止左转。

当交叉口无法采取禁止左转措施时，其对有左转需求的方向可以设置优先显示的搭接相位，如图8-6所示。此时为和绿色圆形信号进行区分，规定提前显示相位的通行权应采用箭头灯明确表示。在交叉口规模较大时，因为交叉口内的清空时间较长，使用此种时差相位需特别注意［参考本节第(6)项］。

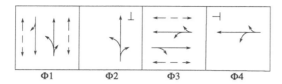

图 8-5 两个交叉方向的时差式信号相位的示例

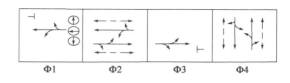

图 8-6 搭接相位提前的示例

（4）交通流向分级的十字交叉口

在图 8-7 所示的情况下，需对关键流向流经的 A 方向的左转车流及 D 方向的左转车流设置专用车道。

①图 8-7 中和关键交通流相交的过街行人流 a 不存在时，可考虑不设置人行横道，此时可考虑采用图 8-8 所示的相位方案，即在 Φ1 中设置关键交通流向通行的三相位控制。

②如图 8-7 所示，当存在与关键交通流相交的过街行人流 a 时，可采用图 8-9 所示的三相位控制方案，该方案在 Φ1 中设置关键交通流向，并在 Φ2 中增加过街行人流。

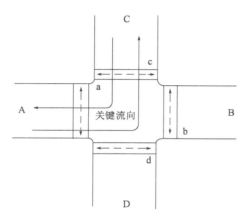

图 8-7 存在关键流向的交叉口示例

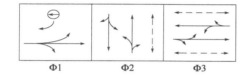

图 8-8 不存在过街行人流 a 的情况

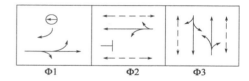

图 8-9 过街行人流 a 较多的情况

③当行人交通量较多且交叉口较小时，可考虑设置图 8-10 所示的行人保护时相。虽然与图 8-9 所示的相位方案相比，此相位方案的相位数有所增加，但行人安全性得到了提升，特别是在图 8-10 中 Φ2 和 Φ3 的车辆交通需求对应的相位需求率较低时尤为有效。

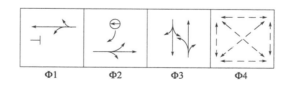

图 8-10 关键流向以外车辆交通需求较少的情况

（5）T 形交叉口（丁字路口）

在设计 T 形交叉口信号相位方案时，如图 8-11 所示，根据对左转交通和行人交通的处理方法，存在不同的设计方案。

①图 8-12 为当进口道 D 进入交通量大时一般采用的相位组合方案。图 8-12b) 所示的方案适用于进口道 B 左转流量较大、需同进口道 B 的直行车流相分离的情况。此时需设置与进口道 B 左转交通流对应的左转专用车道。在图 8-11 中的行人交通流 a、b 的交通量大时，在

Φ3 进口道 D 方向的行人绿灯相位后需设置行人红灯、车辆绿灯相位。

②当需将各进口道中按照行驶方向区分车道时，可考虑采用图 8-13 所示的各方向交通流线相分离的三相位设计方案。

③当机动车交通量较少、行人交通量多时，可采取图 8-14 所示的人车分离的相位方式。该方式适用于商业街、车站前等行人交通量极大的场合。

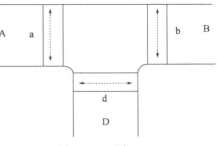

图 8-11 T 形交叉口

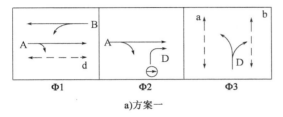

a)方案一

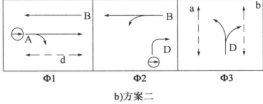

b)方案二

图 8-12 进口道 D 驶进交通量较大的处理方案

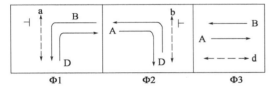

图 8-13 按行驶方向区分驶入车道的情况

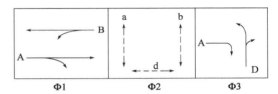

图 8-14 人车分离的相位方式示例

（6）特殊交叉口

特殊交叉口存在各种各样的形态，很难将其按照体系整理并描述。此处对各种分类下有代表性的典型案例进行交通控制设计，以供参考。

①错位交叉口：如图 8-15 所示，当两个交叉口相交的部分临近时，需将其作为一个交叉口处理。错位交叉口根据交叉的形式可分为图 8-15 所示的 a)型和 b)型两大类。

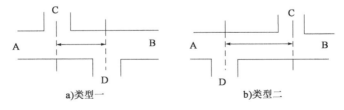

图 8-15 错位交叉口的两种类型

a)型错位交叉口存在 C 和 D 方向进入的左转车辆可能相互冲突的情况。b)型错位交叉口存在 A 和 B 方向的左转车辆可能相互冲突的情况。本章以 a)型错位交叉口为例进行介绍。

a)型错位交叉口可考虑采用图 8-16 所示的典型相位组合的示例。当 A、B 方向左转车流量较大时，则可考虑采用图 8-17 的方式。

②立交的平面交叉部分：如图 8-18 所示，立体交叉会产生相应的辅道（图中的 C、D）和平面交叉部分，一般在道路中央部分多会产生额外的空间。立交平面交叉部分的相位组合会根

据中央部分空间的长度而有所不同。

当 L 较短时,一般考虑方法同单一交叉口,可将图 8-18 的左转车辆直接在内侧转弯处理,可考虑使用图 8-19 所示的相位示例。

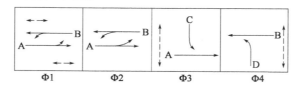

图 8-16　a)型错位交叉口的典型相位设计示例

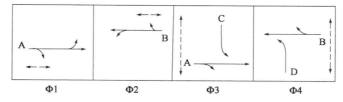

图 8-17　a)型错位交叉口左转较多时的示例

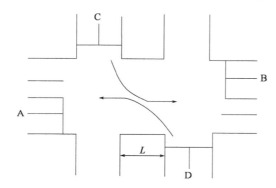

图 8-18　立交的平面交叉部分

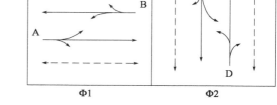

图 8-19　左转车辆在内侧转弯的相位设计示例

图 8-20 给出了当 L 较大时,控制左转车辆在外侧转弯,将整个平面交叉部分作为一个交叉口处理时可采用图 8-21 所示的相位设计方案,因采用了三相位以上的设计,所以各方向的延误时间有可能增加。

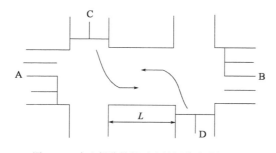

图 8-20　中央部分较长时在外侧道路进行左转

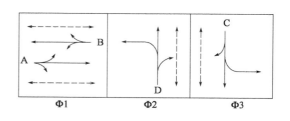

图 8-21　左转车辆在外侧左转时的相位示例

此外,将图 8-20 的进口道 C 和 D 作为临近的两个交叉口时,需采用图 8-22 所示的考虑左转车辆滞留的搭接相位。而 C、D 方向左转需求较多时,需采用图 8-23 所示的相位组合,此时必须采用绿色箭头灯的组合来构成各相位。

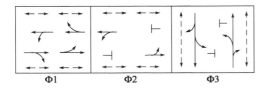

图 8-22 交叉部分作为两个相邻交叉口时的信号相位示例

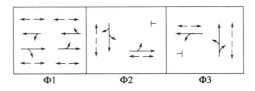

图 8-23 交叉部分作为两个相邻交叉口的示例（进口道 C、D 左转交通需求较多的情况）

与之相反，当 A、B 方向的左转交通需求较多时，可采用图 8-24 及图 8-25 所示的相位设计方案。图 8-24 对应 C、D 方向的左转交通需求的相位设计示例，图 8-25 为考虑过街行人需求的相位方式示例。两者均需采用绿色箭头灯来组成各相位。在将其分割为两个交叉口时，需明确两个交叉口的分隔处，注意停车线位置及车辆信号灯的配置。

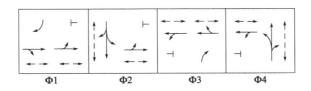

图 8-24 交叉部分作为两个相邻交叉口的示例（进口道 A、B 左转交通需求较多的方案 1）

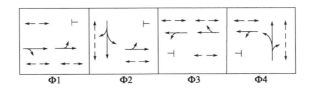

图 8-25 交叉部分作为两个相邻交叉口的示例（进口道 A、B 左转交通需求较多的方案 2）

临近交叉口：当多个交叉口在空间上相互邻近时，其交通流会变得复杂，所以通常将交通信号控制和特定的交通管理措施统一考虑。此类临近交叉口的信号控制一般多采用多相位方案，特别是必须确保充足的行人绿灯时间。图 8-26 及图 8-27 给出了临近交叉口的相位设计示例。

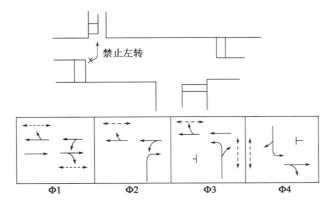

图 8-26 临近交叉口交通信号控制示例（同禁止左转的管理措施一起使用）

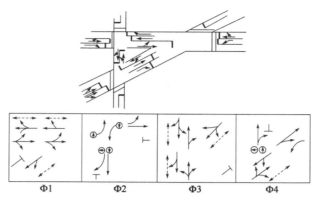

图 8-27 三个相互邻近交叉口的交通信号控制示例

2) 设定交通控制参数时的注意事项

(1) 周期时长

周期时长过长,会导致饱和交通流率降低、延误时间增大、车头间距增加、超速倾向增强等问题,信号等待时间的增加也可能成为驾驶人无视信号的诱因。周期时长过短会难以确保行人过街时间,可能使交叉口因通行能力不足而产生拥堵。

(2) 绿信比

不恰当的绿信比会产生无效绿灯时间、增加行人等待时间。进口道通行能力不足的相位也易诱发交通拥堵。当绿信比的设定无法充分按照主次道路的交通需求变化设定时,不仅容易发生交通拥堵,也可能发生因强行通过停车线而造成的交通事故,详细内容参见第 5.3.9 节。

(3) 相位差

不考虑往返双向的交通状况的相位差会使驾驶人增加焦躁感,易诱发无视信号的行为。此时避开干线道路而迂回驶入支路的车辆可能也会增加。当交叉口间距较长且交通信号协调控制多采用同步式相位差时,容易诱发超速行为。

(4) 确保行人过街时间

行人过街绿灯相位所必需时间的设定可参见第 5.3.10 节,其受人行横道实际形状、过街行人形态等因素的影响。从预防事故的角度出发,需按人行横道的最长过街距离来设定过街时间。

(5) 配置感应控制车辆检测器

单位绿灯延长时间的设定及车辆检测器的配置对于交通感应控制非常重要。在设置检测器时应在充分考虑设置目的的基础上,确定设置检测器的位置和种类。在往返两方向均运用感应控制的情况下,检测区域应设置与停车线相同的距离,但需注意检测区域的位置和范围同停车线距离在不同方向有差异的情况。

8.1.2 交通信号控制的管理

为对交通信号控制进行恰当的管理,必须彻底地整理管理资料。管理资料可分为信号机等设备相关的管理资料和运行相关的管理资料。信号机等设备的相关管理资料是由施工订货时的各种资料综合起来制定的记录,虽然最新的数据容易保存,但是细小的相关变更均需更新数据,所以在应用过程中必须十分注意。

1）信号机等设备的相关管理资料

(1) 信号机等的设备台账；

(2) 交叉口的设备图（含施工图纸等）。

2）运行相关的管理资料

(1) 控制参数管理表；

(2) 相位阶段图；

(3) 集中控制用的定义图（路段定义、相位差定义、控制子区构成等）。

8.2　交通控制性能的监控及改善

为维持交通信号的控制性能，需以持续观测的交通运行状态为基础，对与交通运行状态变化相对应的控制参数、相位及交叉口渠化进行定期调整。因为虽然交通控制参数等相对于设计时的交通条件是最优的，但上述条件一般在投入使用后会不断变化。另外，路径、目的地在考虑各条件季节变化的情况下也会不同。此外，控制性能指主要交通流的顺畅性、安全性及对环境的影响。

图 8-28 给出了交通信号控制参数的优化间隔与控制性能（表示顺畅性的指标）降低幅度间的关系。此案例是基于英国应用 TRANSYT 系统实施信号控制的最优化控制后的实地调查数据。考虑到英国的社会、经济等方面均比较成熟，因此，交通条件历年的变化会相对少些。尽管如此，如果不对信号控制参数进行修正的话，在 3 年后其控制性能会降低 10%。在交通安全、噪声及大气污染等环境问题上也存在同样的趋势。

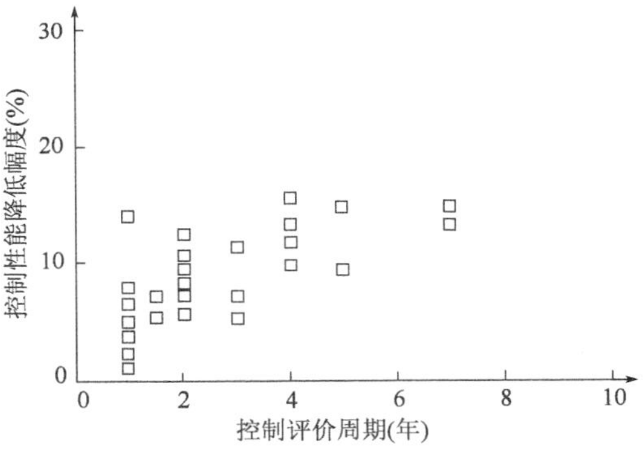

图 8-28　信号控制的修正间隔与控制性能的关系
注：控制性能降低的幅度等于更新时和不更新时对应 PI 值（应用 TRANSYT 系统得出）的差占更新时 PI 值的百分比。

对交通信号控制设备投入使用后的控制性能产生影响的因素主要包括以下几方面。

1）交通需求

沿路用地情况的变迁会对对象交叉口不同方向到达交通量的短期变化模式产生影响。此类变化有时会随着地域的整体发展、衰退而缓慢发生，但也会发生特定的大规模设施新建、拆除等急剧的变化。在发生后者情况时，依据该设施的特性及规模，可能会在该设施附近的大范围内道路网中出现急剧的交通量变化。例如，由于城市近郊大规模建设了商业中心，节假日的交通量会急剧增加，出现了与平日区别很大的时变特性。基于同样的原因，如大型车辆比率及过街行人交通量等其他交通条件也需考虑设备投入使用后历年的变化情况。

交通需求的变化也会对交通安全产生影响。例如，当历年的主要交通流方向发生变化时，需考虑与其冲突的交通流发生碰撞事故的危险性提升的影响。

2）饱和交通流率

如 5.3.4 节所示，饱和交通流率是决定交叉口通过车辆能力的基本要素，其对道路、交通条件的影响也很显著。当大型车辆比率发生变化时,饱和交通流率也会发生变化。过街行人交通量的增减会使交叉口左转车辆与过街行人的冲突时间发生变化,从而影响饱和交通流率。沿路用地情况的变化,道路停车规则,取缔体制及天气状况等的变化及其导致的道路停车状况变化结果等均会对饱和交通流率产生影响。

3) 交通状态量的测量精度

车辆检测器对交通状态量的测量精度也会随时间而发生变化。例如,因车辆等的接触,或因强风、施工等原因造成车辆检测器的检测部件(接收及发送信息的部分)发生损伤,或因安装角度位置不良而使检测器的检测精度降低等情况,在长期使用时极有可能发生。

不仅针对定周期交通控制,感应控制也必须考虑上述条件的长期变化,但这并不仅限于指车辆检测器测量精度历年的变化。例如,采用方案选择式控制时,如果交通状态量历年的变化相对较小,可在实际使用的若干方案中选择合适的方案。但如果产生了超出此范围的变化,各方案的内容及方案的选择标准,甚至交叉口的渠化均需根据实际情况进行调整优化。对应此类情况可采用具有自动测量饱和交通流率功能的方案生成式控制系统,此时预设方案及更新的必要性便降低了。但方案生成式控制系统需人工设定,如车辆排队的平均车头间距等部分固定参数,此时需要考虑检测器检测精度历年的变化情况。因此,应对控制性能持续地进行监视,定期修正控制方案的必要性和重要性很强。

另外,需要注意的是检测器检测到的最大流量为道路的通行能力。当实际交通需求超过通行能力时,检测器返回的值均为通行能力。此时用检测器返回数据优化交通信号配时时,便不可避免地与实际交通状态产生偏差,所以在计算交通需求时,应注意交通需求和实际检测交通流量的差异。

4) 社会环境的变化

社会、地域的变化也是对交通控制本身提出改善要求的原因之一。例如,当对象区域内居民呈现老年化特征时,需对研究区域内的步行空间进行根本性的修正,将控制策略从车辆优先转换到行人优先。社会环境的变化也对交通流运行的顺畅性和安全性的平衡划分基本方针的变化提出了要求。每次产生此类要求时,必须分别对应到所在的基本单位。在必须对交通控制方案进行修正时,需充分反映居民、交通使用者的意见,事前应考虑进行充分的信息交换、意见交换。此外,今后还需对基于路径、目的地的交通污染等环境改善问题进行讨论。

8.3 需改善交叉口的确定

从工作量角度来讲,对所有信号交叉口实施定期的详细交通调查,并以此为基础对其运行进行改善并不现实。因此,在第一阶段对全体对象道路网的交通状况进行概括性监视,在第二阶段选取需进行优化的特定交叉口,集中对必须修正的交通控制参数进行详细调查,是一种高效实用的做法。

在以交叉口为对象的第二阶段,调查主要包括以下内容(下述内容的详细调查方法可参考相关论著及规范)。

(1) 交叉口几何构造(交叉口形状、道路线形、路面状况等);

(2) 交通流状况(交通量、行驶方向、速度、拥堵情况、停车等);
(3) 交通管控方案(管制内容、当前的交通控制方案等);
(4) 沿路状况(沿路店铺及设施、道路附属设施等);
(5) 视觉环境(视距、照明条件等)。

另外,对于第一阶段所需的调查需要注意以下要点:
(1) 定期、连续地实施;
(2) 以全体道路网为对象;
(3) 需分一天内时段及一周内各天调查平均交通状况。

在选取优化改善的目标交叉口时,采用拥堵状况和出行速度等能够反映空间分布特性的指标作为控制性能评价指标较为可行。此类信息不仅可从以交通管控系统的车辆检测器为中心的交通信息采集系统中获取,还能从搭载了自动观测/记录系统车辆的运行调查记录中获得。最近,也可直接从车路协同系统(Vehicle Infrastructure Cooperative Systems)上传数据和浮动车信息等高级车载装置中获取。

对象交叉口的选取并非必须使用定量的观测值。例如,选取的改善对象交叉口为通行能力的瓶颈(窄路)交叉口,实际等于已经明确了拥堵发生点的位置。另外,本阶段无须精确地确定瓶颈交叉口,只要能够确定集中实施详细调查的范围,第一阶段的目标就已充分达成。

因此,定期开展以一般道路使用者为对象的日常交通状况、拥堵状况及期望对交通信号控制进行改善的地点等相关情况的抽样调查可有效地收集实用信息。为确保在大范围道路网的交通信息中没有遗漏有效信息,需广泛地开展多角度的实地补充调查,从而充分把握日常的平均交通状况,以实现信息的综合运用。

8.3.1 瓶颈交叉口的确定

城市道路网的交通拥堵一般从通行能力受限的瓶颈处(窄路)产生,而瓶颈路段多为信号控制交叉口,因此选取这些通行能力受限的瓶颈交叉口是解决拥堵策略的第一步。如果能集中人力与时间对所选取的交叉口进行改善,可有效地缓解交通拥堵。

交通拥堵的原因大多是路网少数节点的制约,但拥堵现象本身却常会对大范围的交通状况造成很大影响。因此,也常产生将拥堵原因误解为与拥堵区间内全体车辆有关的情况。交通信号控制常使道路交通流被截断为不连续的状况(间断流),此时会进一步助长上述倾向。因此,在以一般道路使用者为对象进行调查时需要特别注意避免上述情况。

在选取瓶颈交叉口时应特别注意以下两点:
(1) 应当明确平均速度低下的起因是由于下游拥堵交叉口的"前方拥堵",还是由于交叉口本身通行能力不足。
(2) 不仅是下游交叉口的直行方向,本交叉口左转方向的下游也有可能是瓶颈存在的原因。

如图 8-29 所示,交叉口 A 的 A2 方向存在通行能力的瓶颈,本交叉口为起点的排队已经占满了从交叉口 A 到交叉口 B 间的路段,并且认为排队已向交叉口 B 的 B1 及 B2 方向延伸。假设 B1 及 B2 方向的交通流大多驶向交叉口 A 方向,此外,假设各道路区间的车道数相等。

交叉口 B 能够从 B1 及 B2 进入交叉口 A 与 B 区间的交通量,由交叉口 A 分配给 A2 方向的绿灯时间来决定。相对应地,当 B1 及 B2 方向的绿灯时间超过此绿灯时间时,因为前方的道路 A2 已经堵塞,也无法进入交叉口 B。从结果来看,B1 及 B2 方向所实际能够利用的绿灯时间(有效绿灯时间)会比 A2 方向的绿灯时间短。此时,拥堵的 B1 及 B2 方向的平均速度会

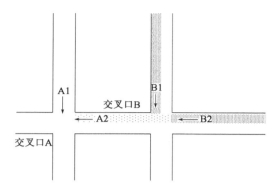

图 8-29 瓶颈交叉口和拥堵的延伸范围

比交叉口 A 到 B 区间内的平均速度还要低。对于此类状况,应提升交叉口 A 的 A2 方向的通行能力,以改善交叉口的运行状况。但从使用者的角度来看,因为通过交叉口 B 前的速度比通过交叉口 B 后的速度要低,便有可能误认为交叉口 B 是瓶颈路段。在选取改善对象交叉口时,应非常注意避免此类错误。

图 8-29 中另一个需要注意的要素是当排队到达下游时,并不一定是各交叉口的直行方向存在瓶颈。以交叉口 B 的 B1 方向为例,当其左转方向或左转方向连续地发生拥堵时,也可能存在如前文所述的瓶颈。

8.3.2 其他需改善的交叉口

除通行能力上的瓶颈交叉口外,也存在其他因交通状况变化等方面的影响而需对交通信号控制方案进行调整的可能性。此种情况主要包含以下几种:

(1)当非高峰时设定的周期时长比必要的周期时长长时,会导致延误增大的情况。对交通量很小或单侧单车道等小规模的交叉口来讲,采用过长的周期时长不仅会产生不必要的延误,而且会给相交方向的车辆和行人带来不合理的等待,增加无视信号等行为发生的危险性。

(2)由于各相位绿信比没有合理地同相位需求率相对应,从而造成各方向延误存在差异的情况。

(3)对交通需求相对较大的方向,未对相位差进行优先设置的情况。

(4)事故多发段或必须考虑存在不恰当的信号控制方案而导致事故发生的可能性的情况。其他交通使用者期望的情况。

8.3.3 调查方法

准确、实时、翔实的交通数据是进行交通信号控制优化的基础。本节主要归纳交通信号控制所需的数据和信息以及数据采集方法,具体的调查方法可扫描二维码阅读。

面向交通信号控制的常用交通调查方法

8.4 信号控制的优化措施

通过上述调查确定作为改善对象的交叉口后,还需对其所需的改善内容进行细致的审视,以确保运用适当的方法进行改善。造成拥堵或事故的原因多种多样,在确定其预防方案时,需考虑该交叉口的交通运行状况、几何构造或构成,甚至周边设施等因素,即应对整体交通环境的优化措施进行探讨。

本节主要给出了通行能力的瓶颈交叉口(最早产生拥堵点)的改善措施(参考 8.4.1 节),及其他需进行改善的交叉口(事故多发点等)的事故防治措施(参考 8.4.2 节)。表 8-1 总结了各种情况的形态、影响因素及相应的措施。

表 8-1 改进手段一览表

目的	瓶颈处拥堵的消除(8.4.1节)				交叉口事故的预防(8.4.2节)			
形态	第(1)项左转车流	第(2)项右转车流	第(3)项行人	第(4)项随时间变化	第(1)项正面碰撞事故	第(2)项左转车流	第(3)项行人	第(4)项追尾事故
主要原因	左转车流阻碍直行车流	和行人流冲突	行人相位绿信比过少	交通状况随时间变化	不适当的清空时间、视距距离	和对向直行车流冲突	和车流冲突	不适当的清空时间、视距距离
改进手段 — 信号调整	调整绿信比	延长 PR	增长周期	调整绿信比	调整清空时长		延长 PR	调整清空时长
	缩短周期时长			调整周期	困境感应			困境感应控制
	调整相位差		按钮控制		调整相位差	调整相位差		调整相位差
改进手段 — 相位改进	专用相位	专用相位	两次过街	迎合主要方向的相位		专用相位		
	时差相位	人车分离控制	行人感应			左直分离	左直分离	
改进手段 — 交叉口改进	新建专用车道	左右转合流相位			缩小交叉口	缩小交叉口	缩小交叉口	
	延伸专用车道	新建专用车道			改善视野	改善视野	改善视野	
	增设专用车道	新建导流路			增设预告信号		新建专用车道	设置预告信号
	新设左转扩宽车道							

交叉口的改善措施可分为调整交通信号配时方案、优化相位方案、改善交叉口设计等三种，一般如果按此顺序依次进行优化，将耗费过大的人力物力，因此应探讨其优化措施。在改进后也需对交通需求的长期变化或交通管制及交叉口构造等变更的效果进行定量的观测评价，对信号相位设计或控制参数的微调等需持续实施定期修正。

8.4.1 瓶颈交叉口交通控制的改善措施案例

瓶颈交叉口是拥堵的最早产生点，本节主要考虑因左转车流、右转车流、行人等因素造成道路瓶颈的场合。针对各诱因的改善措施如下。

1）左转车流造成的拥堵

在交通通过量小于左转交通需求时，不能及时通过的左转车辆排队会超出左转专用车道，妨碍直行交通流的行驶，从而成为产生拥堵的原因。

（1）交通信号配时的调整

①绿信比的调整：在采用左转专用相位或时差式信号相位时，需对绿信比进行调整。当左转交通需求呈现出周期性大幅度变化时，如果左转需求相应的相位设置不合理，会使交叉口整体交通通行效率低下。其原因在于，左转交通量过少的周期会产生无用的保护型左转相位时间，而左转交通量过大的周期会产生超出左转专用车道滞留排队，从而造成直行车道交通阻塞。此时应引入左转感应控制，以针对左转需求选取适当的绿灯时长。

②周期时长的缩短：当周期时长缩短时，单位时间内能服务的周期数增加，清空时间内能通行的左转车辆数便可增大。由于每个周期处理的交通需求减少，可防止左转排队车辆超出左转专用车道的情况，但系统控制的周期时长是根据全部路径确定的，应注意不能降低系统控制的整体效率。

③相位差的调整：通过调整相位差，使对向直行车队在绿灯相位前半或红灯相位后半到达，此时绿灯相位中的左转机会便会增加。此外，需注意当设定的相位差使得对向末尾车辆通过后，后续车辆马上到达时，因等待红灯的左转车辆会在对向直行车队间隙通过，易造成直行车与左转车的碰撞事故。

（2）相位的改进

①引入左转专用相位：当交叉口存在足够长的左转专用车道（或可以设置）时，应引入图8-30所示的左转专用相位，以使左转车流顺畅地通过交叉口。

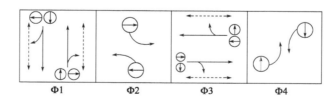

图8-30 左转专用相位（左转与直行分离的控制）

②引入采用圆形绿灯的搭接相位：无法设置左转专用车道且单方向交通需求较多的交叉口，应考虑引入搭接相位，其使用条件为禁止对向的左转。

当在左转及直行都较多的交叉口应用搭接相位时，应首先显示对向红灯相位，并延长拥堵方向的绿灯相位（参考4.2节）。此时，延长圆形绿灯方向的左转车流会等待对向车辆停止后才开始左转,所以一般左转专用相位的左转车流的通行效率较低,而引入搭接相位可使驾驶人明确绿灯相位延长的时间,从而实现"左转专用信号"的功能。

在延长圆形绿灯信号时,过街行人可能会错误地识别信号(或无视),因此在延长圆形绿灯信号时需要注意行人过街的情况。

③引入优先显示绿色箭头灯的搭接相位:在交叉口进口道狭窄且左转及直行交通较多时形成的瓶颈交叉口处,当无法设置左转专用车道或无法禁止对向左转交通流时可采用此特殊相位方式。

如图 8-31 所示,Φ1 首先仅显示拥堵方向的左、直、右的绿色箭头灯信号,随后的 Φ2 为两方向同时显示圆形绿灯信号。因为此方式中,在 Φ1 和 Φ2 中均给拥堵方向的车流赋予了左转机会,所以左转车流的通行效率会有所提升。但随着相位数的增加,延误也会增加,同时需注意信号相位变得复杂后造成的过街行人无视信号的问题。

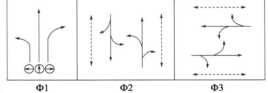

图 8-31 优先显示绿色箭头灯的时差式相位

(3)交叉口几何设计的改进

提升左转交通流通行能力的措施除设置左转专用车道等外,还应探讨确保增大左转通过量和使左转车流顺畅通行等内容。

①新建左转专用车道:当交叉口左转车流因对向车流停车时,后继直行车辆会因躲避停车的左转车辆而被迫调整前进路线,此时会降低交叉口的通行效率,因此应设置左转专用车道,以分离左转交通流和直行交通流。在设置左转专用车道时需确保足够的车道宽度。

②延伸左转专用车道长度:当左转专用车道长度小于每周期左转排队长度(左转需求)时,超出左转专用车道的左转排队车辆会阻碍直行车流继续前进,此时应根据左转需求延长左转专用车道。

③增设左转专用车道:在左转交通量巨大且存在左转专用车道延伸极限的进口道,应考虑设置两条以上的左转专用车道。通过设置多条左转专用车道,不仅能缩短左转等待排队长度,也能缩短必要的左转专用相位时长,此时周期时长也会因此缩短,但需保证交叉口出口侧道路的车道数大于或等于左转专用车道的数量。

④新设左转拓宽车道:因道路宽度的原因,在进口道必须设置左转专用车道线,并存在不大于 2.5m 且不小于 1.5m 的余量时,应考虑设置左转拓宽车道(能使直行车辆在左转等待车辆侧方通行的较宽的直左混行车道,适用于左转交通需求较少、大型车辆比例较低的情况)。

2)右转车流造成的拥堵

右转车流和过街行人的交织、交叉口形状等是造成右转时速度低下的原因,而右转交通通行效率低下是产生交通拥堵的原因。

(1)交通信号配时的调整

当行人相位时间同过街行人所需的最小绿灯时间 PG + PF 相比有一定余裕时,可缩短行人相位时间、延长行人红灯/车辆绿灯时间 PR。但必须注意,在行人量大的交叉口采用过长的 PR 时,不仅行人延误会大大增加,行人无视信号的倾向也会随之增加。

(2) 相位的改进

①分离行人和机动车相位：在行人及右转车流较多时，仅通过相位的改变无法通过所有右转交通需求时，可采用行人保护时相等将右转车流与行人分离的方案，此时交叉口的整体通过能力可得到提升。行人保护时相在存在右转专用相位时也能使用，但应注意在设置行人专用相位时机动车相位被分配的绿信比会减少。

②引入右转专用相位：在设置有（或能新设）右转专用车道的交叉口，可引入图8-32所示的，同其他交通流组合的右转专用相位，以使右转交通流顺畅地通过交叉口。

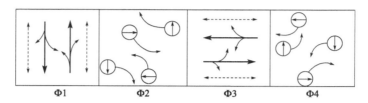

图8-32 引入右转专用相位的示例

应用此种相位设计时，可在右转的绿色箭头信号后接绿色圆形信号，此种相位切换方式可保证右转方向具有连续的通行权。当右转方向设置人行横道，且行人在相位切换过程中开始过街时，会因行人流同右转车流相互交织而产生危险隐患。因此，应在相位切换时引入黄灯和全红信号，使绿色圆形信号控制的右转车流和过街行人同时开始行动，但应对右转车流在同一周期内被中断时引发的追尾危险或右转车辆无视信号的可能性给予足够的重视。

③引入左/右转合流相位：当右转交通流出口方向有足够多的车道数，且到下游交叉口的距离足够长时，可采用右转交通流和对向的左转交通流同时放行的模式。图8-33给出了采用左/右转合流相位的三相位控制示例。右转交通流出口道方向必须有2个以上的车道，用此措施来防止左转交通流和右转交通流的交织。

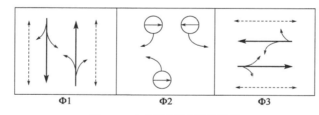

图8-33 左右转合流相位的示例

(3) 交叉口几何设计的改进

与右转交通流相关的改善措施均与过街行人的关系密切。在设置右转专用车道时，必须从确保安全性的方面出发，对交叉口转角半径大小和人行横道的位置等因素做充分考虑。

①新设右转专用车道等：在右转交通流为关键流向或右转的过街行人和右转交通量均较多的情况下应设置右转专用车道。从与道路宽度的关系来看，如果设置右转专用车道的进口道不能保证有1.5m以上的余裕空间时，必须考虑设置右转拓宽车道（能使直行车辆在右转等待车辆侧方通行的较宽的直右混行车道，适用于左转交通需求较少、大型车辆比例较低的情况）。为使右转车速较快的车流能安全地通过交叉口，右转专用车道、右转拓宽车道应能起到减速车道的作用。

②新建右转导流道路:在右转交通流形成锐角交叉的畸形交叉口,右转交通流的通行效率会大大地降低,并阻碍后续的直行车流,因此设置右转导流岛及右转导入道路能使右转交通流顺畅地通行。如图8-34所示,但在右转方向的视野不足时,可能会引发和行人的重大事故。因此在设置导流的讨论中,必须特别注意阻挡视野的构筑物或道路渐变段的设计。

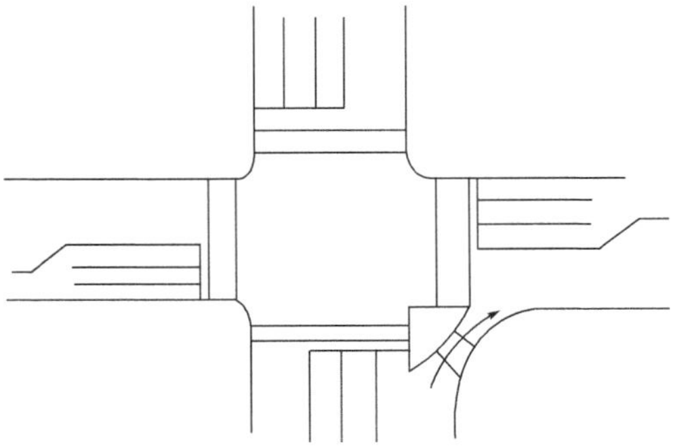

图 8-34 引入随时可右转的右转专用道

3) 行人引起的拥堵

行人过街距离较长的交叉口,为保证必要的行人过街时间,可能不能给机动车相位分配与其需求率相对应的绿信比,此为造成交通拥堵的重要影响因素。

(1) 交通信号配时的调整

延长周期时长可使相交织的行人绿灯时间占周期时长的比例减少,从而使该方向机动车交通流的绿信比增加,但需充分注意增长周期时长带来的弊端。

(2) 相位的改进

在设置了行人按钮等设备后,当没有行人过街需求时,行人相位会被跳过,此时行人相位时间会被缩短。在跳过行人相位时,有必要实施防止行人忘记按按钮的相关措施,需以等待信号时间不过长为目标对整体控制进行调整。

①引入按钮控制:没有过街行人时,可通过跳过行人相位以增加机动车信号的绿信比。图8-35为引入按钮控制并有效发挥功能的示例。必须注意的是,在协调控制的交叉口,根据按压按钮的时机,存在行人的等待时间在一个周期以上的情况。

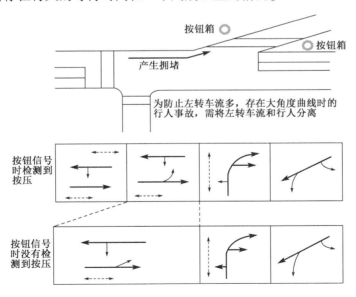

图 8-35 引入按钮控制的示例

②引入行人感应控制:图8-36所示的行人感应控制,在不存在行人过街需求时,行人相位的一部分时间可被转移到主路。即通过能检测主路过街行人的检测器,在行人绿灯时间 PG

后开始检测过街行人。当有过街行人时,显示常规 PG 时长;当没有行人时,使 PG 显示最小绿灯时间,此时可增大下个主路方向相位的绿信比。

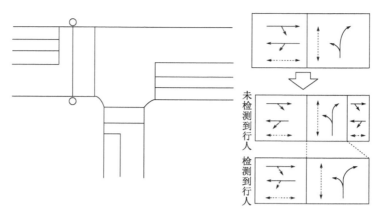

图 8-36　行人感应控制的示例

③引入行人二次过街:对于道路人行横道较长或路中设有中央分隔带的情况,可采用图 8-37 所示的行人二次过街设施,以确保机动车信号的绿信比。此措施也很有可能缩短总周期时长,此时主要应注意因行人信号等待时间增加造成的行人抢跑现象。为防止行人对信号灯的误认,需对信号灯的设置位置进行讨论优化。此外,还需对行人进行广播说明,让其充分理解。

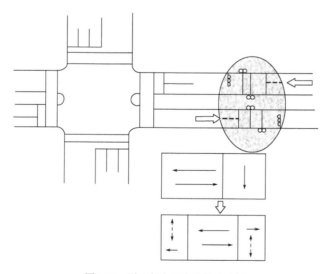

图 8-37　引入行人二次过街的示例

4)交通状况的变化引起的拥堵

当交通需求随时间变化、交通管制措施或交叉口布局等发生变化时,需对交通信号相位设计或控制参数进行修正。

(1)交通信号配时的调整

在交通需求依时间段变化的主次道路的任一方向发生拥堵时,或是两个方向均发生拥堵时,可考虑下述改善措施。

①主次道路中任一方向发生拥堵:为使交通顺畅运行,交通信号控制的基础是根据流量比分配各相位的绿信比。因此,非拥堵方向的绿信比存在余裕时,可调整绿信比,以使余裕绿灯时间分配至合适的相位。但在城市中心区等非拥堵方向的绿信比没有余裕的情况下,必须按照下述双向拥堵的情况进行考虑。

②主次道路均发生拥堵:在主次道路均发生拥堵的交叉口,交通信号控制的改善余地非常小,但下述情况还有望进行改善。

a. 在周期时长存在延长可能性的情况下,可在延长周期时长后,重新分配绿信比。延长周期时长后,损失时间所占的比例会相对减少,有效绿灯时间所占的比例会相对增加,由此可有望提升交通通行能力。但对于周期时长已较长的交叉口,更长的周期时长的效果却大多不会更好。

b. 在主次道路的拥堵程度有差异的情况下,可根据拥堵程度及政策的判断对绿信比进行分配。一般来说,拥堵时长会被选为衡量拥堵程度的尺度。需要注意,即使对应拥堵时长相同,不同方向的通行能力和拥堵通行时间也会存在差异,因此主次道路的饱和交通流率或绿信比也会有所不同。

(2)相位的改进

在调整交通信号不能很好地应对交通状况的变化时,应考虑下述方法所示的相位改进。

①关键交通流的变动:在某道路进口道上游接通新建道路,使得道路整体交通量增加,特别是相互交错的左转交通流和右转交通流成为关键交通流。此时可使用绿色箭头信号将人车分离,并将左/右转车流组合放行。在交叉口的规模相对小的情况下,或者在交叉口规模大,并能确保设置左/右转专用车道的情况下,可使用图8-38所示的相位方案。

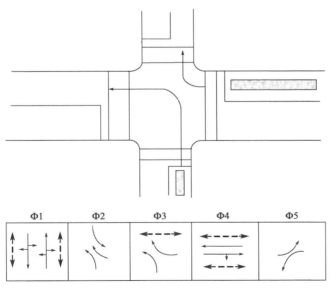

图8-38 关键流向为左转和右转交通流的情况

②特定方向在特定时间段拥堵增加的情况:早高峰时联系城市中心区放射线的上行方向发生拥堵,相交道路发生拥堵方向的总通行能力小于交通需求,而从市中心向郊外放射线的下行方向则没有拥堵,此时该方向的部分绿灯时长或左转专用相位时长会成为无效绿灯时间,可采用图8-39所示的相位方式进行改善。

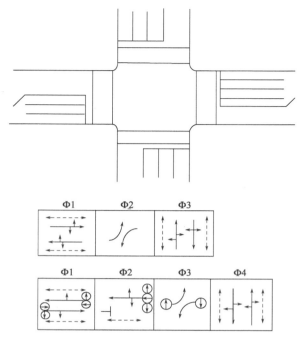

图 8-39 郊外方向需求率低的情况

a. 增加延长放射线上行方向的放行时间的相位 Φ2。

b. 为防止放射线上下行方向的左转和直行交通流发生事故,实行将左转与直行相分离的控制,即采用保护型左转相位。

c. 本控制方式仅在早高峰时期实施,其他时间段可采用相位切换控制切换为现行的控制方式。

8.4.2 交叉口的事故防治改善措施案例

通过交通信号控制的优化可对下述事故进行改善:正面碰撞事故、左转车流与对向直行车流的事故(左直事故)、行人相关事故、追尾事故等。在信号控制的改善对上述事故类型有效时,可采用下述改善措施。

1)正面碰撞事故

在对象交叉口为畸形交叉口或大型交叉口时,进入交叉口的车辆可能在清空时间内不能完全通过交叉口,因此有同相交方向车辆或行人相冲突的危险。

(1)交通信号配时的调整

①清空时间:按照与清空距离(参考 5.3.7 节)及车辆接近速度对应的清空时间来对黄灯时间和全红时间进行调整。但过长的清空时间会造成等待车辆在信号切换期间强行进入交叉口的不良行为。此外,需注意过长的清空时间还会诱发交叉口等待车辆的抢跑行为。

②相位差:在车队通过交叉口的过程中切换到黄灯时,多会出现车辆强行进入交叉口的危险情况。为避免此类情况的发生,需对相位差进行调整。

③周期时长和绿信比:在交通量少,但周期时长又设置得过长时,驾驶人可能会为避免等待红灯而在信号切换时强行进入交叉口,此时需考虑采用缩短周期时长的方法,以减少无用的

绿灯时间,缩短周期时长后需重新分配绿信比。

④引入困境感应控制:在交通量少时,为减少黄灯启亮后的追尾事故及全红时间中进入交叉口造成的正面碰撞事故,日本引入困境感应控制,收到良好效果(参考6.3节)。此外,根据交叉口进口道的曲线及坡度等情况,配合预告信号等一起使用会起到更好作用。

(2)交叉口设计的改进

①预告信号灯:在交叉口进口道存在弯道或坡道而不能确保良好的视野时,日本采用了在弯道前设置"预告信号灯"的方法。当前方的信号灯为绿色圆形信号灯时,预告信号灯灭灯,其他时间显示黄闪灯,从而在驾驶人到达交叉口前就对前方显示的信号进行预告,使之能安全地在停车线前停车,如图8-40所示。

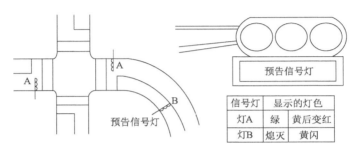

图8-40 预告信号灯

在交叉口前的区间常运用常规的三色信号灯作为辅助灯设置,因接近交叉口的车辆会受到该辅助灯影响,从而使表面上交叉口的范围扩大,因此这也会成为正面碰撞事故或追尾事故的诱因。

②其他改进:可缩小交叉口或将畸形交叉口的道路线形进行修正(图8-41)。因为清空时间的长度由交叉口的大小确定,所以在交叉口缩小后,清空时间也会缩小。

图8-41 改进交叉口转角处几何设计的示例

2)与左转车流相关的事故

左转车流的事故中,与对向直行车流的冲突(左直事故)占了多数。此类事故原因多为对对向直行车流的间隙判断失误、左转导流线的设置位置不合理等。

(1)交通信号配时的调整

调整相位差以使直行车队能在绿灯相位的前半段通过,此时左转车流可在绿灯相位的后半段安全地通行(图8-42)。但此方法在交叉口间距较长、车队离散性过大或交叉口间进入大量交通量的情况下无效。

(2)相位的改进

①设置左转专用相位:无论是左转交通量少还是交叉口渠化等原因引起的与左转车流相关的交通事故多发情况,均需讨论设置左转专用相位。但在对向车流视野不佳时,如果仅引入使用绿色圆形信号灯的左转专用相位,防止左直事故的效果较差,此时应讨论引入下述左直分

离控制方式。

②左转交通流和直行/左转交通流的分离相位的设置：应用绿色箭头信号灯将左转交通流和直行及左转交通流对应的相位完全分离的控制方式叫左直分离控制（图 8-43）。本控制方式必须满足下述条件：

a. 存在因为建筑物等原因使得左转车流所需视野不佳的情况。在视野良好时应用左直分离控制的话，在交通量少时会发生左转车流无视信号的情况。

b. 拥有足够长的左转专用车道。一般在使用绿色圆形信号灯的左转专用信号时，其所必需的左转专用车道长度要比常规左转专用车道更长。

c. 左转交通流使用绿色箭头信号灯。此时需要确认左转绿色箭头信号灯引导的左转车流和与左转车流相交织的同一相位获得通行权的人行横道上行人的视野。

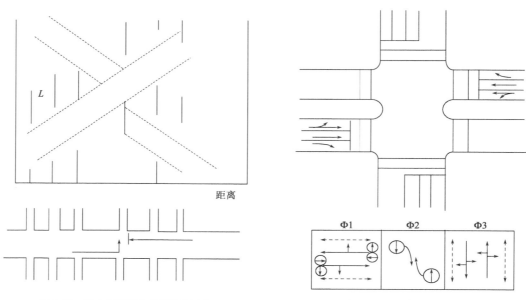

图 8-42　防止左直事故的相位差调整　　　　图 8-43　左直分离控制方式

因在，运用此控制方式时一般会使交叉口的交通通行效率降低，所以如果以灵活使用左转绿色箭头信号时间为目标的话，应当采用左转感应控制。因为考虑到交通量少的时段会发生无视信号的情况，所以对直行及左转的绿色箭头信号灯也可考虑使用感应控制，以减少不必要的无效时间。

(3) 交叉口几何设计的改进

此类改进方法主要考虑改进左转车流的视野范围或缩小交叉口等对策。

3) 与行人相关的事故

(1) 交通信号配时的调整

①行人红灯/机动车绿灯相位（PR）的延长：行人被左转车辆碰撞的事故很多，单纯凭借调整信号配时进行防治的效果较差。作为次好的解决方案，应尽可能将过街行人整合为一个人群过街，从而使得过街行人的相位时间 PG + PF 缩短，行人红灯/机动车绿灯相位延长，使得行人与左转车流发生事故的可能性减少。

②交通量少时的信号调整：在交通量较少时，因交通信号配时方案设定不当会产生无效绿

灯时间,此时可能会存在行人无视信号的情况。为防止此类事件的发生,应考虑缩短周期时长或重新分配绿信比。

(2) 相位的改进

在左/右转车流与行人交织较多,且左/右转车辆需在行人过街信号为绿灯时完成转向,应对相位的设置进行改进。采用分离两者通行权的人车分离式信号控制可有效能降低事故发生的可能性。人车分离式信号控制一般可分为左/右转分离方式和行人专用相位方式两种。任何场合采用上述方式时均需讨论下述条件:

①左转及右转后出口道的行人对车辆事故多发,需要抑制此类事故;

②行人中儿童或老人居多,需要引入此控制方式;

③过街行人阻碍左/右转车流通行的情况较多。

采用此种控制方式可一定程度上确保安全性,但需对当地的需求或顺畅性等方面进行讨论。因采用此类控制方式会增加相位数量,所以存在增加车辆延误或发生拥堵的可能性,而行人因信号等待时间增加,也会增大无视信号的可能性,因此综合考虑其他各种因素进行判断也很重要。

为防止与常规信号相位方式相混淆,应明确人车分离式信号的含义,同时应为盲人等配备音箱等辅助设备。

①分离左/右转车流和行人:左/右转分离方式是同时赋予直行车流和行人通行权,而不赋予左/右转车流通行权,从而实现机动车与行人的分离。图8-44和图8-45分别给出了四路交叉口和三路交叉口的代表性相位设置方案示例。在设置左/右转分离控制时,必须设置左/右转机动车专用车道。在交叉口规模较大时,所有方向均可设置专用车道,此时可通过人行横道做到将行人与机动车分离。对于中小规模的交叉口,可采用分离特定的危险的人行横道的行人流与机动车交通流的方法。但需要注意,仅在危险的人行横道进行人车分离,可能会使行人产生混乱。

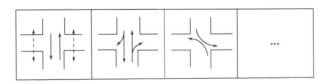

图8-44 左右转分离方式示例(四路交叉口)

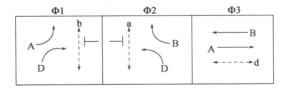

图8-45 左右转分离方式示例(三路交叉口)

②设置行人专用相位:行人专用相位方式可使机动车与行人的通行权完全分离,对于小规模交叉口有效。在交叉口规模变大后,人行横道长度增加,信号周期时长会变得过长,从而使得交叉口整体延误增加。在应用所有行人可采用斜向过街的行人保护时,通过交叉口所需的时间会增加。

在采用此类交通信号控制方式的交叉口,除上述因素外,还需考虑如下条件:

a. 多相位控制会增加行人的信号等待时间,每周期滞留的行人就会增多,因此应保证设置充分的行人等待空间。

b. 对向交叉口不能是瓶颈交叉口。

(3) 交叉口几何设计的改进

① 缩小交叉口:在交叉口规模较大时,左/右转车辆的车速较高,且左/右转车辆对行人的视野差,应采用尽可能地将四角向外扩展(减少转角处半径)的方法缩小交叉口,确保左/右转车流的视野开阔。此外还应移除或迁移树木及建筑、设施等遮挡视野的物体。

② 新建右转专用车道:因右转专用车道具有右转车流减速车道的作用,可降低行人和右转车流冲突而产生的危险。

③ 撤除人行横道:右转交通为关键交通流,而且不可能引入人车分离式信号控制方式等增加相位数量的应对手段时,应考虑撤除右转方向的人行横道,并设置人行天桥等对策(图8-46)。

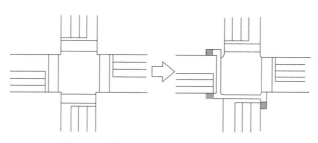

图8-46　撤除人行横道并设置人行过街天桥

④ 人行横道的位置:在未设置人车分离式信号控制,且必须缩小交叉口规模,又需保证人行横道不会在交叉口内时,应确保至少一辆滞留右转车辆的等待空间。

特别当转弯处半径较大时,将人行横道位置移向交叉口中心的话,会产生如下问题:

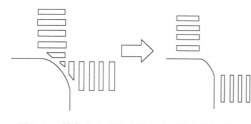

a. 因交叉口转弯处使人行横道无法采用同样的长度时,人行横道设置在靠近交叉口中心时需延长数米,此时行人所必需的过街时间也会相应地增加。在处理此类情况时,应将转角处半径减小,而人行横道的位置也不必设置在交叉口中心(图8-47)。

图8-47　转角处半径缩小及与人行横道位置关系

b. 在交叉口转角处半径过大时,如果过街行人的前进方向及左转车流的前进方向交叉角度为锐角时,那么双方容易产生视觉盲点。

c. 相交两方向的人行横道接合部未设置在人行道上而在交叉口内部时,存在等待信号的行人在该处滞留的可能性,会产生安全性问题。

d. 若交叉口转角处全由路缘石连续缓冲的曲线,盲人会无法确定过街方向,存在误向交叉口中心移动的危险。

4) 追尾事故

追尾事故较容易发生在混合交通流状况下、交通量较小的信号切换期间,此外交叉口进口道纵坡、交叉口规模及几何构造等因素的影响也很大。

(1)交通信号配时的调整

①黄灯时间:根据车辆驶向交叉口的接近速度设定适当的黄灯时间,可缩小困境区域或决策区域,以防止追尾事故的发生(参考5.3.7节)。但必须注意,在清空时间过长时,可能会诱发次相位车辆抢跑问题。

②设置困境感应控制:当交通量少时,设置困境感应控制可有效减少黄灯信号时的追尾事故和全红信号时进入交叉口引起的正面碰撞事故。此外,根据弯道、坡道等交叉口进口道状况协同设置预告信号灯时可起到更好的作用。

③相位差:在车队通过交叉口的过程中启亮黄灯信号时,强行进入交叉口的车辆会增多,从而增大危险隐患,因此必须调整相位差来避免此情况。协调相位差的设置容易使行驶速度增大(图8-48),此时驾驶人会因车队的离散而无法在信号切换时安全地停车,这是造成正面碰撞或追尾事故的原因。在交通量少且道路长度特别长的区间设置协同控制时容易发生事故,而在长区间单方向设置高等级优先的相位差时,其非优先方向也容易发生事故。为避免诱发高速行驶,可通过设置适当的相位差来将速度抑制到合理的区间。

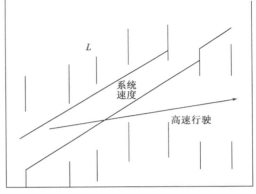

图8-48 因相位差的设定容易使行驶速度增高的示例

(2)交叉口设计的改进

①设置预告信号灯:关于预告信号灯请参考8.4.2节。

②缩小交叉口规模:在全红相位进入交叉口的车辆同冲突区域或驶离区域(参考5.3.7节)的范围相关。上述区域和清空距离有很大关系,如果缩小交叉口能缩短清空距离,便能够缩小上述区域的范围。此外,应与畸形交叉口的道路线形修正等相吻合。

8.5 改善结果的验证与管理

在对交通信号控制的运用进行改善的过程中,因交通信号控制相关的管理资料是非常重要的信息,所以必须对其进行合理的管理。改善记录中也应考虑不同改善方法所产生的利害关系,对改善的讨论过程及其结果或效果相关信息进行合理的管理也非常重要。

8.5.1 变更履历的管理

与交通信号控制运用直接相关的相位时长等,通常需将最新的信息与其履历合并管理。同集中控制类似,对交通控制中心设备不能自动管理的单点控制交叉口的运用记录,应变更为人工作业实现,此时特别需注意,遗漏记录非常容易发生。

将与交通信号控制运用及改善相关讨论过程的资料、改善理由、改善方法、实施日期、实施内容等记录在案,通过掌握历史改善履历,对提出更多的改善内容有很高的价值,也是对道路使用者进行说明时有用的信息源。此外,信号机、车辆检测器等设施定期的检查结果和修缮结果、信号机的运用、交通信号控制方案的优化资料等也可被灵活运用。因此,应保留以下项目的记录：

(1) 交通信号控制参数的变更履历；

(2) 交通状况的调查结果；

(3) 检查、修缮等记录。

8.5.2 改善结果的验证及评价

在对交通信号控制实施改善措施后，需对交叉口的运用情况是否达到了改善的目的、是否需要进一步的改善对策等进行事后调查。对实行改善可能对部分道路使用者产生利害关系的情况，应从改善的必要性及结果的妥当性等方面进行说明。应对交通控制的效果进行定期观测，以为后期交通信号控制的升级奠定基础，观测结果可供其灵活使用。此外，还应与在道路使用者中广泛宣传改善效果的措施配合使用。

需要注意的是，交通信号控制不仅受人和车等交通流变化的影响，还受到地域和社会等环境变化的影响，通常需根据上述情况变化实行最恰当的交通信号控制方案，但现实中实现最优控制非常困难。然而如果设施维护后不根据实际交通状况进行运用优化，就意味着没有应用最优运用管理方案。为持续地获取信号控制状况，需进行持续的运行效果检测，因此应一年内至少实施一次运行效果检测。持续的交通控制运行效果的检测结果可作为交通信号控制状况的诊断书，是决定具体优化策略的有效材料。

通过对交通参数变化持续地定量自动记录，可实现一定精度的交通效果检测。伴随着ITS（智能交通系统）技术的发展，由于平时可观测信息的增多，如车路协同系统上传数据中的出行时间信息等，可实现定期采集检测信息，是持续性检测的有效手段。

常用的改善结果的验证及评价方法如下。

1) 定量评价方法

交通信号控制的评价可分为对交通事故发生情况、出行时间实测值等直接评价及对经济效果的间接评价。

(1) 直接评价

①交通事故发生情况：交通事故的事前事后比较有对改善地点实行改善措施前后的比较情况（事前事后比较法，before-after 评价），与没有实施改善对策的场所进行比较的方法（有无比较法，with-without 评价）等。对于事前事后比较法，评价需计算充分的事前和事后所研究时间段的选取。应用有无比较法时，需要论证所对比的对象地点的道路环境与研究对象的相似性。

②交通流运行顺畅性：对交通流运行顺畅性的评价可通过对选定对象路段的交通流参数进行比较得出，可供对比的参数包括出行时间、延误时间、因信号灯的停车次数、等待信号灯次数同停车时间的比较、等待排队长度、拥堵长度、拥堵持续时间同长时间拥堵时间的比较、单位时间内通过车辆数（分别统计交叉口及交叉口进口道的交通量）的比较。在进行比较时，应采用同一天的观测数据。

有必要观测天气、交通事故的影响，特殊交通环境日期的事前-事后效果或分工作日及节假日进行多天的调查。另外，在实施调查的时间段因路线、场所等因素而产生差异时，需要进行事前的预调查。

在设置交通控制中心等采用集中控制的区域，可利用车辆检测器等的数据进行交通量或拥堵状况等状态的比较,从而可能获取简易的评价结果。此外,可灵活应用搭载对应光信标车载设备的 VICS(车辆信息和通信系统)车辆所检测的旅行时间信息来进行简单的评价。

(2)间接评价

①经济效用:经济效用应用可计算的时间效益、燃料消费效益等指标进行评价,而与顺畅性相关的指标也一直被用于评价经济效益。应用交通事故发生后产生的保险费和医疗费也可评价交通事故的经济损失。

上述评价以所选指标作为基本单位的,很容易受到经济变化的影响,并因地域和环境条件而异。此外,经济效用的计算结果容易偏高,而基本单位稍微变化会使评价总额产生巨大差别。

②与噪声、大气污染等环境影响相关的评价:减少停车时间和停车次数可达到消减车辆怠速运转时排出废气的效果。近年来,以降低环境影响的交通信号控制优化得到推广,并与建立了相应的环境评价值进行评价。目前,虽然已经可对车辆尾气的消减效果进行试算评价,但仍很难定量地对大气污染浓度的改善效果进行计算。

2)定性评价方法

定性评价的重要性近期有所增加。尤其是对设施维护后的效果进行比较时,对改善效果需要进行定性评价的情况很多。根据当地居民及道路使用者的期望,积极改进投诉情况可提升居民及道路使用者的满意度和信誉度,因此需针对居民的感觉进行主观评价。定性评价方法主要有以下几种:

(1)针对居民、使用者的意向调查;

(2)灵活使用主页等网络技术;

(3)倾听诉求者的意见。

【习题与思考题】

1. 在设置交通信号配时中,对于周期时长、相位差的设置应注意些什么问题?
2. 交通信号控制设备投入使用后,对其控制性能产生影响的因素有哪些?
3. 在哪些情况下需对交通信号控制方案进行调整?
4. 简述对于由行人引起的通行能力的瓶颈交叉口(最早产生拥堵点)拥堵情况的改善对策。
5. 针对交叉口处的追尾事故,可采用什么对策对其进行优化?

第 9 章 交通信号控制的仿真与应用

软件在信号
配时中的作用

9.1 面向交通信号配时的仿真软件

9.1.1 交通信号配时软件概述

因为交通信号配时过程中涉及的影响因素多,计算量大,要求的时效性高,所以在现代信号控制过程中需要引入基于计算机的交通信号配时优化软件。总体来说,面向交通信号配时的软件分为两类:①确定型或基于公式的模型;②微观仿真模型。两类模型在不同交通状态和网络复杂度状态下的交通信号配时优化所需的交通运行状态信息详细程度不同,所有的模型都是只有在输入的参数和内置参数都标定好时才能很好地发挥作用。其中,饱和流率不管是固定的还是可调整的,都要将其设置为常数,不必随着周期的变换或交通流率的变化而调整。

1) 确定型或基于公式的模型

交通工程师在制定交通信号配时方案,特别是协调控制方案时,常选用确定型或基于公式的模型。同进行单点交通信号配时不同,优化协调控制信号配时方案时需考虑车流对整个路网系统的影响,即车辆从离开上游交叉口到驶入下游交叉口的整个过程,而非仅考虑单个交叉口的关键流向。路网中车流的行进状态常采用时空图或基于车队状态的技术进行分析。一些模型也可估计车辆和行人检测参数带来的影响。这些模型通常采用特定的缩放系数来反映车辆或行人检测请求带来的影响。

交通信号配时"优化"模型的一个关键特征是通过优化交通信号配时使系统中的某个或某些参数向某个趋势转化,如降低系统延误。为实现这个目标,每个模型均采用了一定类型的算法来测试各种周期时长、绿信比和相位差的组合,以期找出最符合优化目标的参数。确定型或基于公式的模型一般应用《道路通行能力手册》(HCM)等中的方法来估计相应的参数,如饱和流率和延误。

在应用上述模型时,应充分理解模型的优化目标,并判别其是否与交通工程师的优化目的相符。如果实际的优化目标是使干线交通流尽量少停车,即停车次数尽可能少,则如果软件的优化目标是延误最小时,那么此软件的输出结果就必须进行修正,使其满足实际的交通信号控制目标。例如,略微增大周期时长可能不会使延误最小,但可能显著地减低停车次数。

在多数情况下,确定型或基于公式的模型能满足交通信号配时优化的需要。然而,当交通需求超过交叉口通行能力或者某个交叉口产生了排队溢流状态(该交叉口的排队蔓延到上游交叉口,并影响上游交叉口运行的情况)的时候,确定型或基于公式的模型可能并不适用。在拥堵状态下,缩短周期时长可能会使阻挡其他交叉口交通运行的排队车辆数降低,从而实际增加了车辆的通过数。因此,短连线交叉口或交通需求超过通行能力时,确定型或基于公式的模型可能并不适用。此时,可采用微观仿真来对交通信号配时的影响进行更可靠的评估。

2)微观仿真模型

交通仿真模型在交通信号控制中可被认为是一种先进的评估工具。通过交通仿真可估计车辆的跟驰行为及对信号控制交叉口的行人、公交车、自行车等用户的建模。硬件在环仿真(Hardware-in-the-Loop Simulation, HILS)和软件在环仿真(Software-in-the-Loop Simulation, SILS)技术可以将交通仿真模型同交通信号机硬件或交通信号机的软件模拟器相连接,从而直接实现信号机的相关功能,并更真实可靠地反映应用此类型交通信号机在实际操作时的运行状态。应用软件在环仿真技术,也可将特定功能的控制算法集成至交通仿真软件中,从而更好地评估所提出交通信号配时算法的效用。

在硬件在环仿真和软件在环仿真中,交通仿真模型的作用是生成仿真环境中的交通流,并采集车辆和行人的请求,将其发送到对应的交通信号机。交通信号机(或信号机的模拟器)收到请求后,会按照其实际运行时采用的算法优化信号配时方案,并将其配时方案(各个信号灯在各个时间的实际显示方案)发送到交通仿真模型中。因为此种方法能真实地反映交通信号机或者其固件的控制逻辑,所以其在对如公交优先或铁路道口等特殊交通控制功能建模时非常有效。

交通仿真模型在以下场景较为有效:①评估感应配时的效果;②评估交叉口间发生排队溢流的概率;③评估公交有效等交通信号机的特殊功能;④评估发生饱和状态的系统性能;⑤评估手动调节信号配时方案的效果;⑥评估给定信号配时方案下的油耗、排放和行程时间等指标;⑦评估特定交通方式的性能(如行人、自行车等);⑧需要从多角度向政府官员展示改善效果时(如三维动画、时空图等)。

当应用交通仿真模型来进行分析时,交通工程师需要确保模型的精度能满足控制优化模型的需要。例如,仿真模型在仿真过程中通常需要达到1/10秒的精度。因此,当选择较低的精度(如以1s为单位的仿真模型)来加快仿真运行时就可能会得到不正确的结果。

9.1.2 交通信号配时软件使用注意事项

在选择应用哪种类型的软件工具或是否使用软件序时,应在以下几个方面进行考虑:检测器设置、区域饱和状态、用户优先级假设、独特的网络特性与现场观察和标定等。

1) 检测器设置

准确的检测器位置、尺寸和配时等参数对于获取准确的模拟结果非常重要。交通工程师应确定现有的检测器位置和设置(或未来的实施计划),并了解典型的案例(标准检测器布局方案),以便建立可靠的仿真模型。交通信号配时软件内置算法的输出结果由检测器输入参数决定,非正常的输入可能造成提前发生间隙信号切换或不切实际的相位延时等,从而影响仿真结果的精确度。

2) 区域饱和状态

当交叉口处于饱和状态时,需更慎重地分配绿灯时间,以平衡各方向的排队并限制到达的车流。此外,还应使排队车辆不会影响其他方向的车流。由于欠饱和流会趋于稳定,此时交通信号配时软件通常可比较容易地计算出最优信号配时。然而,许多软件会默认假设交叉口处于欠饱和状态,这会使评估过饱和状态变得困难,甚至得到错误的结果。因此,当应用软件优化处于接近、处于或过饱和状态交叉口的交通信号配时方案时,必须由具备经验丰富的交通工程师来确定配时方案。

3) 用户优先级假设

许多软件会对用户优先级有默认假设。实际上,在评估交通信号配时方案前应首先明确用户优先级,即检查软件默认的优先级是否与交通工程师的优先级相匹配。当两者不匹配时,可能需要软件得出的信号配时方案进行调整。

4) 独特的网络特性

在考虑某些独特的网络特性时,如公交优先或铁路道口的交通控制,需要应用特定的软件工具。利于关键流向分析等分析技巧在此时无法评估考虑这些网络特性时的车队行驶特性或通行能力等指标。

5) 现场观察和标定

应将现场观测结果与模型中每个时间段的交通运行结果进行比较,以验证仿真的效果。如有必要,需使用从实际采集的行程时间、延误和排队长度等数据去校准每个时间段的网络基本参数。同时,可使用实际的饱和流率、红灯右转车辆和车道利用率等数据来调整模型参数,以进一步标定基础网络参数。在进行信号配时组织之前,应慎重审视模型的校准情况。但应注意的是,实地观察值只是一个瞬时值,而并非长时间的统计值。现代的信号机一般具有较好的交通运行评价功能,在建模过程中应充分利用这些信息和功能。

常见交通信号配时工具

9.2 典型交通信号配时优化软件

9.2.1 Synchro Studio

软件操作教程参见慕课《交通系统仿真与评价》,课程链接为 https://www.icourse163.org/

course/CHD-1464037176。

1)软件介绍

如图9-1所示,Synchro软件是美国Trafficware公司(Cubic公司的子公司)在《道路通行能力手册》的基础上进一步研发的仿真软件。该软件以信号配时优化设计为主要内容,具备通行能力仿真、信号协调控制仿真等功能,并且具备与传统流行交通仿真和分析软件 CORSIM、TRANSYT-7F、HCS等的接口,简单易懂,具有很高的工程实用价值,是目前交通信号协调与配时设计中应用较为快捷和精确的理想工具。

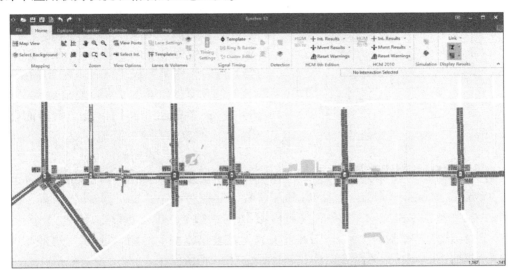

图9-1 Synchro 11的操作界面

Synchro Studio软件中包含的主要组件有SimTraffic、SimTraffic CI、3D Viewer、Warrants等。对各模块组件介绍如下:

(1)SimTraffic。该组件可对高速公路、信号交叉口以及无信号交叉口进行建模,可在运行仿真计算的同时进行仿真显示。

(2)SimTraffic CI。该组件内置于SimTraffic中,可赋予用户更多的控制权。比如,用户可指定详细的道路几何特征和探测器的布局,还可利用附加的3D观看器以三维视图模式查看所有事物。

(3)3D Viewer。该组件可为用户提供从SimTraffic中直接生成三维场景的功能,生成的视图场景接近真实场景。

(4)Warrants。该组件可作为一个独立工具或与Synchro配合来评估某个或多个交叉口是否需要信号控制。Warrants可便捷地与Synchro交换交叉口布局及交通量数据,加快模型生成的速度。此外,Warrants也能从其他数据源,如Microsoft Excel文件中导入数据。

2)分析流程

Synchro软件的基本操作流程如图9-2所示。由图中可看出,Synchro软件交通分析包括路网模型构建和信号控制设计优化两个部分。

(1)路网模型构建

构成Synchro系统中路网的元素包括圆形节点和线段两类,圆形节点代表交叉口,线段代

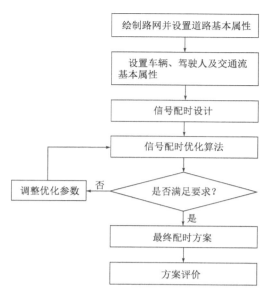

图 9-2 Synchro 的基本操作流程

表路段或街道。为便于路网的协调控制,常将多个路口的组合定义为一个区域。节点的属性包括节点标识号、隶属区域、周期时长、控制器类型和位置坐标等。路段的属性包括道路名称、行驶速度、路段长度以及车道数等。

该软件提供两种绘制路网的方法:一是直接描绘交通线网,二是导入 DXF 或 jpg 格式的文件作为底图,也可借用在线地图(微软的 Bing 地图)作为底图,在此基础上进行描绘。路网上仿真车辆的产生也具有两个特点:一是根据所设定的各车型产生概率随机生成相应的车辆实体;二是每个车辆实体产生后,如果驶出路网,则在之后的某个时刻随机于路网内某个横断面处再次产生,再次产生的车辆标号值不变。

(2)信号控制设计优化

对于交通信号控制方式的设定,Synchro 软件提供了 TIMING Window 和 PHASING Window 两种设定控制程序的接口,此外还扩展了感应控制方式的类别,包括半感应-不协调式、全感应-不协调式和全感应-协调式。其中,全感应-协调式是有别于传统感应控制的控制方式,在此方式下信号机以固定周期运行,次干道的相位为感应式且可被跳过或早断,此外空余时间均被赋予主干道相位使用。

对于信号配时算法,Synchro 提供了定时信号配时算法和感应信号配时算法。在定时配时算法中,系统自动计算周期值,此外还允许用户通过接口输入周期值,也可自主设定各相位的绿信比。在感应信号配时算法中,Synchro 提供了 5 种检测器的设置方案,包括长检测区域短间隔设置方式(SGTLDA)、停车线无检测器方式(NDSB)、停车线停车器只响应式设置(CODSB)、停车线 3 型检测器设置方式(T3DSB)以及系列扩展检测器设置方式(SED)。感应配时算法的基本原理主要是在预先设定的初期绿灯时间结束时刻,控制器根据检测器检测到的交通流到达情况,在不超过设定的绿灯极限延长时间前提下,通过延长绿灯时间实时控制绿灯信号的变化。

信号方案的优化包括周期时长的优化、绿信比的优化和相位差的优化。Synchro 的信号配时优化的基本流程如图 9-3 所示。

周期的优化采用逐步尝试法,在自然周期长度的基础上逐步调整周期时长,最终可满足放行关键百分比流量的周期长为最优周期值。绿信比的优化首先以满足 90% 的车道组流量下的绿灯信号时间,如果不满足周期时长要求,则依次尝试满足 70% 和 50% 的车道组流量需求下的绿灯信号时间。如果没有满足车道组流量要求的信号周期,则采用以百分比信号延误、车辆停车次数和排队长度为指标的性能指标函数计算得到的周期。

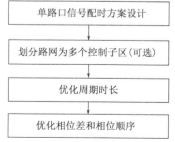

图 9-3 Synchro 的信号配时优化的基本流程

3）功能及特点

Synchro 软件结合了道路通行能力分析、服务水平评估及交叉口信号配时设计等功能，适用于城市单个交叉口以及干线或网络系统的分析。针对交通信号配时设计，Synchro 软件除了沿用传统信号配时设计常用的延误最小目标之外，还以干线绿波带最大宽度为优化目标，同时兼顾交叉口的相位设计，仿真功能强大。

Synchro 软件的具体功能及特点主要有：

（1）可对交通网络及属性进行便捷的创建和编辑。对道路、交叉口、车辆、驾驶人等基本属性进行编辑，添加或删改相关的参数信息。

（2）制定信号控制方案。信号控制方案包括定时控制和感应控制模式，为用户提供了较多的选择，丰富了系统的仿真功能。

（3）可用于控制方案的评价。通过模拟仿真计算得到饱和度、延误、排队长度、停车次数和服务水平等指标，对所设计的方案进行评价与分析。

（4）可分析仿真车辆的静态特性和动态特性。Synchro 软件允许用户在仿真过程中通过点击相应仿真车辆的属性，包括车辆编号、车辆类型、驾驶人类型一类的静态参数，还包括上下游交叉口节点编号、即时距停车线的距离、下一交叉口的转向、瞬时车速、瞬时加速度、当前所在车道等动态参数。

（5）通过多种属性分类可再现接近实际的驾驶人行为。基于不同类型驾驶人的驾驶行为特性，Synchro 软件给出了 10 种驾驶人类型，分类参数包括黄灯反应时长、绿灯反应时间、车头时距、车头间距、速度系数等，并规定等级越高的驾驶人所具有的驾驶技术越熟练，此种分类方法与实际交通情况的相似度较高。

9.2.2 PASSER

1）软件介绍

PASSER 软件是美国得克萨斯农工大学交通运输研究所（Texas A&M Transportation Institute，TTI）开发并应用的交通信号配时软件，该软件融合了多种信号优化和分析模型，以图表形式的用户界面输出，目前已开发完成了最高版本 PASSER V-09，具有图形化用户界面并集成了当前常用的优化技术。程序主要功能集中在沿干线的两个或多个交叉口的协调控制上，也提供分析单点信号配时的基本功能。PASSER V 能够生成以最大化绿波带宽或最小化系统延误为目标的信号配时方案，它的交通仿真部分能够分析沿信号控制干线的非饱和及过饱和交通状态。PASSER V 的软件操作界面如图 9-4 所示。

PASSER V 软件在交叉口信号配时方面具有足够的灵活性，使用该程序需先完成下列内容：

（1）创建新的数据集或打开现有的数据文件；

（2）增加或修改目前的数据集；

（3）信号分析或优化；

（4）查看目前的性能状况或打印输出数据报告。

PASSER V 软件是结合了多种优化和分析模型的交通控制软件，可以运用多种模型来减少整个系统的延误、停车次数，提高效率和增大带宽等，可以处理一些较为复杂的交通网络问题。

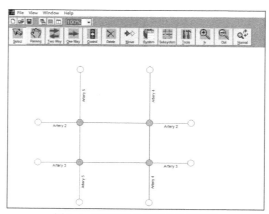

图 9-4　PASSER V 的软件操作界面

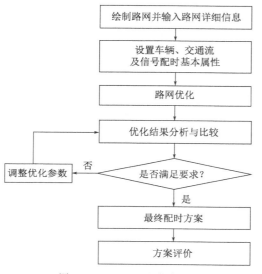

图 9-5　PASSER V 的仿真流程

2）分析流程

结合系统各模块的性能,绘制 PASSER V 的仿真流程,如图 9-5 所示。

3）功能及特点

PASSER V-09 是一个基于 Windows 的用户友好信号定时程序,用于干线协同控制和菱形交叉口控制。它具有一个交通仿真模型,适用于欠饱和和过饱和的交通状况;优化信号配时方案以实现干线车流绿波带最大;优化相序以最小化系统延误;基于时空图协调控制分析。该软件可用于:

（1）分析交通信号控制和计算交通评价指标;

（2）以系统绿波带宽度最大为目标进行干线协调信号配时优化;

（3）以系统延误最小为目标进行干线协调信号配时优化,可用于单点控制交叉口、菱形交叉口和交通干线。

9.2.3　TRANSYT 和 TRANSYT-7F

1）软件介绍

（1）TRANSYT(参见操作视频 1)

TRANSYT 控制方法最早由英国道路交通研究所(Transport Research Laboratory, TRL)的罗伯逊于 1966 年提出,是基于交通模型计算机仿真优化的离线脱机控制系统。TRANSYT 主要由仿真模型和优化算法两部分组成。交通仿真模型指的是信号控制网络上模拟的车队模型,优化算法指的是信号配时方案的优化设计。

TranSYT

TRANSYT 所采用的仿真模型基于以下四条基本假定:

①仿真路网内的所有主要交叉口均由交通信号控制或由让路规则控制;

②仿真路网内所有信号交叉口周期均采用共同信号周期长度或共同信号周期的一半;

③在某一确定时间段内路网内各车流的平均车流量为已知,并且保持不变;

④每一交叉口内的转弯车辆占比为已知,且在某一确定时间段内保持不变。

为了便于路网模拟的优化计算,TRANSYT 将复杂的交通网络简化为包含"节点"和"连线"的交通网络图式。其中,节点代表交通信号灯控制的交叉口,连线代表由上游节点驶向下游节点的单向车流,该图式较实际路网更为简洁,适用于数学运算。

为了描述车流在仿真路网上运行的全过程,TRANSYT 采用周期流量变化图式来表示交通量在一个信号周期内随时间变化的过程。周期流量图式包括到达流量图式、驶出流量图式和饱和流量图式,这三种图式的共同特征在于上游节点的驶出周期车流决定下游节点的驶入周期车流,将上游连线驶出图式上的每一纵坐标值乘以车流运行过程中的车队离散特性即可得到下游连线上停车线的到达图式。

TRANSYT 系统中的优化算法以优化目标函数 PI(Performance Index)值为主要依据,PI 值由延误和停车次数的经济损失当量值加权和表示,具体的优化算法如图 9-6 所示。算法的求解过程为:首先,根据仿真的交通信息和初始配时参数确定优化的目标函数表达式;其次,运用爬山法得到相较初始配时下的 PI 值更小的信号配时;最后,将新的信号配时输入仿真部分,反复迭代,得到 PI 值达到最小标准时对应的信号配时即为系统的最佳信号配时。

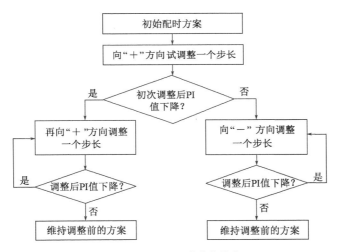

图 9-6 TRANSYT 的优化算法

TRANSYT 的优化过程包括绿时差,即相位差优化、绿灯时间的优化、控制子区划分、信号周期选择等。各环节的具体内容为:

①相位差优化。在初始信号配时方案的基础上以适当步距调整网络中节点的相位差,并计算调整后的 PI 值。若小于初始方案的 PI 值,则说明调整方向正确,继续调整,直至达到最小的 PI 值为止;若第一次调整后的 PI 值大于初始方案,则应反向调整相位差,直至达到最小的 PI 值为止。对所有节点的相位差进行反复多次调整,最终获得最佳的相位差方案。

②绿灯时间优化。在满足绿灯时间不小于规定最小绿灯时间的前提下,不等量地改变一个或多个信号相位的绿灯时长,并通过不断迭代仿真来降低整个路网的性能指标 PI 值。

③控制子区划分。对于范围较大的交通网络,为便于控制通常将其划分为多个控制子区,各子区之间的控制策略相对独立。通常以不宜协调的连线作为控制子区划分边界的参考依据,因此子区边界点通常位于这些连线上。

④信号周期选择。计算不同信号周期长度下的路网性能指标 PI 值,根据指标大小为每一

子区选择一个 PI 值最低的共用信号周期时长,并确定需要采用双周期的节点。

(2)TRANSYT-7F(可参见参考知识 25 TRANSYT-7F 用户手册)

经专利转让,美国、法国等多个国家以 TRANSYT 为基础不断进行改进,TRANSYT-7F 就是由 TRANSYT-7 派生的版本。

以英国的 TRANSYT(Traffic Network Study Tool)系统为基础,佛罗里达大学交通研究中心(TRC)在 1981 年为美国 FHWA 开发了 TRANSYT-7F,这是基于仿真的信号配时优化分析和路网性能评价的软件。由于 TRANSYT-7F 从 TRANSYT 衍生而来,因此二者的基本构成模块相似。但在之后,两个软件走上了相对独立的发展道路。

2)分析流程

结合系统各模块的性能,绘制 TRANSYT 的基本原理流程图,如图 9-7 所示。TRANSYT-7F 的基本原理同 TRANSYT 相似。

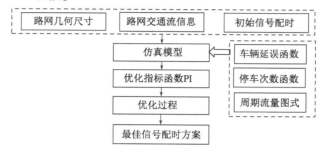

图 9-7 TRANSYT 的基本原理流程

3)功能及特点

(1)TRANSYT

脱机操作是 TRANSYT 系统的最大特点,因此其在实际应用中不需大量设备,具有投资成本低、容易实施的优点,但也存在以下不足:

①计算量很大。特别是对于大城市中规模较大的路网,其优化计算所需的步骤和计算量均较大。

②系统并未对周期长度进行优化,因此实际上无法获得真正意义上整体最优的配时方案。

③需要大量基础数据。由于系统采用离线优化的模式,因此需要采集大量的路网几何尺寸和交通流数据才可满足制订方案的要求。因此,该种系统较适用于交通增长已趋稳定的地区。

(2)TRANSYT-7F

传统的 TRANSYT 系统优先考虑由于排队溢出而减少的流量,仅对绿时差和绿灯时间进行优化,无法对周期长度进行优化。最新版本的 TRANSYT-7F 能够优化网络内非协调交叉口的周期长度,而不依赖于网络的共用周期长度,也为非协调交叉口的相序优化提供可能。TRANSYT-7F 可模拟包含 100 个节点、600 条连线,每个节点有 50 条连线的网络。

在第 7 版之前,TRANSYT-7F 只用于非饱和交通网络的模拟和信号优化,而在 1988 年 3 月发布的第 8 版增加了对过饱和网络建模的功能,并且引入了四个新的优化目标函数,用于过饱和网络的信号配时优化设计。此后软件进行了多次改进,9.4 版首次引入了运用遗传算法优化相序的功能,9.6 版本允许用户修改遗传算法中的种群大小。

目前 TRANSYT-7F 已更新至第 11 版,此版本可以在 HCS(美国道路通行能力手册 HCM

配套的道路通行能力分析软件)中使用,也可以在 TSIS-CORSIM 和 TRANSYT-7F(TSIS + T7F) 的组合产品中使用。TRANSYT-7F 为 TSIS-CORSIM 6.0 版本和 6.1 版本提供了 CORSIM 处理和优化,最新的第 11 版可以直接优化 CORSIM 中的全感应信号,也可以直接优化多周期的 CORSIM 网络交通配时。

其具体的应用功能包括:
①导入与导出 HCS 文件或 CORSIM 文件;
②包括多阶段优化和爬山算法;
③可对路网进行逐一车道分析以及感应控制分析;
④对于特殊的车道设置和配时设置具有较大的灵活性;
⑤可模拟仿真拥挤扩散、排队溢出等交通状况;
⑥对于建模所用的语言、单位和左右舵驾驶的选择具有较大的灵活性;
⑦可以运用遗传算法优化周期长度以及相位序列。

9.2.4 CROSSIG

1)软件介绍

CROSSIG 作为德国 PTV 公司开发的信号配时优化软件,适用于单点及干道协调控制,是可以优化周期、绿信比、相位差、相位相序的工具。

2)分析流程

Crossig 优化首先从定义城市及交叉口特性开始,然后根据交叉口设计和控制的相互关系确定信号灯组数量及特征参数,之后计算所有机动车和非机动车绿灯间隔时间生成绿灯间隔矩阵,然后输入交叉口各个信号灯组对应的流量及饱和流率,并确定每个信号灯组的允许饱和度,最后定义相位,通过优化得到最优的信号配时方案。CROSSIG 软件的操作流程如图 9-8 所示。

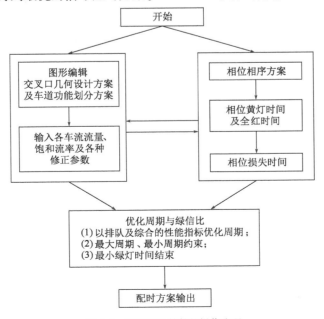

图 9-8 CROSSIG 软件的操作流程

3) 功能及特点

在 CROSSIG 软件中,设计者只需对交通流进行调查和分析,取得该交通流的交通特性参数(如饱和流率、设计交通量等),经过初步的相位设计便能计算出信号配时的基本参数并生成信号方案,且可通过 CROSSIG 进行方案的比选。具体来说,CROSSIG 的主要功能包括:

(1) CROSSIG 以信号灯组为优化单元,以绿间隔矩阵、最小绿灯、最小红灯、允许饱和度为约束条件,可以自动生成相位相序,也可以枚举所有可能相序和控制方案,可以绘制车流轨迹图自动计算绿间隔矩阵。

(2) CROSSIG 通过绿间隔矩阵,保证安全基础上效率优先。以允许饱和度为约束优化周期,可以保证效率和可靠性,但是 CROSSIG 以允许饱和度为约束在某些情况下(过饱和)会无解,而且允许饱和度取值也比较灵活,需要信号配时经验。

(3) CROSSIG 无最大周期约束,所以可能会优化出超过 150s 的周期(当允许饱和度设置比较小的时候),这时的控制方案不适合。CROSSIG 相位结构采用 Stage 的结构,简单而且容易理解,但不是很灵活,处理搭接相位相对烦琐。

(4) CROSSIG 控制方案以每个信号灯组的红黄灯、绿灯及黄灯的开始和结束为输出,同时可以定义非机动车信号灯组,实现机动车和非机动车一起优化。

9.2.5 LISA+

1) 软件介绍

LISA+ 是一款综合性的交通工程软件包,此款软件是德国的 SCHLOTHAUER & WAUE 公司依照德国《道路通行能力手册》(*Handbuch für die Bemessung von Straßenverkehrsanlagen*,HBS)设计的,适用于交通信号优化的每一个阶段。它能够计算和评价十字路口和环形交叉口,而且适用于无信号交叉口和环形交叉口。运用 LISA+,可以对单个交叉口、绿波和公路网的交通信号控制进行评价和优化。LISA+ 在设计时可以考虑公共汽车和有轨电车,同时可优化绿灯时间和车道分配,此结果的主要特点是能够防止或减少排队长度。LISA+ 同时可以对所设计的方案进行交通仿真评价,得出多种交通信号控制效率指标。

2) 分析流程

LISA+ 首先确定交叉口特性,然后输入交叉口各个信号灯组对应的流量及饱和流率,之后计算所有机动车和非机动车绿灯间隔时间,生成绿灯间隔矩阵,并确定每个信号灯组的允许饱和度,最后定义相位,通过优化得到最优的信号配时方案。LISA+ 软件的仿真流程如图 9-9 所示。

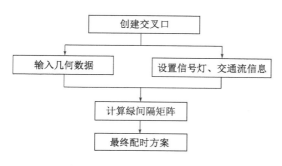

图 9-9 LISA+ 软件的仿真流程

3) 功能及特点

(1) 运用 LISA+ 可对单个交叉口、绿波和公路网的交通信号控制进行评价和优化。

(2) LISA+ 在设计时可以考虑公共汽车和有轨电车,也可优化绿灯时间和车道分配,这种结果的主要作用是能够防止或减少排队长度。

(3) LISA+ 同时可以对所设计的方案进行交通仿真评价,得出多种交通信号控制效率指标。

9.2.6 Vistro(参见操作视频 2)

Vistro

1)软件介绍

Vistro 是德国 PTV 公司开发的一款具有完备功能的交通分析软件,提供了完成交通工程和交通规划研究及评估所需的诸多功能。Vistro 提供了一个友好的用户界面、工作流程和路网设置工具,能快速高效地生成高质量的仿真以及多情境方案。Vistro 提供了多种分析方法,如 HCM 2000 版、2010 版、第 6 版、加拿大通行能力指南、ITE 出行生成手册,可预测各种交通设施的通行能力、密度、速度、延误和排队情况。Vistro 能够评估交通设施建设和发展所带来的影响,优化和重新规划交通信号,评估交叉口的服务水平,并生成报表数据等。

2)分析流程

Vistro 在对交叉口信号配时进行优化时,采用局部优化方法,此类优化方法有两种目标函数:V/C 平衡以及临界转向延误最小。V/C 平衡旨在通过均衡交叉口关键信号灯组的流量和饱和流量比值来最小化交叉口总延误;最小化临界转向延误的目标是减少交叉口临界转向的延误。

在进行优化仿真时,首先需要对路网进行构建,可以先插入所规划路网的地图,而后添加若干交叉口,最后将各个独立的交叉口连接起来,完成路网的构建;其次进行基本参数配置,包括交叉口配置、流量输入、交通控制输入;最后采用局部优化以及路网优化对单独交叉口或整个路网进行信号优化。Vistro 软件的仿真流程如图 9-10 所示。

3)功能和特点

(1)Vistro 软件可以非常便捷地构建信控、非信控及环岛交叉口,在对具体交叉口进行渠化时,省去了烦琐的步骤,使得路网的构建十分便捷。

(2)Vistro 软件使用了情境方案管理的方法,通过对交通元素的修改可以使规划的方案快速修改,节约了大量的时间。

(3)Vistro 可以用来评估道路交通设施及其对交通的影响作用。

(4)对于单个交叉口,Vistro 提供了针对绿灯时间与周期时长的本地优化方法;同时,对于路网整体优化,Vistro 定义了"交通走廊",通过不同走廊权重的不同,对整个路网进行优化处理。

(5)PTV Vistro 是一个智能、用户友好的交通软件,是一个完整的交通影响分析工具。该软件与其他 PTV 交通分析软件有良好的互通性,如用于微观模拟的 PTV Vissim 和用于宏观交通需求分析的 PTV Visum,还可以导入和导出到其他标准工具,如 Synchro 和 OTISS。

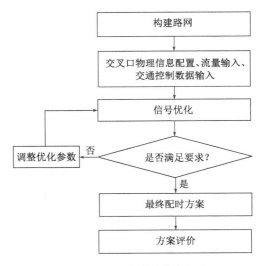

图 9-10 Vistro 软件的仿真流程

9.2.7 WaySync(参见操作视频 3)

WaySync-M

1)软件介绍

WaySync(曾用名 TranSync)是由美国内华达大学雷诺分校的田忠宗教授开发的一款面向

交通信号控制的管理、优化、诊断和评估的交通分析软件,现由美国 Nonstop Innovation 公司代理,其分为 WaySync-M 和 WaySync-D 两个版本,分别为移动版和桌面版。两个版本 WaySync 软件的用户界面如图 9-11 所示。WaySync-M 可利用移动设备实时诊断和评估交通信号配时方案的移动工具。它使用户能够在他们的移动设备上开发虚拟信号控制器,运行与在现场运行的相同的配时方案,再辅以地理参考和动态时空图功能,使用户能够轻松地诊断出执行协调信号控制存在的常见问题,如相位提前返回、过渡、时钟漂移和错误的相位差输入等。WaySync-D V2 是基于 Windows 的桌面应用程序,具有增强的功能,可对交通信号配时计划进行系统管理、优化和性能评估。它为用户提供了许多先进而易用的功能,以满足不同技能水平和背景的交通信号工程师的各种需求。

a)WaySync-M虚拟信号控制器

b)WaySync-M配时方案编辑器

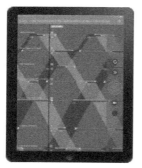

c)WaySync-M动态时空图

d)WaySync-M GPS轨迹记录器

e)WaySync-D自动地理信息参考

f)WaySync-D配时方案编辑

图 9-11

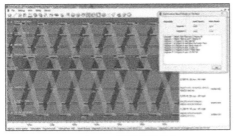 

g)WaySync-D配时方案优化　　　　　　h)WaySync-D轨迹和视频可视化

图 9-11　WaySync 软件的界面

　　综合应用移动版和桌面版的 WaySync 软件可使用户能够在办公室制定虚拟信号计时计划，然后在现场的移动设备上运行相同的计时计划。一旦信号配时被加载到应用程序中，并且时钟与控制器同步，TranSync 将显示信号指示在每个时间点应该显示的内容。计时调整不需要在办公室进行评估，而是可以在应用程序中快速评估。此外，WaySync 使工作人员能够录制视频片段，用于前后的绩效评估。

　　WaySync-M 是运行在 iOS 环境下的软件，包含虚拟信号控制器、动态时空图、配时方案编辑器和全球定位系统（GPS）轨迹记录器等功能。各组成部分具体功能如下：

　　虚拟信号控制器：每个虚拟信号控制器都跟真实的交通信号控制器运行相同的配时方案，且要求其时间也相同。WaySync-M 在移动设备上以标准 NEMA 双环格式和图形说明的方式展示实时信号配时方案的信息。

　　动态时空图：WaySync-M 可以模拟主时钟和信号的本地时钟，并展示信号配时方案。主时钟由一个垂直的滑动条呈现，从左到右逐秒移动，并有主街道各阶段的倒计时器，可实时显示对应街道绿灯或红灯还剩多少秒。

　　配时方案编辑器：配时方案编辑器允许用户手动输入和编辑信号配时方案，并通过标准的 NEMA 双环图查看信号配时参数。信号配时方案也可直接从 WaySync-D 传输。

　　GPS 轨迹记录器：利用 iOS 设备内置的 GPS 模块和摄像头，WaySync-M 允许用户拍摄实时轨迹，并在事后将前后的视频片段同步到一个视图中，以便进行详细分析。

　　WaySync-D 是运行在 Windows 环境下的软件，包含自动地理信息参考、配时方案优化、配时方案编辑和 GPS 轨迹和视频可视化等功能。各功能的具体表述如下：

　　自动地理信息参考：根据用户选择的地点自动提供道路信息。

　　配时方案优化：配时方案优化通过使用现有的相位相序方案和时空图以及独特的长走廊分区技术制定最佳的双向绿化带。

　　配时方案编辑：在准确的地图信息的协助下，WaySync-D 可对配时方案进行各种编辑，可方便地进行数据编码及导入/导出。

　　GPS 轨迹和视频可视化：与 WaySync-M 整合，将现场调查的轨迹和视频可视化，用于分析和评估信号配时方案的性能。

　　2）分析流程

　　WaySync 软件可依据实际地图绘制基础路网，建模速度快。WaySync 软件配时优化的目标为追求绿波带宽最大，所以在配时优化过程中无须输入交通流量信息。在优化完配时后，通过不同需求状态,以实车运行状态来评估交通运行状态,获取各交叉口的排队长度等状态及发现已有配时方案的实际配置问题。然后,根据实际交通运行状态,通过调整相位差优化配时方案,WaySync 软件可给出新方案的绿波带宽等信息。虽然 TransSync-M 也可优化配时方案,但移动设备的计算效率较低,大规模优化仍建议在 TransSync-D 上开展。通过不断地优化调整,可获取较好的交通信号协调控制方案。

3) 功能和特点

(1) WaySync 软件可以快捷地依据在线地图对路网进行建模。
(2) WaySync 软件的动态时空图可方便对绿波带宽进行展示和评估。
(3) WaySync 软件可根据实际的车辆运行轨迹评估交通信号协调控制方案的效果。
(4) WaySync 软件可以非常方便地展示及编辑交通信号协调控制方案。
(5) WaySync 软件是目前正在使用的较好的专门面向交通信号协调控制的工具,可很好地对配时方案进行管理、评价和优化。

9.3 大同市迎宾街信号优化案例

9.3.1 大同市迎宾街情况介绍

大同地处中国华北地区、山西北部,是山西省省域副中心城市,属历代兵家必争之地,有"北方锁钥"之称。迎宾街位于大同市平城区,是大同市的城市中心,周边分布着商业区、住宅、医院等,周边交通需求高。由于大同市职住分离的城市布局,大量的市民在御河东路的城市东部居住,在城市西部的矿区工作,大量市民在早晚高峰阶段途经迎宾街,造成迎宾街东西向流量大,拥堵甚至溢出现象明显。除此之外,迎宾街部分交叉口也存在运行、道路设施设计等方面的问题。图 9-12 展示了迎宾街沿线各交叉口的分布情况。迎宾街沿线主要常发交通拥堵的交叉口及其诱因分析如下。

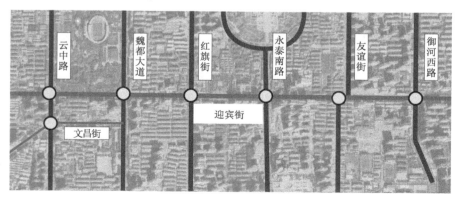

图 9-12 迎宾街沿线各交叉口的分布情况

(1) 迎宾街—云中路:迎宾街和云中路都是大同的主干道,因此交叉口过境车辆多。迎宾街—云中路东侧交叉口为迎宾街—魏都大道,而在迎宾街—云中路到迎宾街—魏都大道的路段中,有大同市第三人民医院,车辆路边停车、换道现象严重,存在绿灯后期时间车辆排放效率低的问题。同时,由于迎宾街—云中路与其南侧交叉口云中路—文昌街距离仅有195m,路段存储车辆能力低,在早晚高峰时期经常出现迎宾街—云中路南出口道溢出现象。

(2)迎宾街—魏都大道:迎宾街—魏都大道西南方向有大同市第三人民医院,路边车辆停车严重影响机动车运行效率,尤其是早晚高峰时段,车辆路边停车、换道现象严重影响迎宾街—云中路东出口道的运行效率,再加上从迎宾街—云中路行驶至迎宾街—魏都大道的车流量大,信号配时并没有进行绿波设置和优化等问题,导致迎宾街—魏都大道西进口出现拥堵甚至溢出现象。

(3)迎宾街—永泰南路:迎宾街—永泰南路西南方向为商业区,交通流量大,加上迎宾街—永泰南路车道设置不匹配,导致迎宾街—永泰南路东出口道运行效率低,在早晚高峰阶段发生溢出现象。

(4)迎宾街—御河西路:迎宾街—御河西路东侧为迎宾桥,承接从御河东来的车辆,早晚高峰阶段交通需求已远远超过车道的通行能力。同时,迎宾街—御河西路西北侧分布有学校,南北方向交通需求大,造成交叉口早晚高峰阶段各个方向车流量大,拥堵现象明显。

9.3.2 仿真优化及验证

1)迎宾街基本状况

根据项目要求,对迎宾街6个交叉口进行信号优化,优化交叉口位置及渠化信息如图9-13所示。

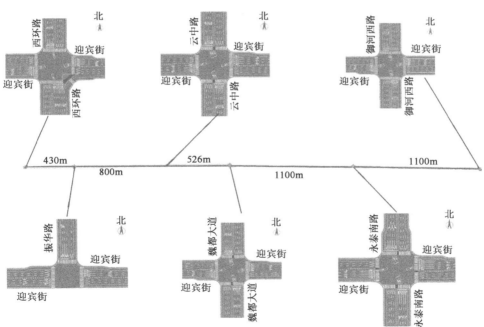

图9-13 优化交叉口位置及渠化信息

2)仿真过程

(1)创建路网

将调查的渠化状况在Synchro中建立路网,如图9-14所示。

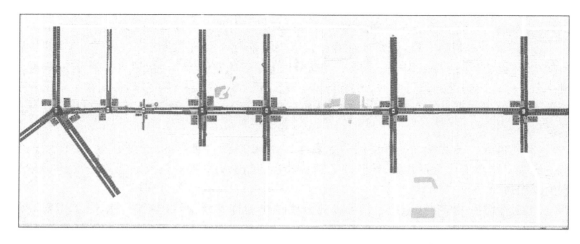

图 9-14　优化交叉口基本信息输入

（2）对路网的车道几何条件和交通条件进行设置

对车道数、车道划分、车道宽度、待行区长度、待行区车道数、道路限速等基本信息根据实际情况进行设置，如图 9-15 所示。同时，可以双击车道窗口的某一位置，进行交叉口的车道、流量、配时、相位、仿真、排放等具体参数的设置，如图 9-16 所示。

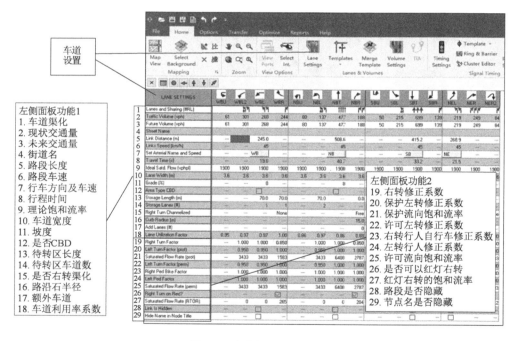

图 9-15　车道窗口及功能简介

（3）输入流量信息

如图 9-17 所示，对路网中交叉口的流量、高峰小时系数、大车比例等基本信息根据实际交叉口情况进行设置。

第9章 交通信号控制的仿真与应用

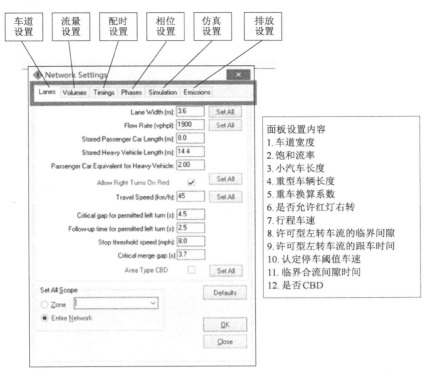

图 9-16 交叉口设置

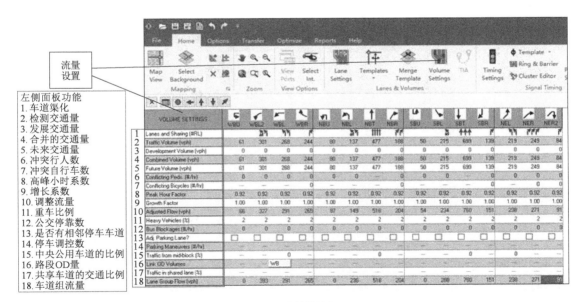

图 9-17 流量设置窗口

(4) 进行信号配时设置

在进行信号配时参数输入时,需要注意交叉口控制类型,保护相位和允许相位设置、黄灯时间、全红时间设置等,具体参数根据实际情况进行设置。其中,配时相关的主要设置可在配时设置选项卡中实现,相位的设置主要针对感应控制模式,如果不涉及使用,可在配时设置页面

209

的节点设置中将控制模式设置为固定配时。配时设置和相位设置的界面如图 9-18 和图 9-19 所示。

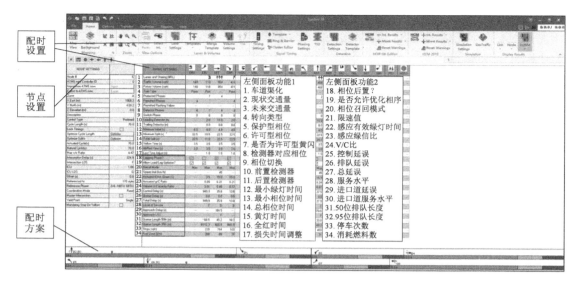

图 9-18　配时设置

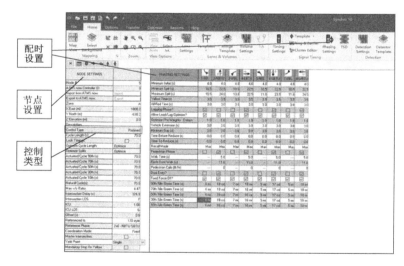

图 9-19　相位设置

(5) 对交叉口信号配时进行优化

前面四个步骤已经将所有参数输入,后面就是对交叉口进行配时。可以根据初次输入的参数得出的信号配时与期望达到的效果相对比,通过对交叉口周期时长、相位相序等的设置,进行信号优化。同时可以根据得出的配时结果进行手动输入,根据变化的参数进行调控。

(6) 交通仿真

点击 SimTraffic 按钮,进入 SimTraffic 软件进行仿真,如图 9-20 所示。

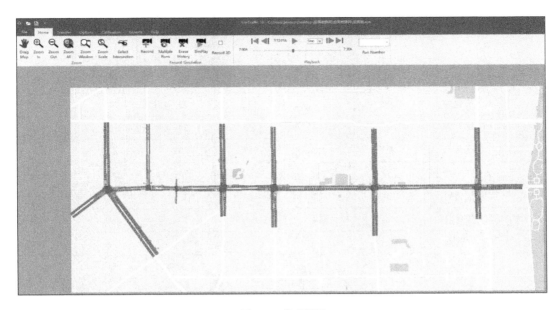

图 9-20 仿真界面

3)信号优化结果评价

干道交通信号协调优化评价依据以下 6 个指标:平均行程时间、平均行程速度、双向平均停车次数、协调方向流量、非协调方向流量、总体道路流量,见表 9-1 ~ 表 9-4。

基于互联网数据的速度指标(迎宾街东向西行程速度,单位:km/h)　　表 9-1

项目	日期	9:30—11:30	14:30—17:00	20:00—22:00
优化前	2019 年 10 月 23 日	15.9	16.3	18.6
优化后	2019 年 12 月 27 日	20.3(提升 28%)	24.2(提升 48%)	26.3(提升 41%)
	2020 年 1 月 9 日	19.8(提升 24%)	22.9(提升 40%)	25.7(提升 38%)

迎宾街西向东方向速度(单位:km/h)　　表 9-2

项目	日期	9:30—11:30	14:30—17:00	20:00—22:00
优化前	2019 年 10 月 23 日	16.5	17.4	19.9
优化后	2019 年 12 月 27 日	21.6(提升 31%)	26.2(提升 50%)	24.6(提升 24%)
	2020 年 1 月 9 日	20.8(提升 26%)	23.5(提升 35%)	26.4(提升 33%)

双向停车次数(单位:次)　　表 9-3

项目	东向西	西向东
优化前	4.5	4
优化后	2.4	2.3
优化效果	降低 47%	降低 43%

非协调方向流量 [单位:pcu/(h·ln)] 表9-4

项目		南进口			北进口		
		9:30—11:30	14:00—17:00	20:00—22:00	9:30—11:30	14:00—17:00	20:00—22:00
御河西路	优化前	208	210	121	240	238	140
	优化后	200	206	122	233	248	134
永泰南路	优化前	211	224	136	244	260	160
	优化后	203	220	137	237	270	154
魏都大道	优化前	282	280	140	242	240	138
	优化后	271	277	141	235	250	132
云中路	优化前	200	204	106	204	196	92
振华南街	优化前	—			32	56	24
	优化后				32	54	25
西环路	优化前	228	200	116	244	256	136
	优化后	219	195	117	237	266	131

9.4 干道信号配时案例

以浙江省宁波市泰山路的交通信号协调控制方案优化为例,介绍利用 WaySync 软件优化的方法,项目具体位置如图 9-21 所示。

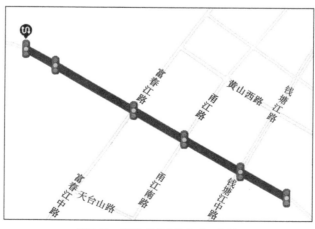

图 9-21 宁波市泰山路交叉口位置

应用 WaySync 软件优化配时的步骤如下:

第一步:在软件中添加要进行配时的路网,确定交叉口之间的距离、交叉口渠化设置和协调控制速度等信息;

第二步:输入各交叉口实际的相位相序、周期时长、相位差等交通信号配时信息。在没有实际交通信号配时方案时,信号配时方案也可通过 WaySync-D 计算导入,还可应用 WaySync-M 计算优化。该路段目前正在运行的交通信号配时方案如图 9-22 所示。

路口名		相序图表					相位差	总周期
泰山路	岭南村	相序						
		时间	15+3+1	78+3+1	16+3+1	23+4+2		
泰山路	沿山公路	相序						
		时间	13+3+1	82+41	18+4+1	28+4+1		
泰山路	富春江路	相序						
		时间	60+3+1	26+3+1	31+3+1	17+3+1		
泰山路	甬江路	相序						
		时间	48+3+1	24+3+0	15+3+1	48+3+1		
泰山路	钱塘江路	相序						
		时间	49+3+1	55+3+1	33+4+1			
泰山路	松花江路	相序						
		时间	49+4+0	19+3+1	18+3+2	25+3+1	18+3+1	

图 9-22 宁波市泰山路交叉口交通信号配时图

第三步:WaySync 软件会根据前面输入的信息创建时空图,如图 9-23 所示,时空图纵轴为交叉口名称,横轴为时间,根据前面输入的配时方案、相位、相位差、速度等信息,生成对应现实状态的绿波带。

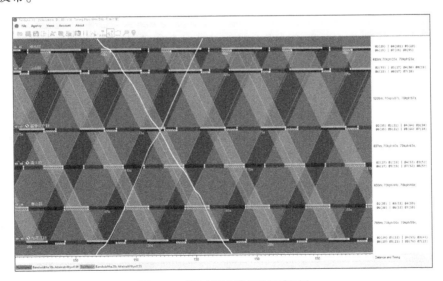

图 9-23 宁波市泰山路交叉口时空图

第四步:根据实际交通信号灯的显示状态和动态时空图的状态,标定 WaySync-M 的时间,使 WaySync-M 的配时方案与真实配时方案对应起来。

第五步:记录实车运行状态,评估并识别现有配时方案的问题,根据优化目标通过调整相位差等方法初始绿波带进行调整,生成更加协调的双向绿波带,最终生成优化后的配时方案。再通过多次优化评估,最终获取运行效果最佳的配时方案。如图 9-24 所示,交通信号配时方案的效果可通过协调控制评价指标(CSPI,可参见 3.2.5 节)等方法评估。

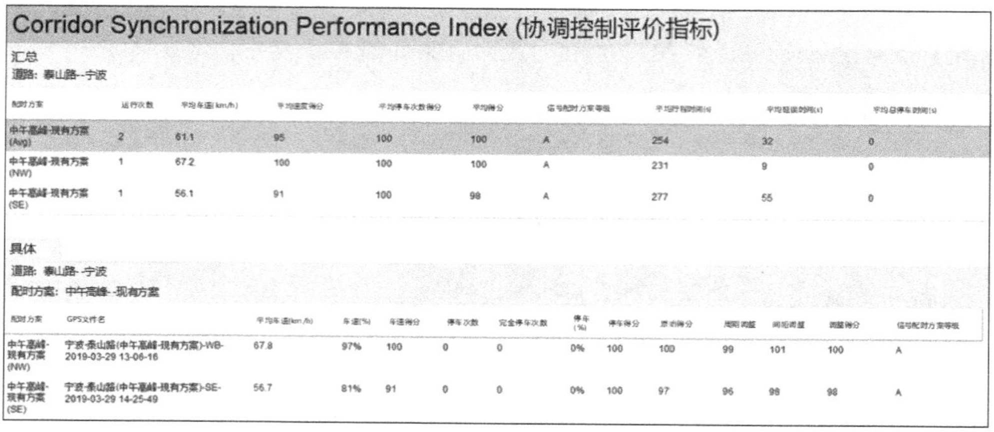

图 9-24　应用协调控制评价指标评估宁波泰山路交通配时的效果

【习题与思考题】

1. 交通信号配时的软件可分为哪几类？
2. 典型交通信号配时优化软件有哪些？
3. 交通信号配时中选择应用哪种类型的软件工具或是否使用软件序时，应考虑哪些因素？

附件　数字资源列表

二维码	名称	对应页码	二维码	名称	对应页码
	参考知识1　道路交通信号控制简介	1		文本拓展3　行人检测方法	32
	参考知识2　交通信号控制基础	2		参考知识10　信号控制交叉口处的交通流特性	38
	参考知识3　交通信号控制技术评价	6		文本拓展4　相位差基本概念	48
	参考知识4　现代交通控制系统的局限性	6		参考知识11　交通信号协调控制的评估	58
	参考知识5　交通信号控制技术的发展	7		参考知识12　交通信号配时方案简介	70
	文本拓展1　世界各国交通信号控制系统的发展	7		文本拓展5　德国左转车道与排队空间的相关规定	74
	参考知识6　交通信号控制装置简介	9		文本拓展6　美国亚拉巴马州对设置左转相位的依据	75
	参考知识7　交通信号控制机	10		参考知识13　定时控制的信号配时过程	85
	参考知识8　信号灯	14		文本拓展7　对向交通流服从泊松分布时的左转通行车辆数求解	92
	文本拓展2　黄灯陷阱	19		参考知识14　关键流向分析	99
	参考知识9　检测器	29		参考知识15　绿灯间隔时间的设置	101

续上表

二维码	名称	对应页码	二维码	名称	对应页码
	文本拓展 8　Webster 公式的简易推导方法	108		文本拓展 11　常用自适应控制系统简介	162
	参考知识 16　行人相位的设置	111		文本拓展 12　各国交通信号协调控制系统简介	164
	参考知识 17　感应控制的信号配时过程	120		文本拓展 13　面向交通信号控制的常用交通调查方法	176
	文本拓展 9　日本的单点感应控制方式	129		参考知识 23　软件在信号配时中的作用	192
	文本拓展 10　美国的单点感应控制计算方法	131		参考知识 24　常见交通信号配时工具	194
	参考知识 18　交通信号协调控制概述	132		操作视频 1　TranSYT	198
	参考知识 19　交通信号协调控制和时空图	133		参考知识 25　TRANSYT-7F 用户手册	200
	参考知识 20　交通信号协调控制的运行机制	135		操作视频 2　Vistro	203
	参考知识 21　协调控制配时方案编制指南	152		操作视频 3　WaySync-M	203
	参考知识 22　交通信号协调控制的复杂性	157			

参 考 文 献

[1] WEBSTER F V. Traffic signal settings[R]. London: Department of Scientific and Industrial Research, 1957.
[2] URBANIK T, TANAKA A, LOZNER B, et al. Signal timing manual[M]. 2nd ed. Washington DC: Transportation Research Board, 2015.
[3] U. S. Department of Transportation, Federal Highway Administration. Manual on uniform traffic control devices for streets and highways (2009 edition with 2012 revisions)[M]. New York: Datamotion Publishing LLC, 2013.
[4] FGSV. Richtlinien für Lichtsignalanlagen (RiLSA) (German standard for traffic signals)[M]. Cologne: FGSV-Verlag, 2015.
[5] 德国道路与交通工程研究学会. 交通信号控制指南:德国现行规范 RiLSA[M]. 李克平, 译. 北京:中国建筑工业出版社, 2006.
[6] 交通工学研究会. 改訂 交通信号の手引[M]. 東京:丸善出版株式会社, 2006.
[7] TRB. Highway Capacity Manual[M]. 6th ed. Washington D C: TRB, 2016.
[8] TANG K, BOLTZE M, NAKAMURA H, et al. Global practices on road traffic signal control: fixed-time control at isolated intersections[M]. Amsterdam: Elsevier, 2019.
[9] HENRY D. Signal timing on a shoestring, FHWA-HOP-07-006[R]. Washington D C: Federal Highway Administration, 2005.
[10] GORDON R, TIGHE W. Traffic control systems handbook, FHWA-HOP-06-006[R]. Washington D C: Federal Highway Administration, 2005.
[11] Department for Transport Traffic Advisory Unit. General principles of traffic control by light signals. traffic advisory leaflet[R]. London: Department for Transport, 2006.
[12] 公安部交通管理科学研究所. 城市道路交通信号控制设计手册[M]. 北京:机械工业出版社, 2021.
[13] 公安部交通管理局, 公安部交通管理科学研究所. 道路交通信号灯与交通标志标线规范设置应用指南[M]. 北京:中国建筑工业出版社, 2017.
[14] 吴兵, 李晔. 交通管理与控制[M]. 6版. 北京:人民交通出版社股份有限公司, 2020.
[15] 徐建闽. 交通管理与控制[M]. 北京:人民交通出版社, 2007.
[16] 陈峻, 徐良杰, 朱顺应, 等. 交通管理与控制[M]. 2版. 北京:人民交通出版社股份有限公司, 2017.
[17] 于泉. 城市交通信号控制基础[M]. 2版. 北京:人民交通出版社股份有限公司, 2019.
[18] 李瑞敏, 章立辉. 城市交通信号控制[M]. 北京:清华大学出版社, 2015.
[19] 王殿海, 金盛, 马东方, 等. 城市交通控制理论与方法[M]. 北京:电子工业出版社, 2015.
[20] 中华人民共和国公安部. 道路交通信号控制系统通用技术要求:GB/T 39900—2021[S]. 北京:中国质检出版社, 2021.
[21] 中华人民共和国公安部. 道路交通信号控制机:GB 25280—2016[S]. 北京:中国标准出版社, 2016.
[22] 全国智能运输系统标准化技术委员会. 交通信号控制机与上位机间的数据通信协议:

GB/T 20999—2017[S].北京:中国标准出版社,2018.

[23] 中华人民共和国公安部.道路交通信号灯:GB 14887—2011[S].北京:中国标准出版社,2011.

[24] 中华人民共和国公安部.道路交通信号灯设置与安装规范:GB 14886—2016[S].北京:中国标准出版社,2016.

[25] 李岩,过秀成.过饱和状态下交叉口群交通运行分析与信号控制[M].南京:东南大学出版社,2012.

[26] 杨洁,过秀成.城市交叉口群交通动态协调控制方法[M].南京:东南大学出版社,2013.

[27] 李锐.城市道路交叉口交通信号控制理论与实践[M].北京:冶金工业出版社,2015.

[28] 成卫,别一鸣,陈昱光.城市交通信号控制技术[M].北京:科学出版社,2016.

[29] 蒋贤才.道路交通控制理论与方法[M].北京:中国建筑工业出版社,2016.

[30] ROESS R, PRASSAS E, McSHANE W. Traffic engineering[M]. 4th ed. Upper Saddle River: Pearson Education, Inc., 2011.

[31] Institute of Transportation Engineers. Traffic engineering handbook[M]. 7th ed. New York: Wiley, 2016.

[32] MANNERING F, WASHBURN S. Principles of highway engineering and traffic analysis[M]. New York: Wiley, 2013.

[33] GARBER N, HOEL L. Traffic and highway engineering[M]. 5th ed. New York: Cengage Learning. 2015.

[34] 北村隆一.交通工学[M].東京:オーム社,2008.

[35] 王炜,陈峻,过秀成,等.交通工程学[M].3版.南京:东南大学出版社,2019.

[36] 徐吉谦,陈学武.交通工程总论[M].5版.北京:人民交通出版社股份有限公司,2020.

[37] 任福田,刘小明,孙立山,等.交通工程学[M].4版.北京:人民交通出版社股份有限公司,2017.

[38] 过秀成.道路交通运行分析基础[M].南京:东南大学出版社,2010.

[39] 李岩,王永岗.交通工程学[M].北京:人民交通出版社股份有限公司,2019.

[40] 李作敏.交通工程学[M].3版.北京:人民交通出版社股份有限公司,2017.

[41] 杨晓光,白玉,马万经,等.交通设计[M].2版.北京:人民交通出版社股份有限公司,2021.

[42] ROBERTSON D I, BRETHERTON R D. Optimizing networks of traffic signals in real time-the SCOOT method[J]. IEEE Transactions on Vehicular Technology, 1991, 40(1), 11-15.

[43] LOWRIE P R. SCATS, Sydney co-ordinated adaptive traffic system: a traffic responsive method of controlling urban traffic [R]. Darlinghurst: Roads and Traffic Authority NSW, 1990.

[44] MIRCHANDANI P, HEAD L. A real-time traffic signal control system: architecture, algorithms, and analysis[J]. Transportation Research Part C: Emerging Technologies, 2001, 9C(6): 415-432.

[45] YOUNG S, DAY C, BULLOCK D, et al. Visualizations of arterial traffic performance measures: a picture book approach, DTFH61-14-C-00035[R]. West Lafayette: Purdue University,

2017.

[46] GARTNER N H. OPAC: A demand-responsive strategy for traffic signal control[J]. Transportation Research Record,1983(906):75-81.

[47] LITTLE J, KELSON M, GARTNER N. MAXBAND: a versatile program for setting signals on arteries and triangular networks[J]. Transportation Research Record, 1981, 795:40-46.

[48] CHANG E, COHEN S, LIU C, et al. MAXBAND-86: program for optimizing left-turn phase sequence in multiarterial closed networks[J]. Transportation Research Record, 1988, 1181: 61-67.

[49] GARTNER N, ASSMANN S, LASAGA F, et al. MULTIBAND—A variable-bandwidth arterial progression scheme[J]. Transportation Research Record, 1990, 1287: 212-222.

[50] STAMATIADIS C, GARTNER N. MULTIBAND-96: A program for variable-bandwidth progression optimization of multiarterial traffic networks[J]. Transportation Research Record, 1996, 1554(1): 9-17.

[51] PENIC M, UPCHURCH J. TRANSYT-7F: enhancement for fuel consumption, pollution emissions, and user costs[J]. Transportation Research Record, 1992, 1360: 104-111.

[52] 《中国公路学报》编辑部.中国交通工程学术研究综述(2016)[J].中国公路学报,2016, 29(6):161.

[53] 田宗忠,王奥博.美国交通信号配时实践与技术综述[J].交通运输系统工程与信息, 2021,21(5):66-76.

[54] 安实,宋浪,王健,等.非常规交叉口设计研究现状与展望[J].交通运输工程学报,2020, 20(4):1-20.